JN058176

名言集

人生を豊かにする

〈新装版〉

「座右の銘」研究会 編

メトロポリタンプレス

はじめに

短い言葉ながら、その人の進路や生き方までも変えてしまうのが「名言」であると思います。
「人の話を聞くことにより、人生の80％は成功する」（カーネギー）
「生きるとは呼吸することではない。行動することだ」（ルソー）
「チャンスは、発見するたびにとらえなければならない」（フランシス・ベーコン）
自身の心に訴えてくる言葉や、違う道を教えてくれる言葉をはじめ、なにかあった時、また挑戦する時など、「名言」により支えられ、希望がわくことも多いことでしょう。
本書では、古今東西の名言の中から、現代に生かせる言葉を集め、目的や内容で分類して、使いやすいよう構成しました。
また、坂本龍馬や西郷隆盛をはじめ、幕末維新の時代に命をかけて行動した人々の言葉を集めました。それぞれの言葉の中に込められている、熱い思いを感じとっていただければと思います。
注釈の人物紹介を合わせて読んでいただくと、発言者の人物像をより具体的に知ることができます。
人生の良き友として、また何かの助けや人生をひらくきっかけにお使いいただければ幸いです。

編集部

目次

金は、とるにたらぬ人物を第一級の地位に導いてくれる唯一の道である。

貧乏は恥ではないが、不便である。

富を軽蔑する人間をあまり信ずるな。富を得ることに絶望した人間が富を軽蔑するのだ。こういう人間がたまたま富を得ると、一番始末が悪い人間になる。

ああ、金、金！　この金のためにどれほど多くの悲しいことがこの世に起こることであろうか！

人間よりは金の方がはるかに頼りになりますよ。頼りにならんのは人の心です。

欲しいと思う物は買うな。必要な物だけ買え。

お金では貴い物は買えないという決り文句こそ、貧乏を経験したことのない証拠だと思う。

人間として最大の美徳は、上手に金をかき集めることである。つまり、どんなことがあっても他人の厄介になるなということだ。

貧乏人の写真が新聞に載るのは、犯罪を犯したときに限られる。

人生は海。金は船頭である。船頭がいなければ、うまく世渡りができない。

商売とは、売って喜び、買って喜ぶようにするべきである。そこに喜びがなければ商売とは言えない。また、貸し借りも、貸した人間と借りた人間に喜びがなければならない。……など。

二十代の恋は幻想である。三十代の恋は浮気である。人は四十代に達して、初めて真のプラトニックな恋愛を知る。

恋が生まれるには、ほんの少しの希望があれば十分です。

恋は火と同じように揺れ動いてこそ保たれる。期待したり、恐れなくなったりしたら、もうおしまいだ。

初恋とは、少しばかりの愚かさとありあまる好奇心のことだ。

あなたは本当にそう思っているんですか？　他人によって永遠の幸せが得られるなんて。いくらその相手が最愛の人だとしても。

恋愛には四つの種類がある。情熱の恋、趣味の恋、肉体の恋、虚栄の恋。

嫉妬には、愛よりもうぬぼれが詰まっている。

恋は結婚より楽しい。それは小説が歴史より面白いのと同じ理由である。

愛するということは、すべてをなし得ることだ。

女は悪魔である。しかも非常に完成した悪魔だ。

愛する人とともに過ごした数時間、数日もしくは数年を経験したことない者は、幸福とは、いかなるものであるかを知らない。……など。

空の星になれないなら、せめて家庭の灯になりなさい。

彼が欲望を抱くや否や、彼の心という家庭の平和は乱されてしまう。

世の中がどんなに変化しても、人生は家族で始まり、家族で終わることに変わりはない。

結婚生活は、まるで鳥かごのようなものだ。外にいる鳥は、鳥かごの餌に憧れて入ろうとし、鳥かごの中の鳥は出ようともがく。

子どもを親に結びつけている絆は、決して切れることはないが、それはゆるむ。……など。

偉大な人々は、常に、平凡で取り柄のない人々からの激しい抵抗にあってきた。

君にはふたつの生き方がある。奇跡は起こらないと信じて生きるか、すべてが奇跡だと信じて生きるかだ。

人生において重要なことは、大きな目標を持つとともに、それを達成できる能力と体力を持つことである。

臆病でためらいがちな者には、すべてが不可能である。なぜなら、すべてが不可能に見えるから。

復讐は、先見の明をなくさせる。

あるできごとが、運の良し悪しに関係することはたしかだ。しかし、その人物のふだんの行ないという要素が影響していることもたしかである。結局、自分の運はその人の手中にしかない。……など。

第1章

人生を幸せにする名言

私はだれの意見にも賛成したくない。私は自分の意見をもっている。　イワン・セルゲーエヴィチ・ツルゲーネフ（一八一八～一八八三年）『父と子』より。

乗りかけた船には、ためらわず乗ってしまえ。　イワン・セルゲーエヴィチ・ツルゲーネフ（一八一八～一八八三年）

運命は、我々を幸福にも不幸にもしない。ただその材料と種子を提供しているだけだ。　ミシェル・エケム・ド・モンテーニュ（一五三三～一五九二年）

幸福人とは、過去の自分の人生から満足だけを記憶している人である。不幸人とは、その反対を記憶している人である。
萩原朔太郎（はぎわら　さくたろう　一八八六～一九四二年）『絶望の逃走』より。

ツルゲーネフは、19世紀ロシアの代表的な小説家。『父と子』は19世紀のロシア小説の最高傑作の一作と言われている。日本では二葉亭四迷によって翻訳され、国木田独歩や田山花袋などの自然主義に大きな影響を与えた。

モンテーニュは、16世紀ルネサンス期のフランスを代表する哲学者にしてモラリスト、懐疑論者、人文主義者。人間の生き方を探求した著書『エセー』は、フランスのみならず多くの国に影響を与えた。

萩原朔太郎は、群馬県出身の詩人、作家。処女詩集『月に吠える』で有名になる。高村光太郎とともに〝口語自由詩の確立者〟と呼ばれる。代表作は『青猫』『蝶を夢む』など。

苦悩は活動への拍車である。そして活動の中にのみ、我々は我々の生命を感じる。

イマヌエル・カント（一七二四〜一八〇四年）

努力によって得られる習慣のみが善である。

イマヌエル・カント（一七二四〜一八〇四年）

一生というものは、美しさをつくるためのものだ、自分の。そう信じている。

司馬遼太郎（しば りょうたろう　一九二三〜一九九六年）『燃えよ剣』より。

もっとも幸福な人は、ささやかな富を持ち、それで足りている人である。偉大と呼ばれる者や野心深い者は、この点において、もっともみじめな人間と言える。

ラ・ロシュフコー（一六一三〜一六八〇年）

カントは、近代においてもっとも影響力をもった哲学者のひとり。プロイセン王国出身で大学教授でもある。批判哲学を提唱して、認識論における「コペルニクス的転回」をもたらす。ドイツ観念論哲学の祖ともされる。

司馬遼太郎は、大阪府出身の小説家。産経新聞社に在職中、『梟の城』で直木賞を受賞して歴史小説家になる。戦国、幕末や明治を扱った作品が多く、『街道をゆく』などのエッセイも執筆した。代表作は『国盗り物語』『竜馬がゆく』『坂の上の雲』など。

ラ・ロシュフコーは、フランスの貴族、モラリスト文学者。

「人間は、なんのために生きるのか？」という疑問は、いままで世界中で無限に提出されてきたが、これまでに満足できるような答えが与えられたことは、きっとないだろう。また、その答えを出すことは、おそらく決してだれにも許されないものなのだろうと思う。

ジークムント・フロイト（一八五六～一九三九年）

人は「明日こそは」と自分をなだめる。この〝明日〟が、彼を墓場に送り込むその日まで。

イワン・セルゲーエヴィチ・ツルゲーネフ（一八一八～一八八三年）

とにかくね、生きているのだから、インチキをやっているのに違いないのさ。

太宰治（だざい　おさむ　一九〇九～一九四八年）

フロイトは、オーストリアの精神分析学者。夢判断の研究で一般的にも知られるが、フロイトが残した研究成果は、精神医学や臨床心理学などの基礎になっただけでなく、20世以降の文学や芸術、人間理解に広く影響を与え続けている。

太宰治は、青森県出身の昭和を代表する小説家。『逆行』が第一回芥川賞候補となる。新戯作派や無頼派と称され、『走れメロス』『津軽』『お伽草紙』『斜陽』『人間失格』などを残した。大学時代から自殺未遂や心中未遂を繰り返し、玉川上水で山崎富栄と入水自殺を完遂した。

幼にして謙遜なれ、弱にして温和なれ、壮にして公正なれ、老いては慎重なれ。

ソクラテス（BC四六九頃～BC三九九年）

『アテネ神殿にかかげた言葉』より。

死が我々をどこで待っているか分からないのだから、我々も死をいたるところで待とうではないか。死を予測するのは自由を予測することである。

ミシェル・エケム・ド・モンテーニュ（一五三三～一五九二年）

なんと速やかに、我々はこの地上を過ぎて行くことだろう。人生の最初の四分の一は、その使い道もわからないうちに過ぎ去り、最後の四分の一は、またその楽しさを味わえなくなってから過ぎて行く。しかも、その間の四分の三は、睡眠、労働、苦痛、束縛、あらゆる種類の苦しみによって費やされる。人生は短い。

ジャン・ジャック・ルソー（一七一二～一七七八年）

ソクラテスは、古代ギリシアの哲学者。ソクラテス自身は著作を行なわなかったため、その思想は弟子のプラトンなどの著作を通じて紹介されている。ソクラテスは、様々な人との対話を通じて〝無知の知〟という考えにたどり着く。一方、この対話を快く思わない人達によって、異神信仰を広め人々を堕落させたとされ、服毒自殺を命じられ、毒人参の杯に口をつけ、自ら命を絶った。

ルソーは、スイス生まれの哲学者、政治思想家、教育思想家、作家、作曲家。理論にとどまらない著作は広く読まれ、フランス革命やそれ以降の社会思想にも精神的な影響を与えた。

流ろうべきか、死すべきか。それが問題だ。　ウィリアム・シェイクスピア（一五六四〜一六一六年）『ハムレット』より。

我々の人生は織り糸で織られている。そこには、良い糸も悪い糸も混じっている。　ウィリアム・シェイクスピア（一五六四〜一六一六年）

エネルギッシュで成功する人間は、欲望という幻想を現実に変えることに成功する人間である。　ジークムント・フロイト（一八五六〜一九三九年）

人生とは、最初の四十年は私達にテキストを与えてくれる。それからの三十年は、テキストの注釈を与える。　アルトゥル・ショーペンハウアー（一七八八〜一八六〇年）

シェイクスピアは、イギリスの劇作家、詩人。もっとも優れた英文学の作家と言われている。約20年間に、四大悲劇『ハムレット』『マクベス』『オセロ』『リア王』をはじめ、『ロミオとジュリエット』『ヴェニスの商人』『夏の夜の夢』『ジュリアス・シーザー』など多くの傑作を残した。

ショーペンハウアーは、インド哲学を研究したドイツの哲学者。知性よりは意志を重要としたその哲学は、実存主義の先駆と言われている。日本では、森鷗外、堀辰雄、萩原朔太郎など多くの作家に影響を与えた。主な著書は『意志と表象としての世界』など。

人生にはふたつの悲劇がある。ひとつは願いがかなわないこと。もうひとつはそれがかなうこと。

ジョージ・バーナード・ショー（一八五六〜一九五〇年）

私は生涯一日も仕事をしたことがない。それらは、すべてが心を楽しませることであったから。

トーマス・アルバ・エジソン（一八四七〜一九三一年）

人生は物語のようなものだ。そんな人生において重要なことは、どんなに長いかということではなく、どんなに良いかということである。

ルキウス・アンナエウス・セネカ（ＢＣ一頃〜ＡＤ六五年）

愛のない人生は価値がない。

フリードリヒ・フォン・シラー（一七五九〜一八〇五年）

バーナード・ショーは、イギリスで活躍したアイルランド出身の劇作家、社会主義者。イギリス近代演劇の確立者。「一番影響を受けた本は？」という質問に対して「銀行の預金通帳だよ」と答えた。

エジソンは、生涯におよそ一三〇〇もの発明を行った人類史に残るアメリカの発明家、起業家。

セネカは、ローマ帝国の政治家、哲学者、詩人である。

シラーは、ドイツの思想家、詩人、劇作家であり歴史学者。ベートーヴェンの交響曲第九番の原詞でもよく知られる。

貧しくとも、自分の生活を愛したまえ
ヘンリー・デイヴィッド・ソロー（一八一七〜一八六二年）

自分がなぜ生きていなければならないのか、それが全然わからないのです。
太宰治（だざい おさむ　一九〇九〜一九四八年）

男はあまりに早く人生を知りすぎ、女はあまりに遅く知りすぎる。
オスカー・フィンガル・オフラハティ・ウィルス・ワイルド（一八五四〜一九〇〇年）『ウィンダミア卿夫人の扇』より。

他人に尽くすことで、自分の力を量ることができる。
ヘンリック・イプセン（一八二八〜一九〇六年）

人は、義務を果たすために生きるのである。
イマヌエル・カント（一七二四〜一八〇四年）

ソローは、アメリカの作家、博物学者。奴隷制度とメキシコ戦争に抗議するため、人頭税の支払いを拒否して投獄される。ガンジーやキング牧師などに影響を与える。ちなみに、人頭税は納税能力に関係なく、すべての国民ひとりにつき一定額を課す税金のこと。

オスカー・ワイルドは、アイルランド出身の詩人、作家、劇作家。〝芸術のための芸術〟を唱えて唯美主義、芸術至上主義に基づく活動を展開した。多彩に文筆活動を行なったが、男色で収監され、出獄後は失意から回復しないままに没した。

ヘンリック・イプセンは、ノルウェーの劇作家。近代演劇の創始者であり、シェイクスピア以後、世界でもっとも上演された劇作家と言われる。代表作『人形の家』の主人公ノラは〝新しい女〟として語られ、日本の新劇運動は、イプセン劇の上演から始まった。

人は、川の同じ水に再び手をひたすことはできない。

ヘラクレイトス（BC五四〇頃～BC四八〇年頃）

生きるとは呼吸することではない。行動することだ。

ジャン・ジャック・ルソー（一七一二～一七七八年）

人生は一箱のマッチに似ている。重大に扱うのはばかばかしい。しかし、重大に扱わねば危険である。

芥川龍之介（あくたがわりゅうのすけ　一八九二～一九二七年）

もしも、私がこの人生を再び繰り返さなければならないとしたら、私の過ごして来た同じ人生をもう一度繰り返したい。なぜなら、私は過去を悔やまず、そして未来を恐れもしないから。

ミシェル・エケム・ド・モンテーニュ（一五三三～一五九二年）

ヘラクレイトスは、ギリシア人の哲学者、自然哲学者。「万物は流転する」「万物は一である」「一から万物が生まれる」と述た。弁証法の元祖とも考えられているが、この世では幸福や満足を得られないという思想から、〝暗い哲学者〟と呼ばれる。

芥川龍之介は、東京都出身の小説家。日本を代表する作家のひとりである。短編が多く、また『芋粥』『藪の中』『地獄変』『歯車』などは、『今昔物語集』や『宇治拾遺物語』などの古典から題材をとった。『蜘蛛の糸』『杜子春』などの児童向けの作品も残す。『続西方の人』を書き上げた後、睡眠薬を飲んで自殺する。

一〇歳にして菓子に動かされ、二〇歳にしては恋人に、三〇歳にして快楽に、四〇歳にしては野心に、五〇歳にしては貪欲に動かされる。いつになったら、人間はただ知性のみを追って進むようになるのであろうか。

ヨハン・ヴォルフガング・フォン・ゲーテ（一七四九～一八三二年）

満足を知っている者は、真の裕福な者である。満足を知らぬどん欲な者は、真の貧乏人である。

ソロン（BC六三九頃～BC五五九年頃）

裕福な者の幸福は、慈善行為にある。

ジャン・ド・ラ・ブリュイエール（一六四五～一六九六年）

旧友のいない者とは友達になるな。

サキャ・パンディタ（一一八二～一二五一年）

ゲーテは、ドイツの詩人、劇作家、小説家、哲学者、自然科学者、政治家、法律家。ドイツを代表する文豪であり、小説『若きウェルテルの悩み』『ヴィルヘルム・マイスターの修行時代』、叙事詩『ヘルマンとドロテーア』、詩劇『ファウスト』などを残した。

ソロンは、古代アテナイの政治家。〝ギリシャ七賢人〟のひとり。ソロンの改革と呼ばれる国制改革で、貴族と平民の対立解消を図ったが失敗に終わる。

ラ・ブリュイエールは、フランスの古代派の作家。

サキャ・パンディタは、チベットの高僧、学者、政治家。サキャ・パンディタは称号で、本名はクンガ・ギャルツェン。チンギス・ハーンの侵略からチベットを守った。

はたして人は、不徳なくして徳を、憎しみなくして愛を、醜さなくして美を考えることができるだろうか?　実に悪と悩みのおかげで地球は住むに堪え、人生は生きるに値するのである。

アナトール・フランス(一八四四〜一九二四年)

人生は、振り返り確認し、理解することしかできないが、前向きにしか生きられない。

セーレン・オービエ・キェルケゴール(一八一三〜一八五五年)

人生はすべて次のふたつから成り立っている。したいけど、できない。できるけど、したくない。

ヨハン・ヴォルフガング・フォン・ゲーテ(一七四九〜一八三二年)

知に劣らず、疑もまた我に快い。

ダンテ・アリギエーリ(一二六五〜一三二一年)

アナトール・フランスは、20世紀前半のフランスを代表する小説家、批評家。一九二一年ノーベル文学賞を受賞。芥川龍之介が傾倒し、石川淳が訳したことで日本では有名になる。

キェルケゴールは、デンマークの哲学者。実存主義の創始者と言われる。彼の哲学は、それまでの哲学と異なり、抽象性を避けて、自分自身をはじめとする具体的な事実存在としての人間を対象としている。人間の生には、世界や歴史には還元できないそれぞれ固有の本質があると示した。

ダンテ・アリギエーリは、イタリアの都市国家フィレンツェ生まれの詩人、哲学者、政治家。イタリア文学最大の詩人と言われている。

梅檀は二葉より芳し。　『平家物語』より。　梅檀（せんだん）という木の芽は、出たときから良い香りを放つところから、優れた人は、幼少の頃から素質を表すという意味。「梅檀」は、白檀（びゃくだん）とも呼ばれ、仏像彫刻用として古くから使われている。白檀は芽が生えると二枚の小さな葉を生ずる。

天寿をまっとうする者は、人の本分を尽くすものなり。
福沢諭吉（ふくざわ ゆきち　一八三五～一九〇一年）『修身要領』より。　「天寿」は、天から授かった寿命。「本分」は、その人が本来尽くすべき務め、義務。

死は、我々が生きている間に来るというものではない。死が来るときには、我々はすでに死んでいる。　エピクロス（ＢＣ三四一～ＢＣ二七〇年）

『平家物語』は、鎌倉時代前期の軍記物語。作者についてはいくつかの説があるが、信濃前司行長という説が有力である。吉田兼好は『徒然草』の中で信濃前司行長が平家物語の作者であり、盲目の琵琶法師・生仏に教えて語らせたと記している。

福沢諭吉は、啓蒙思想家、教育者、慶応義塾大学の創立者。その思想は、イギリスの経済学と自由主義を基礎にしたもので、独立自尊を重んじて封建的な思想や迷信を否定し、政府と国民との調和をはかった。

エピクロスは、快楽主義で知られるギリシアの哲学者。現実のわずらわしさから解放された状態を〝快〟として、人生をその追求に費やすことを主張した。後世、快楽主義者と見られることが多いが、本来は精神的快楽を重視しており、肉体的快楽をむしろ〝苦〟と考えていた。

それは、あなたにとっては遊びかもしれないが、私達にとっては死を意味するんです。

イソップ（ＢＣ六一九～ＢＣ五六四年）『イソップ物語』「少年と蛙」より。

心が正しくあれば、頭がどちらにあろうと問題ではない。

ウォルター・ローリー（一五五二または一五五四～一六一八年）「斬首台に頭を横たえたときの言葉」より。

かくもわずかしかなさず。かくもなすべきことが多くて。

セシル・ジョン・ローズ（一八五三～一九〇二年）『臨終の言葉』より。

他人のために暮らすのはもうたくさんだ。せめてこのわずかな余生を自分のために生きようではないか。

ミシェル・エケム・ド・モンテーニュ（一五三三～一五九二年）

イソップは、日本では英語読みのイソップで知られているが、名前はアイソーポスという。アイソーポスは、古代ギリシアの寓話作家。奴隷だったと伝えられる。

ウォルター・ローリーは、イギリスの廷臣、探検家、作家、詩人。イギリスの植民地時代を築いた。

セシル・ローズは、イギリスの政治家、ダイアモンド王にして首相。ローズは南アフリカでダイアモンドを掘り当て、全世界のダイアモンド産額の九割を独占し、世界最大の産金王にのし上がるとともに、南アフリカの鉄道や電信、新聞業を支配下にして、〝アフリカのナポレオン〟と呼ばれた。「神は、世界地図がイギリス領に塗られることを望んでおられる。できることなら私は、夜空に浮かぶ星さえも併合したい」と豪語した。

世の中に不思議なものは多い。しかし、不思議がっているその人間がもっとも不思議だ。

ソフォクレス（ＢＣ四九六頃〜ＢＣ四〇六年）『アンチゴーネ』より。

墓は一切を審判す。

ワシントン・アーヴィング（一七八三〜一八五九年）

人間は万物の尺度である。

プロタゴラス（ＢＣ五〇〇頃〜ＢＣ四三〇年頃）

人間は笑い、そして泣く唯一の動物である。それは、あるがままの事実と、あるべきはずの事実との相違に心を打たれる動物だからである。

ウィリアム・ハズリット（一七七八〜一八三〇年）

ソフォクレスは、アテナイの作家。ギリシア悲劇というジャンルを完成させたギリシア三大悲劇詩人のひとり。代表作『オイディプス王』は、今日の西洋文学や心理学に影響を与えている。

ワシントン・アーヴィングは、19世紀前半のアメリカの作家。

プロタゴラスは、相対主義を唱えたギリシアの哲学者にしてソフィスト。トゥリオイ(アテネの植民地)の法律をつくった。ちなみに、ソフィストとは金銭を受け取って徳を教える教育家のこと。

ウィリアム・ハズリットは、イギリス・ロマン主義時代の批評家、エッセイスト。

人間は、いかなることにも慣れる従順な動物である。

フョードル・ミハイロヴィチ・ドストエフスキー（一八二一〜一八八一年）『死の家の記録』より。

「人間は鳥や獣に等しい」と思ってもよいが、「天使に等しい」と思ってはならない。だからといって、鳥や獣、そして天使を知らずにいるのはいけない。両者をよく知ることが大切である。

ブレーズ・パスカル（一六二三〜一六六二年）

人間はあわれむべきものではない。尊敬すべきものである。

マクシム・ゴーリキー（一八六八〜一九三六年）『どん底』より。

生活というものは、遅かれ早かれ、いずれは落ちつくところに落ちつくものだ。

イワン・セルゲーエヴィチ・ツルゲーネフ（一八一八〜一八八三年）『ルージン』より。

ドストエフスキーは、ロシアの小説家、思想家。19世紀後半のロシア文学を代表すると言われる。実存主義の先駆者と評され、「世界文学でもっとも偉大な心理学者」とも呼ばれている。代表作は『罪と罰』『白痴』『悪霊』『カラマーゾフの兄弟』など。

パスカルは、フランスの数学者、物理学者、哲学者。早熟の天才で、その才能は多方面に及ぶ。〝人間は考える葦である〟という『パンセ』の中の言葉によって広く知られる。

マクシム・ゴーリキーは、ロシアの作家。社会活動家でもあった。代表作には『どん底』などがある。十月革命のときに「レーニンもトロツキーも自由と人権についていかなる考えも持っていない。彼らはすでに権力の毒に冒されている」という言葉を残した。

人間を理解する方法は、ひとつだけである。それは判断を急がないことだ。　シャルル・オーギュスタン・サント・ブーヴ（一八〇四〜一八六九年）『わが毒』より。

人間とは、自分の如き者なり。余りに其の前に茫然たる勿(なか)れ。社会とは人間の集合せる所なり。　国木田独歩（くにきだ どっぽ　一八七一〜一九〇八年）『欺かざるの記』より。

自分とは、どんなときでも自分自身の魂を縛りつけることができる唯一の牢獄である。　ヘンリー・ヴァン・ダイク（一八五二〜一九三三年）

自分を知ることとは、自分を矯正することでない。自分を許すためのまわり道である。　アンブロワズ・ポール・トゥサン・ジュール・ヴァレリー（一八七一〜一九四五年）

サント・ブーヴは、19世紀フランスの文芸評論家、小説家、詩人。ロマン主義を代表する作家のひとりで、批評というジャンルを確立したと言われる。

国木田独歩は、千葉県出身の小説家、詩人、ジャーナリスト、編集者。『武蔵野』『牛肉と馬鈴薯』などの浪漫的な作品の後、『運命論者』『竹の木戸』などを発表し、自然主義の先駆とされる。また現在も続いている雑誌『婦人画報』の創刊者でもある。

ヘンリー・ヴァン・ダイクは、アメリカの牧師であり作家。プリンストン大学で英文学の教授を務めた。

ポール・ヴァレリーは、フランスの詩人、小説家、評論家。多岐にわたる著作活動によって、フランス第三共和政を代表する知性と称される。

他人には、すべてを拒むことができる。しかし自分自身にはなにも拒めない。

ジェイムズ・レイ・ハント（一七八四～一八五九年）

己が性にまかせて長じ、とりどりにめでたくあるべし。

大隈言道（おおくま ことみち　一七九八～一八六八年）　人の能力には差もあるし方向性も違う。その人が持っている能力を伸ばすことが、幸せであるという意味。

羞恥心は、嘘におちいるという不都合な点をもっている。

スタンダール（一七八三～一八四二年）

恥ずかしがることは、若者にとってはひとつの装飾である。老人にとっては、名誉が傷つけられることである。

アリストテレス（BC三八四～BC三二二年）

ジェイムズ・レイ・ハントは、19世紀イギリスの詩人、エッセイスト。

大隈言道は、現在の福岡県の出身、江戸時代後期の歌人。

スタンダールは、フランスの小説家。代表作『赤と黒』は、彼の死後に評価される。

アリストテレスは、古代ギリシアの哲学者。その多岐にわたる自然研究の業績から〝万学の祖〟と呼ばれる。

もし、天国に行くなら、理性を連れて行きたい。 ロバート・グリーン・インガーソル（一八三三～一八九九年）

君は本気で生きているか？ ヨハン・ヴォルフガング・フォン・ゲーテ（一七四九～一八三二年）

我思う、ゆえに我あり。 ルネ・デカルト（一五九六～一六五〇年）『方法序説』より。 自分はなぜここにいるのかと考えること自体が、自分が存在する証明であるという意味。考える主体としての自分（精神）とその存在を定式化したこの言葉は、哲学史上でもっとも有名な命題のひとつと言われる。

正しく思考されたものであるかぎり、それは必ず明瞭な表現をとるということです。 ニコラ・ボアロー・デプレオー（一六三六～一七一一年）

ロバート・グリーン・インガーソルは、アメリカの弁護士、政治指導者、不可知論者。インガーソルは演説が得意だった。シェイクスピアから南北戦争後まで、いろいろなものを例にあげて演説したが、もっとも得意としたのは不可知論と尊厳と組織の堕落についてであった。演説は三時間以上続くこともあったが、すべて暗記して臨んだという。ちなみに不可知論は、感覚的経験以上のものを人間は知ることができないとする哲学。

デカルトは、フランス生まれの哲学者、自然哲学者、数学者。

ボアローは、フランスの詩人、批評家。

物を知るには、それを愛さねばならぬ。物を愛するには、それを知らねばならない。

西田幾多郎（にしだ きたろう　一八七〇〜一九四五年）

人の賢否(けんぴ)は、初見のときにおいてこれを相(そう)す。多くを誤らず

佐藤一斎（さとう いっさい　一七七二〜一八五九年）その人の善し悪しは、初対面でわかるもの。最初の印象はだいたい当たっているという意味。「賢否」は、賢いことと賢くないこと。「相する」は、物事の姿やありさまなどを見て、その善し悪しや吉凶などを判断すること。また、人相や手相などを見て占うこと。

明確に見ることは、詩であり予言であり宗教であり、すべてをかねる。

ジョン・ラスキン（一八一九〜一九〇〇年）『近代画家論』より。

西田幾多郎は、京都学派の創始者であり日本を代表する哲学者。京都大学の教授も務めた。ちなみに京都学派とは、西田幾多郎らがつくった哲学の学派のこと。同名の学派として、京都大学人文科学研究所を中心とした学際的な研究を特色とした一派も、京都学派または新・京都学派とも称することがある。

佐藤一斎は、現在の岐阜県出身の儒学者。常に時計を持ち、時間厳守を第一とする厳格な性格の持ち主だった。一八五四年における日米和親条約の締結交渉で手腕を発揮した。

ジョン・ラスキンは、19世紀イギリスの評論家、美術評論家。中世のゴシック美術を賛美する『建築の七燈』『ヴェニスの石』などを執筆した。

人は一般的に、内容よりも外見で判断する。内面を判断できる洞察力を持つ者はまれである。

マキャベリ（一四六九～一五二七年）

人間は、自分の慈悲を知っている点において偉大である。

ブレーズ・パスカル（一六二三～一六六二年）

愚者は、財産があっても落ちぶれた良家の者に威圧される。

サキャ・パンディタ（一一八二～一二五一年）

青春は人生にたった一度しか来ない。

ヘンリー・ワーズワース・ロングフェロー（一八〇七～一八八二年）

長生きするためには、ゆっくり生きることが必要である。

マルクス・トゥッリウス・キケロ（BC一〇六～BC四三年）

マキャベリは、ルネサンス期におけるフィレンツェの政治思想家。『君主論』の著者として知られる。政治家として「常に大衆は、外見だけを見て結果だけで判断してしまう」という言葉を残している。ちなみにフィレンツェは、イタリアのトスカーナ州に属する都市。建設は古代までさかのぼり、エトルリア人によってつくられた。中世にはローマが支配したが、12世紀には自治都市となる。

ヘンリー・ワーズワース・ロングフェローは、19世紀のアメリカを代表する詩人。

キケロは、共和政ローマ期の政治家、文筆家、哲学者である。

人面獣心。　作者不詳『太平記』より。獣のような心をもつ悪人という意味。

善人になるだけでは十分ではない。進んで善行をなさねばならぬ。　イワン・セルゲーエヴィチ・ツルゲーネフ（一八一八〜一八八三年）『その前夜』より。

心ここに在らざれば、視(み)れども見えず、聴けども聞こえず、食えどもその味を知らず。　孔子の説を編集した『大学』より。気持ちがそこになければ、なにをしてもしたことにならないという意味。

愛は人間に没我を教える。だから愛は人間を苦しみから救う。　レフ・ニコラエヴィチ・トルストイ（一八二八〜一九一〇年）

『太平記』は、14世紀中期までに、円観や玄慧など足利幕府と関わりを持つ知識人で編纂され、一三七〇年頃までには現在の40巻が成立した。南北朝時代を舞台に、後醍醐天皇の即位から、鎌倉幕府の滅亡、建武の新政とその崩壊後の南北朝分裂、観応の擾乱、二代将軍足利義詮の死去と細川頼之の管領就任まで（一三一八〜一三六八年頃）を描く軍記物語である。

『大学』は、孔子の説を集めた『礼記』の各篇が単独で読まれるようになり、独立して扱われるようになったもの。『論語』『孟子』『大学』『中庸』は儒教における「四書」と言われている。

トルストイは、ロシアの小説家、思想家。19世紀ロシア文学を代表する巨匠。代表作に『戦争と平和』『復活』など。非暴力主義者としても知られる。森鷗外や宮沢賢治をはじめ、日本の作家で影響を受けた者は枚挙にいとまがない。

発見の旅とは、新しい景色を探すことではない。新しい目をもつことだ。

ヴァランタン・ルイ・ジョルジュ・ウジェーヌ・マルセル・プルースト（一八七一〜一九二二年）

汝の運命の星は、汝の胸中にあり。

フリードリヒ・フォン・シラー（一七五九〜一八〇五年）

なにも考えずに権威をうやまうことは、真実に対する最大の敵である。

アルベルト・アインシュタイン（一八七九〜一九五五年）

自分自身の、そして他の人々の人生に意味を見出せない人は、たんに不幸であるばかりでなく、生きるのに向いていない人と言える。

アルベルト・アインシュタイン（一八七九〜一九五五年）

マルセル・プルーストは、フランスの知識人で、作家、エッセイスト、批評家。美食家としても有名。翻訳本や研究書は、日本だけで百冊以上あり、もっとも多く研究対象にされているフランス人作家のひとりである。

アインシュタインは、ドイツ生まれのユダヤ人理論物理学者。20世紀最高の物理学者と呼ばれる。第二次世界大戦終結後、アインシュタインは「我々は戦いには勝利したが、平和まで勝ち取ったわけではない」と演説する。彼を訪ねた日本人記者に対して「敗戦国である日本には大変深く同情する。しかし戦勝国もまた苦しい道を歩いている」と述べたという。

みんなが考えているより、ずっとたくさんの幸福が世の中にはあるのに、たいていの人はそれを見つけられない。

モーリス・メーテルリンク（一八六二～一九四九年）

金縷（きんる）の衣は再び得べし、青春は再び得べからず。

王粲（おうさん　一七七～二一七年）　どんなに高価な服でもお金を出せば再び買うことができるが、青春は人生に一度だけで、お金で買えるものではないという意味。「金縷の衣」は、金糸で刺繍した衣服。

心は天国をつくり、また地獄もつくる。

ジョン・ミルトン（一六〇八～一六七四年）

財宝も地位も、愛と比較すれば塵芥（ごみあくた）のごとし。

ウィリアム・エワート・グラッドストン（一八〇九～一八九八年）「塵芥」は、ごみのこと。

モーリス・メーテルリンクは、ベルギーの詩人、劇作家、随筆家。一九一一年ノーベル文学賞受賞。代表作は『ペレアスとメリザンド』『モンナ・ヴァンナ』『青い鳥』など。ベルギーのシェイクスピアとも言われる。

王粲は、中国の詩人、政治家。詩人として名を残し、建安の七子のひとりに数えられる。

ジョン・ミルトンは、イギリスの詩人で共和派の政治家。代表作『失楽園』は、ルネサンス期の長編叙事詩の名作である。

グラッドストンは、イギリスの政治家。明治時代の政党政治家には、自由主義の理想を追求する政治家として影響力があった。アヘン戦争の議会において、登壇前にはいつもアヘン入りのコーヒーを飲んでいたことは有名。

忍耐をもつことができる人は、欲しい物を手に入れることができる人である。　ベンジャミン・フランクリン（一七〇六～一七九〇年）

身を切るような経験を通して、私達は学びました。合理的に思考したからといって、社会生活に生じる問題をすべて解決できるわけではないということを。　アルベルト・アインシュタイン（一八七九～一九五五年）

怒りは無謀をもって始まり、後悔をもって終わる。　ピタゴラス（ＢＣ五八二～ＢＣ四九六年）

最悪の憎悪は、親戚の怒りである。　コルネリウス・タキトゥス（五五頃～一二〇年頃）

ベンジャミン・フランクリンは、アメリカの政治家、外交官、物理学者、気象学者。印刷業で成功を収め、政界に進出しアメリカ独立に貢献をした。また、凧を用いた実験で、雷が電気であることを明らかにする。勤勉性、探究心の強さ、合理主義、社会活動への参加という近代的人間像を象徴する人物と言われている。

ピタゴラスは、古代ギリシアの数学者、哲学者。ピタゴラスの定理(三平方の定理)が有名。彼の数学や輪廻転生についての思想は、プラトンにも大きな影響を与えたという。

タキトゥスは、帝政期ローマの政治家、歴史家。古代ローマを代表する歴史家のひとりであり、いわゆるラテン文学白銀期の作家として知られる。

信念は、老人の胸に成長する植物である。そして青春は、妄信の季節である。

ウィリアム・ピット（一七五九〜一八〇六年）演説より。

楽しく生きていきたいなら、与えるための袋と、受け取るための袋を持って行け。

ヨハン・ヴォルフガング・フォン・ゲーテ（一七四九〜一八三二年）

人生の目的は、知識ではなく行動にあるべきである。

トマス・ヘンリー・ハクスリー（一八二五〜一八九五年）『技術教育』より。

最大多数の最大幸福を得る行動が、最善である。

フランシス・ハッチスン（一六九四〜一七四六年）『美と徳の観念の根元への探求』より。

ウィリアム・ピットは、イギリスの政治家、首相。14歳でケンブリッジ大学に入学する。アメリカ独立戦争による政治の混乱と国王ジョージ三世および大衆の支持に乗じて、一七八三年に24歳の若さで、史上最年少として首相に就任する。翌年の総選挙において圧倒的に勝利して、17年もの長期政権の基礎を築く。

トマス・ハクスリーは、イギリスの生物学者。ダーウィンの進化論を弁護し「ダーウィンの番犬(ブルドッグ)」の異名で知られる。

フランシス・ハッチスンは、スコットランドの哲学者。アダム・スミスはハッチスンの影響を受けたと言われている。

ことわざ

悪言の玉は磨き難し　人の悪口は言った者の人格を損ない、信頼は簡単に取り戻すことはできないという意味。

人を呪わば穴ふたつ　他人を恨む者は、自分も不幸になるという意味。

悪人あればこそ善人もあらわれる　対照物があるからこそ目立つのだという意味。

悪は延べよ　悪事は、やめないまでも実行をひとまず延期しなさい。そうすれば、事情や自分の考え方が変わって、それをしないでもすむようになるいう意味。

あまり茶に福あり　先を争って手を出す行為は賢明でないという意味。

浮き沈み七度　人生には何度も浮き沈みがあるので、なにかあっても心配するなという意味。

あったら口に風邪ひかす　親切心でやったことが受け入れられずに無駄になるという意味。

あきらめは心の養生　失敗や不運をいつまでもくよくよせずに、あきらめることが精神的によいという意味。

鰯網で鯨捕る　鰯漁の網に鯨がかかるということから、偶然の幸運や意外な収穫を得るという意味。

運を待つは死を待つに等し　努力をせずにただ幸運を待っているのは、自らの死を待つように愚かなことだという意味。

得手に帆を上げる　好機の到来を利用して、自分の力を存分に発揮するという意味。

第2章

自分を磨く名言

人間はひと茎の葦にすぎない。自然の中でもっとも弱いものである。だが、それは考える葦である。　ブレーズ・パスカル（一六二三～一六六二年）遺著『パンセ』より。

智に働けば角が立つ。情に棹させば流される。意地を通せば窮屈だ。兎角に人の世は住みにくい。　夏目漱石（なつめ そうせき　一八六七～一九一六年）『草枕』より。　理詰めで生活すると人と摩擦を起こす。情でものごとを判断すると足元をすくわれる。自分の考えを通そうとすると窮屈な思いをする。本当にこの世は住みにくいものだという意味。なお、『文芸の哲学的基礎』の中で夏目漱石は、「精神作用を知、情、意の三に区別します」と述べている。

状況？　なにが状況だ。状況は俺がつくるのだ。　ナポレオン・ボナパルト（一七六九～一八二一年）

パスカルは、フランスの数学者、物理学者、哲学者、思想家、宗教家。早熟の天才で、その才能は多方面に及ぶため、カテゴリーに納めることが困難。「人間は考える葦である」という言葉は広く知られている。

夏目漱石は、東京都出身の小説家、評論家、英文学者。森鷗外と並ぶ明治・大正時代の文豪。いくつかの職を経験しながら小説を発表する。その後、朝日新聞社に入社し、『虞美人草』『三四郎』などを掲載。余裕派と呼ばれた。晩年は胃潰瘍に悩まされ『明暗』が絶筆となる。

ナポレオンは、フランスの軍人、政治家。フランス革命後に軍事政権を樹立し、ヨーロッパの大半を征服した。イギリスの首相ウィリアム・ピットは「革命騒ぎの宝くじを最後に引き当てた男」と評し、ゲーテは「徳を求めたもののこれを見出せず、権力を掴むに至った」と評した。

心の田畑さえ開墾ができれば、世間の荒地を開くこと難からず。

二宮尊徳（にのみや そんとく　一七八七～一八五六年）

苦悩に負けることは恥ではない。快楽に負けることこそ恥である。

ブレーズ・パスカル（一六二三～一六六二年）

怒りっぽい人は、他人を罰するよりも、むしろ自分を罰する方が多いものである。

新島襄（にいじま じょう　一八四三～一八九〇年）

行為とは、自分の姿を写す鏡である。

ヨハン・ヴォルフガング・フォン・ゲーテ（一七四九～一八三二年）

決断と忍耐は、もっとも高貴な精神である。

ヨハン・ヴォルフガング・フォン・ゲーテ（一七四九～一八三二年）

二宮尊徳は、江戸時代後期に現在の神奈川県小田原市に農家の長男として生まれる。「報徳仕法」と呼ばれる農村復興政策を指導した農政家、思想家。今は見なくなったが、薪を背負い、本を読みながら歩く子どもの銅像が彼である。

新島襄は、東京都出身のキリスト教の布教家で、同志社大学の前身になる同志社英学校の創立者。福沢諭吉らと並び、明治六大教育家のひとりに数えられる。

ゲーテは、ドイツの詩人、劇作家、小説家、哲学者、自然科学者、政治家、法律家。ドイツを代表する文豪であり、小説『若きウェルテルの悩み』『ヴィルヘルム・マイスターの修行時代』、叙事詩『ヘルマンとドロテーア』、詩劇『ファウスト』などを残した。

忍耐は、仕事を支える一種の資本である。

オノレ・ド・バルザック（一七九九〜一八五〇年）

仁に過ぎれば弱くなる。義に過ぎれば固くなる。礼に過ぎれば諂いとなる。智に過ぎれば嘘をつく。信に過ぎれば損をする。

伊達政宗（だて まさむね 一五六七〜一六三六年）『伊達政宗公五常訓』より。 優し過ぎ、義理に堅過ぎ、へりくだり過ぎ、判断力があり過ぎ、信じ過ぎ……本来良いことでもやりすぎると問題が生じるという意味。仁・義・礼・智・信は、孔子が言う「五徳」。

極論がふたつある。それはよく耳にするもので、危険な論理だと耳にするたびにいつも思う。理性をすぐに否定するものと、理性のほかはなにも認めないというもの。そういうふたつの極論のことだ。

ブレーズ・パスカル（一七九九〜一八五〇年）

バルザックは、19世紀のフランスを代表する小説家。〝天才と呼ぶにふさわしい人物〟と言われている。バルザックの『人間喜劇』は、ドストエフスキーやトルストイのさきがけの写実的小説である。

伊達政宗は、出羽国（羽州）と陸奥国（奥州）の戦国大名。陸奥仙台藩の初代藩主。幼少時に患った天然痘で右目を失明したことから〝独眼竜〟と称される。死因は癌性腹膜炎あるいは食道癌（食道噴門癌）と推定されている。臨終の際、妻子にも死に顔を見せなかった。「たとえ病とはいえ、親から頂いた片目を失ったのは親不孝である」という政宗の考えから、死後につくられた木像や画には、右目をやや小さくして両目が入れられている。辞世の句は、「曇りなき 心の月を 先だてて 浮世の闇を 照してぞ行く」。

隣の畠の穀物は、すばらしく見えるし、隣の牝牛は自分の牝牛よりも乳を出すように見えるものだ。

オヴィディウス（ＢＣ四三～ＡＤ一七年）

生活の堕落は、精神の自由を殺す。

夏目漱石（なつめ　そうせき　一八六七～一九一六年）

あちこち旅をしてまわっても、自分自身から逃れられるものではない。

アーネスト・ミラー・ヘミングウェイ（一八九九～一九六一年）『老人と海』より。

他人を支配しようとする者は、まず自分自身の主人でなければならない。

フィリップ・マシンジャー（一五八三～一六四〇年）『奴隷』より。

オヴィディウスは、古代ローマの詩人。ローマ帝国の初代皇帝アウグストゥスをスポンサーにすることなく、エロティシズム溢れる恋愛詩でラテン文学の黄金期を代表する詩人になる。ギリシア神話を参考にした『愛の歌』における性的描写にアウグストゥスが激怒し、島流しにされて亡くなる。

ヘミングウェイは、アメリカの小説家、詩人。行動力がありスペイン内戦や第一次世界大戦にかかわり、その経験で『誰がために鐘は鳴る』『武器よさらば』などを書いた。『老人と海』が評価されノーベル文学賞を受賞。二度の航空機事故に遭うも奇跡的に生還。しかし後遺症が残り晩年は躁鬱に悩まされ、ライフル自殺により死去。

フィリップ・マシンジャーは、イギリスの劇作家。

雄弁は人格。

尾崎行雄（おざき ゆきお　一八五八～一九五四年）

自分を買いかぶらない者は、本人が思っているよりも遥かに優れている。

ヨハン・ヴォルフガング・フォン・ゲーテ（一七四九～一八三二年）

私以上に君に必要なものだ。

フィリップ・シドニー（一五五四～一五八六年）ジュトフェンの戦いにおいて、シドニーは腿を撃たれて亡くなるが、負傷して横たわっているときに、同様に負傷した兵に水筒を譲りながら言った言葉。

諸君が多弁を弄（ろう）すれば弄するほど、人々は諸君の話を記憶しない。言葉数が少なければ少ないほど、話は相手に届く。

フランソワ・フェヌロン（一六五一～一七一五年）

尾崎行雄は、神奈川県出身の政治家。日本の議会政治の黎明期から戦後に至るまで衆議院議員を務め、当選回数、議員勤続年数、最高齢議員記録と複数の日本記録をもつことから〝憲政の神様〟〝議会政治の父〟と呼ばれた。

フィリップ・シドニーは、エリザベス朝のイングランドの詩人、軍人。主な著書は『アストロフェルとステラ』『詩の弁護』『アーケイディア』など。

フランソワ・フェヌロンは、フランスの聖職者、思想家。

我を知らずして外を知るということわりあるべからず。されば己を知るものを知れる人というべし。

吉田兼好（よしだけんこう　一二八三～一三五二年）『徒然草』より。　頭が良く、他人のことがよく見える者でも、意外と自分のことは分からないものだ。自分のことも分からずに、他人のことが分かるはずはないという意味。

仕事にいそしむ民衆の生活こそが、人間としての真の生活である。人はこの生活に含まれなければならない。

レフ・ニコラエヴィチ・トルストイ（一八二八～一九一〇年）

うぬぼれは、風で膨らんだ気球である。刺せば、そこから嵐が出て来る。

ヴォルテール（一六九四～一七七八年）

高慢。それは、決して愚者が失わぬ悪徳。

アレキサンダー・ポープ（一六八八～一七四四年）『批評についての試論』より。

吉田兼好は、鎌倉時代末期から南北朝時代にかけて活躍した官人、歌人、随筆家。清少納言の『枕草子』、鴨長明の『方丈記』と合わせて日本三大随筆の一つと評価される『徒然草』の作者である。

トルストイは、ロシアの小説家、思想家。19世紀のロシア文学を代表する巨匠と呼ばれている。代表作に『戦争と平和』『アンナ・カレーニナ』『復活』など。非暴力主義者としても知られる。森鷗外や宮沢賢治をはじめ、日本の作家で影響を受けた者は枚挙にいとまがない。

ヴォルテールは、啓蒙主義を代表するフランスの多才な哲学者、作家。

アレキサンダー・ポープは、イギリスの詩人。その名文句はシェイクスピアに次いで、しばしば引用される。

自分の道を進め。人には勝手なことを言わせておけ。

ダンテ・アリギエーリ（一二六五～一三二一年）

いつも自分を磨いておけ。あなたは世界を見るための窓なのだから。

ジョージ・バーナード・ショー（一八五六～一九五〇年）

人間は、あまり必要でもないことを多く学ぶよりも、必要なことを少し考える方がよい。

ジョージ・バーナード・ショー（一八五六～一九五〇年）

ある人の人生が、幸福であるか、あるいは不幸であるかは、財産、地位、あるいは職業などによって決まるものではない。なにを幸福と考え、不幸として考えるか。その考え方が幸不幸の分かれ目なのである。

デール・ブレッケンリッジ・カーネギー（一八八八～一九五五年）

ダンテ・アリギエーリは、イタリアの都市国家フィレンツェ生まれの詩人、哲学者、政治家。イタリア文学最大の詩人と言われている。

ジョージ・バーナード・ショーは、イギリスで活躍したアイルランド出身の劇作家、音楽評論家、社会主義者。イギリス近代演劇の確立者として有名である。「あなたが一番影響を受けた本は？」という質問に対して「銀行の預金通帳だよ」と答えた。

カーネギーは、アメリカの実業家、作家。自己啓発書の元祖と呼ばれ、『人を動かす』は日本で四三〇万部、世界で一五〇〇万部以上の売上を記録し、『道は開ける』も日本で二〇〇万部以上を売り上げた。

生きるために食べるべきで、食べるために生きてはならぬ。

ソクラテス（BC四六九頃～BC三九九年）『アテネ神殿にかかげた言葉』より。

英雄でなければ、英雄を知ることはできない。　ヨハン・ヴォルフガング・フォン・ゲーテ（一七四九～一八三二年）

いち個人が裕福でも社会全体が貧乏なら、その裕福な者は幸せではない。　渋沢栄一（しぶさわ　えいいち　一八四〇～一九三一年）

私を他の連中と比較しないでいただきたい。第一、あなたは私という人間を知らない。加えて、他の連中のことも知らないのだから。　アンブロワズ・ポール・トゥサン・ジュール・ヴァレリー（一八七一～一九四五年）

ソクラテスは、古代ギリシアの哲学者。ソクラテス自身は著作をおこなわなかったため、その思想は、弟子のプラトンなどの著作を通じて紹介されている。ソクラテスは、様々な人との対話を通じて〝無知の知〟という考えにたどり着く。一方、この対話を快く思わない人達によって、異神信仰を広め人々を堕落させたとされ、服毒自殺を命じられ、毒人参の杯に口をつけ自ら命を絶った。

渋沢栄一は、現在の埼玉県出身の幕末の幕臣、明治から大正時代にかけての実業家、大蔵官僚。第一国立銀行や東京証券取引所などの設立や経営に関わり、〝日本資本主義の父〟と言われている。

ポール・ヴァレリーは、フランスの作家、詩人、小説家、評論家。多岐にわたる著作活動によって〝フランス第三共和政を代表する知性〟と称される。

自分自身を愛するということ。それは、一生続くロマンスである。

オスカー・フィンガル・オフラハティ・ウィルス・ワイルド（一八五四〜一九〇〇年）『ウィンダミア卿夫人の扇』より。

人間はみな、持ち味が違う。枠をはめたらその人の持ち味が消える。

松下幸之助（まつした こうのすけ　一八九四〜一九八九年）

自分自身の道を迷って歩いている子どもや青年の方が、他人の道を間違いなく歩いている人々よりも好ましく思う。

ヨハン・ヴォルフガング・フォン・ゲーテ（一七四九〜一八三二年）

謝った意見であっても、討論するだけの理性が残されているなら我慢できる。

トーマス・ジェファーソン（一七四三〜一八二六年）大統領に就任したときの演説より。

オスカー・ワイルドは、アイルランド出身の詩人、作家、劇作家。〝芸術のための芸術〟を唱えて唯美主義、芸術至上主義に基づく活動を展開した。多彩に文筆活動を行なったが、男色で収監され、出獄後は失意から回復しないままに没した。

松下幸之助は、和歌山県出身の実業家。パナソニック（旧社名：松下電器産業）を一代で築き上げた日本屈指の経営者。〝経営の神様〟と言われている。晩年は松下政経塾を立ち上げ、政治家の育成に尽力した。

トーマス・ジェファーソンは、第三代アメリカ大統領（一八〇一〜一八〇九年）。アメリカ独立宣言（一七七六年）の主要な人物で、首都ワシントンD・Cで就任演説をおこなった最初の大統領でもある。

之を知るを之を知るとなせ。知らざるを知らずとなせ。これ知れるなり。　『論語』より。　知ってることを知ってると言い、知らないことは知らないと言え。それが知るということだという意味。

人生は活動の中にある。よって、無意味な休息は死を意味する。　ヴォルテール（一六九四～一七七八年）

人生五十功なきを愧(は)づ。　細川頼之（ほそかわ よりとも 一三二九～一三九二年）『日本外史』より。　五十年生きて来て、とくに功績がないことを恥じるという意味。「愧」は、恥じること。

わが心、秤(はかり)のごとし。　諸葛亮（しょかつ りょう　一八一～二三四年）　私は私情を入れて考えない。秤のように公平であるという意味。

『論語』は、孔子（ＢＣ五五一～ＢＣ四七九年）の死後、その言行を弟子が編集した書物。

ヴォルテールは、啓蒙主義を代表するフランスの多才な哲学者、作家。

細川頼之は、南北朝時代の武将。足利義満の政治を助けた。

諸葛亮は、中国後漢末期から三国時代の蜀漢の政治家、武将、発明家。諸葛孔明（こうめい）と書かれることもある。

艱難（かんなん）は、徳の母なり。　プルタルコス（四八頃〜一二七年頃）「艱難」は、困難に出会って苦しみ悩むこと。またはそのさま。

自分の心の中で正しいと信じていることをすればよろしい。しかし、どちらにしても非難を逃れることはできないだろう。

デール・ブレッケンリッジ・カーネギー（一八八八〜一九五五年）

自分の言ったことを頑固に取り消さない人は、真理よりも自分を愛する人間である。　ジョセフ・ジュベール（一七五四〜一八二四年）

志をしっかり持った者は幸福である。しかし、そんな者でも苦しむときがある。ただ、長く苦しむことはない。また、誤って苦しむこともない。　アルフレッド・テニスン（一八〇九〜一八九二年）

プルタルコスは、帝政ローマのギリシア人の著述家。著作に『対比列伝』（英雄伝）などがある。英語名のプルタークで表記されることもある。

ジョセフ・ジュベールは、18〜19世紀フランスの哲学者、随筆家。

アルフレッド・テニスンは、ヴィクトリア朝時代のイギリス詩人。

かまどで焼き上げられた陶器が色あせないように、艱難で鍛錬された人格は永遠である。　ヘンリー・ワード・ビーチャー（一八一三～一八八七年）

経験は最良の教師である。ただし授業料が高すぎる。　トーマス・カーライル（一七九五～一八八一年）

陰徳（いんとく）は、耳が鳴るがごとし。我のみ知りて人知らず。
貝原益軒（かいばら えきけん　一六三〇～一七一四年）「陰徳」は、人に知られないようにひそかにする善行。隠れた良い行ない。

渇すれど盗泉の水を飲まず。　陸機（りくき　二六一～三〇三年）

習慣が快適をつくるように、習慣は正義もつくる。　ブレーズ・パスカル（一六二三～一六六二年）

ヘンリー・ワード・ビーチャーは、アメリカの宗教家で、奴隷廃止運動に尽力したことで有名である。

トーマス・カーライルは、19世紀イギリスの思想家、歴史家。

貝原益軒は、現在の福岡県出身、江戸時代の本草学者、儒学者。

陸機は、呉・西晋の文学者、政治家、武将、書家。弟の陸雲と合わせて「二陸」とも呼ばれる。書家としては、「平復帖」（北京故宮博物院所蔵）が現存する最古の有名書家によるものとされる。

いまや我々人間は、自分達が使っている道具の道具になってしまった。　ヘンリー・デイヴィッド・ソロー（一八一七～一八六二年）

中才は肩書相応の仕事して、大才は肩書を邪魔にして、小才は肩書を汚す。　ジョージ・バーナード・ショー（一八五六～一九五〇年）

人間は、他人の目からもっとも隠すべきものを人々の目にさらしておいて、反省しない。　アンブロワズ・ポール・トゥサン・ジュール・ヴァレリー（一八七一～一九四五年）

経験とは、人々が自分の愚かしさ、または悲しみに与える名前である。　アルフレッド・ルイ・シャルル・ド・ミュッセ（一八一〇～一八五七年）

ソローは、アメリカの作家、博物学者。奴隷制度とメキシコ戦争に抗議するため、人頭税の支払いを拒否して投獄されるなど、ガンジーやキング牧師などに影響を与えた。ちなみに、人頭税は納税能力に関係なくすべての国民ひとりにつき一定額を課す税金。消費税と似て所得のない人にも課税する税であるが、消費税の場合は消費額に比例して課税額が増えるのに対して、人頭税の税額は一律で所得の少ない人の負担が大きい税制である。

アルフレッド・ルイ・シャルル・ド・ミュッセは、フランスのロマン主義の詩人、小説、戯曲家。

この世でもっとも強い人間とは、孤独であるところの人間である。　ヘンリック・イプセン（一八二八～一九〇六年）

陰徳を行え。そしてそれが、あなたに名声を得たら赤面しなさい。　アレキサンダー・ポープ（一六八八～一七四四年）『風刺詩集』より。

だれもが自分の過ちに経験という名前を与える。　オスカー・フィンガル・オフラハティ・ウィルス・ワイルド（一八五四～一九〇〇年）『ウィンダミア卿夫人の扇』より。

私は、人生のことを考えれば考えるほど、ますます〝皮肉〟と〝憐れみ〟を人生の裁判官としなければならないと思う。　アナトール・フランス（一八四四～一九二四年）『エピキュールの園』より。

ヘンリック・イプセンは、ノルウェーの劇作家。近代演劇の創始者であり、シェイクスピア以後、世界でもっとも上演された劇作家と言われる。代表作『人形の家』の主人公ノラは当時の〝新しい女〟として語られ、日本の新劇運動はイプセンを演じるところから始まった。今日でも演劇界に影響を与え続けている。

アナトール・フランスは、20世紀前半のフランスを代表する小説家、批評家。一九二一年ノーベル文学賞を受賞。芥川龍之介が傾倒し、石川淳が訳したことで日本では有名になる。

スポーツの目的は勝敗にあらず、競い合う技にあり。

エイブラハム・リンカーン（一八〇九～一八六五年）

他人に小言を言われたときに腹を立ててはならぬ。また、腹の立つときに小言を言ってはならぬ。

新島襄（にいじま じょう　一八四三～一八九〇年）

成功の栄冠に憧れることは、とがめるものではない。しかし、栄冠に憧れるだけでなにもせず、日々を空費することは、とがめるべきである。

ジュール・アンリ・ポアンカレ（一八五四～一九一二年）

自分の弱点を知ることは、損失をつぐなう第一歩である。

トマス・ア・ケンピス（一三八〇～一四七一年）

リンカーンは、第16代アメリカ大統領にして初の共和党所属の大統領。〝奴隷解放の父〟と呼ばれた。リンカーンの奴隷解放政策は、アメリカを二分して南北戦争に結びついた。リンカーンは、南北戦争の最末期である一八六五年四月に暗殺される。アメリカ初の大統領暗殺事件になる。

ジュール・アンリ・ポアンカレは、フランスの数学者。数学や数理物理学、天体力学などの重要な基本原理を確立した。

トマス・ア・ケンピスは、ドイツ中世の神秘思想家。著書『キリストに倣いて』は聖書についで、もっとも読まれた本であるとさえ言われる。

自分の外側を見ている人は、夢を見ているだけだ。自分の内側を見るとき、人は初めて目覚めるのだ。

カール・グスタフ・ユング（一八七五～一九六一年）

失敗は真理が成長する学校である。

ヘンリー・ワード・ビーチャー（一八一三～一八八七年）

人間愛なくしてなんぞ英雄たらんや。

ゴットホルト・エフライム・レッシング（一七二九～一七八一年）

過ぎたことで心を惑わされるな。

ナポレオン・ボナパルト（一七六九～一八二一年）

自分に賢明であるより、他人に対して賢明である方が易しい。

ラ・ロシュフコー（一六一三～一六八〇年）

ユングは、スイスの精神科医、心理学者。深層心理を研究し、分析心理学の理論を創始した。牧師の家に生まれるが、内的な基盤を持たない宗教に疑問を感じて医学を学ぶ。一九四八年、ユング研究所を設立し、ユング派臨床心理学の基礎を確立する。その後、ユング心理学を基盤とした箱庭療法が、河合隼雄によって日本に紹介された。

レッシングは、ドイツの詩人、劇作家、思想家、批評家。フランス古典主義からの解放を目指し、ドイツ文学のその後のあり方を提示したと言われている。その活動はゲーテやシラー、カント、メンデルスゾーンなど、当時の表現者に影響を与えた。

ラ・ロシュフコーは、フランスの貴族、モラリストの文学者。

倹より奢に移ることはやすく、奢より倹に入るは難し。

中根東里（なかね とうり　一六九四～一七六五年）『東里新談』より。

「奢（しゃ）」は、ぜいたくをすること。

全世界を知り、自分自身を知らぬ者あり。

ジャン・ド・ラ・フォンテーヌ（一六二一～一六九五年）

いかに多くの人々が自分より前進しているかを見るよりも、いかに多くの人々が自分より遅れているかを考えよ。

ルキウス・アンナエウス・セネカ（BC一頃～AD六五年）

もっとも偉大な人間の力とは、自分の中にある一番の弱点を克服したところから生まれて来るものである。

カール・ヒルティ（一八三三～一九〇九年）

中根東里は、現在の静岡県出身の江戸中期の陽明学者。王陽明に共感を覚えた。人格者として弟子が慕ったと言われている。

ジャン・ド・ラ・フォンテーヌは、17世紀フランスの詩人。『北風と太陽』『金のタマゴを産むめんどり』などイソップ寓話を基にした寓話詩で知られる。

ルキウス・アンナエウス・セネカは、ローマ帝国の政治家、哲学者、詩人である。

カール・ヒルティは、スイスの哲学者、政治家。主な著書は『幸福論』『眠られぬ夜のために』など。

あなたのインスピレーションやイマジネーションを抑えてはならない。模範の奴隷になるな。　フィンセント・ファン・ゴッホ（一八五三〜一八九〇年）

自分が他人にしてもらいたいことを、勝ってに他人にやってはいけない。だれもが自分と同じように、それを望んでいるとはかぎらないから。　ジョージ・バーナード・ショー（一八五六年〜一九五〇年）『人と超人』より。

人間は天使でもなければ、獣でもない。しかし、不幸なことに、人間は天使のようにふるまおうと思いながら、まるで獣のように行動する。　ブレーズ・パスカル（一六二三〜一六六二年）

自分をコントロールできない者に、自由はない。　ピタゴラス（BC五八二〜四九六年）

ゴッホは、オランダの画家。生前に売れた絵は『赤い葡萄畑』の一枚だけだったという逸話がある。ポール・ゴーギャンと南フランスで共同生活をするが不仲になる。ゴーギャンに「自画像の耳の形がおかしい」と言われると、自分の左の耳たぶを切り取り女友達に送り付けるなどの奇行が目立ったために、精神病院に入院する。作風としては、日本の浮世絵の影響を受けたと言われている。猟銃で自殺するが他殺説もある。一九八七年、安田火災海上保険株式会社が、代表作『ひまわり』を約58億円で落札した。

ピタゴラスは、古代ギリシアの数学者、哲学者。ピタゴラスの定理(三平方の定理)が有名である。彼の数学や輪廻転生についての思想は、プラトンに大きな影響を与えたという。

この人生には、無数の教訓がちりばめられている。しかし、どれひとつとってみても、万人にあてはまるものはない。

山本周五郎（やまもと しゅうごろう　一九〇三〜一九六七年）

ある裕福な人の仕事が、広く社会を潤すものでなければ、その仕事は正しいとは言えない。

渋沢栄一（しぶさわ えいいち　一八四〇〜一九三一年）

傲慢は知恵の妨害物である。

ジョージ・ゴードン・バイロン（一七八八〜一八二四年）

己の感情は己の感情である。己の思想も己の思想である。天下にひとりもそれを理解してくれる人がなくたって、己はそれに安んじなければならない。それに安じて恬然としていなくてはならない。

森鷗外（もり おうがい　一八六二〜一九二二年）

山本周五郎は、小説家。代表作は「日本婦道記」「樅ノ木は残った」「青べか物語」「さぶ」など。権威を嫌い、いくつかの受賞を辞退している。直木賞を辞退したときに「読者から寄せられる好評以外に、いかなる文学賞もない」という言葉を残した。

ジョージ・ゴードン・バイロンは、イギリスの詩人。

森鷗外は、現在の島根県出身の小説家、陸軍軍医。夏目漱石と並ぶ日本を代表する文豪。ドイツに留学し、「舞姫」「うたかたの記」「文づかひ」を三部作として発表する。軍医としても、陸軍軍医の人事権を持つ陸軍省医務局長にまで出世している。

自分に打ち勝つことは、勝利と呼ばれるものの中で最高に困難なものである。

プラトン（ＢＣ四二七～ＢＣ三四七年）

プラトンは、古代ギリシアの哲学者。プラトンの思想は、西洋哲学の源流であると言われている。

人は、他人とは明らかに違う。それと同じぐらい、自分自身とも違っているときがある。

ラ・ロシュフコー（一六一三～一六八〇年）

愚の特徴は、他人の欠点をあげて自分の欠点を忘れるところにある。

マルクス・トゥッリウス・キケロ（ＢＣ一〇六～ＢＣ四三年）

キケロは、共和政ローマ期の政治家、文筆家、哲学者である。

身に奉ずること薄きを倹約とし、人に奉ずること薄きを吝嗇（りんしょく）とす。

貝原益軒（かいばら えきけん　一六三〇～一七一四年）

自分のために出費を少なくするのは倹約といえるが、人に対して出費を押さえるのはケチというものだという意味。「吝嗇」は、ケチのこと。

子どもはだれでも芸術家だ。問題は大人になっても芸術家でいられるかどうかだ。

パブロ・ピカソ（一八八一〜一九七三年）

名誉ある死は、不名誉なる生より善し。

ソクラテス（BC四六九頃〜BC三九九年）『アテネ神殿にかかげた言葉』より。

貧相な頭脳がもっとも強固な偏見をもって決定するもの、それがプライドであり、愚者に必ずつきまとう悪徳である。

アレキサンダー・ポープ（一六八八〜一七四四年）

天才とは、本質を見抜く人のことである。

トーマス・カーライル（一七九五〜一八八一年）

私情は、我々から正しい判断を簡単に奪う。

トマス・ア・ケンピス（一三八〇〜一四七一年）

ピカソは、スペインに生まれフランスで制作活動をした画家、彫刻家。ルネサンス以来の一点透視図法を否定したキュビスムの創始者のひとり。『ゲルニカ』などの発表によって、反戦の立場をとっていることを表明しているが、実際に反戦活動などに参加したことはなかった。もっとも多作な美術家として『ギネスブック』に載っている。晩年エロティックな銅版画を制作したが、「狂った老人の支離滅裂な落書き」と世間には受け入れられなかった。しかしピカソ本人は「この歳になってやっと子どもらしい絵が描けるようになった」と悪評は一切気にしなかった。ピカソは死ぬまで時代を先取りする芸術家であった。

酒の神は、海の神よりもずっと多くの人間を溺死させた。
ジュゼッペ・ガリバルディ（一八〇七〜一八八二年）

流行とは、異論の余地なく滑稽なものだ。
オノレ・ド・バルザック（一七九九〜一八五〇年）

あらゆる人を喜ばせることはできない。批判を気にするな。そして、人の決めた基準に従うな。
ロバート・ルイス・スティーヴンソン（一八五〇〜一八九四年）

自愛、自識、自制。この三要素だけが、人生を高貴なものにいたらしめる。
アルフレッド・テニスン（一八〇九〜一八九二年）

四〇歳を過ぎた人間は、自分の顔に責任をもたねばならぬ。
エイブラハム・リンカーン（一八〇九〜一八六五年）

ジュゼッペ・ガリバルディは、イタリアを統一した革命家。イタリアを統一するために、個人的軍事行動を数多く行なった。ブラジル、ウルグアイの独立運動にも参加し〝ふたつの世界の英雄〟とも呼ばれている。

ロバート・スティーヴンソンは、イギリスのスコットランド出身の小説家、詩人。弁護士の資格も持っていた。代表作は『ジキル博士とハイド氏』『宝島』『新アラビア夜話』など。

アルフレッド・テニスンは、ヴィクトリア朝時代のイギリスの詩人。代表作『イン・メモリアム』は、日本でも愛読されている。

人みな我が飢を知りて人の飢を知らず。　沢庵宗彭（たくあんそうほう　一五七三〜一六四六年）

自分のことを賢明だと考えている人間は、誠にとんでもないバカ者である。　ヴォルテール（一六九四〜一七七八年）

教育とは、学校で習ったすべてのことを忘れてしまった後に、自分の中に残るものをいう。　アルベルト・アインシュタイン（一八七九〜一九五五年）

不幸は、幸運とは比較にならないほど、人間によく似合っている。　アルベルト・アインシュタイン（一八七九〜一九五五年）

あらゆるものには輝くダイヤが隠されている。磨けば光る。　トーマス・アルバ・エジソン（一八四七〜一九三一年）

沢庵宗彭は、現在の兵庫県出身、江戸時代の臨済宗の僧。紫衣事件で反幕府の立場をとったために、出羽国に流罪となった。その後、許されて江戸に萬松山東海寺を開いた。一般的に、たくあん漬けの考案者とされているが、これに関しては諸説ある。

アインシュタインは、ドイツ生まれのユダヤ人理論物理学者。20世紀最大の物理学者と呼ばれる。第二次世界大戦終結後、アインシュタインは「我々は戦いには勝利したが、平和まで勝ち取ったわけではない」と演説する。彼を訪ねた日本人記者に対して「敗戦国である日本には大変深く同情する。しかし戦勝国もまた苦しい道を歩いている」と述べたという。

エジソンは、生涯におよそ一三〇〇もの発明を行った人類史に残るアメリカの発明家、起業家。

一番だましやすい人間は、すなわち自分自身である。

エドワード・ジョージ・アール・リットン・ブルワー・リットン（一八〇三〜一八七三年）

真に尊敬すべきものはその名声でなく、尊敬に値する本当の値打ちがあるか否かである。

アルトゥル・ショーペンハウアー（一七八八〜一八六〇年）

才能は孤独のうちに育ち、人格は世の荒波で育つ。

ヨハン・ヴォルフガング・フォン・ゲーテ（一七四九〜一八三二年）

悪の根源をなすものは、お金そのものではなく、お金を欲する人間の心の中にある。

サミュエル・スマイルズ（一八一二〜一九〇四年）

ブルワー・リットンは、イギリスの小説家、政治家。代表作は『ポンペイ最後の日』『リシュリュー』など。〝ペンは剣よりも強し〟という有名な言葉は『リシュリュー』の中に出てくるもの。また、リットン調査団の〝リットン〟は彼の孫にあたる。

ショーペンハウアーは、ドイツの哲学者。インド哲学を研究した。知性よりは意志を重要とした哲学は、実存主義の先駆と言われている。日本では森鴎外、堀辰雄、萩原朔太郎など多くの作家に影響を与えた。主な著書は『意志と表象としての世界』など。

スマイルズは、イギリスの作家、医者。スコットランド・ハディントン生まれ。医師を経て作家に専念する。「自助論」は、福澤諭吉の『学問のすゝめ』と並んで広く読まれ、近代日本に大きな影響を与えた。自助論の序文「天は自ら助くる者を助く」は有名。

ことわざ

仇も情けも我が身より　憎まれるのも愛されるのも、すべて自分の行ないからという意味。

胸三寸に納める　言いたいことがあっても、胸にしまい込むことが賢明なときがあるという意味。

悪因悪果（あくいんあっか）　悪い行為には、必ず悪い結果や報いがあるという意味。その逆の意味で善因善果（ぜんいんぜんか）という言葉がある。

堪忍は一生の宝　忍耐力があれば一生を幸福に暮らせるという意味。

朝に道を聞かば、夕べに死すとも可なり　朝に人間としての生きる道を聞くことができれば、その日の夕方に死んでも心残りはないという孔子の言葉。

雨晴れて笠を忘る　受けた恩などは、つい忘れてしまうという意味。

悪人の友を捨てて善人の敵を招け　たとえそれが敵であっても、友達は良い人間を選べという意味。

頭剃るより心を剃れ　頭を剃って姿だけ僧になってもしょうがない。外見よりも気持ちが大切であるという意味。

頭の濡れぬ思案　まず、今降っている雨に頭が濡れないようにすることが先決である。先のことを悩むよりも、今起っている問題を考えることが大事だという意味。

悪、小なりとてなすなかれ　悪いことは、どんなに小さなことでもしてはならないという意味。

足の跡はつかぬが筆の跡は残る　書いた物は残るので、人に書いた物を渡すときは慎重にという意味。

第3章

希望や勇気、気持ちを明るくする名言

我々が恐れなければならない唯一のものは、〝恐れ〟そのものである。　フランクリン・デラノ・ルーズベルト（一八八二〜一九四五年）

どんな機械でも同じだが、動きが悪くなったときに、闇雲に油を注いでも効果はない。まず悪くなった部品を交換する作業をしなければならない。　トーマス・アルバ・エジソン（一八四七〜一九三一年）

成功は、結果で計るものではなく、費やした努力の総計で計るべきである。　トーマス・アルバ・エジソン（一八四七〜一九三一年）

運は、我々から富を奪うことはできても、勇気を奪うことはできない。　ルキウス・アンナエウス・セネカ（BC一頃〜AD六五年）

ルーズベルトは、民主党出身の第32代アメリカ大統領（一九三三〜一九四五年）。第二次世界大戦が終結する直前に亡くなるが、死を知ったヒトラーは「彼は今回の戦争を第二次世界大戦に拡大させた扇動者であり、史上最悪な戦争犯罪者として歴史に残るだろう」と公式声明を発表した。鈴木貫太郎内閣は敵国であったにもかかわらず、「今日の戦争においてアメリカが優勢であるのは、ルーズベルト大統領の指導力が極めて優れているからです」と声明を発表した。スターリンは、ルーズベルトは暗殺されたと考えていたという。

エジソンは、生涯におよそ一三〇〇もの発明を行った人類史に残るアメリカの発明家、起業家。

セネカは、ローマ帝国の政治家、哲学者、詩人である。

楽天は、人を成功に導きます。どんなときでも、そこに明るい気持ちと希望がなくては成功はありません。

ヘレン・アダムス・ケラー（一八八〇〜一九六八年）「楽天（らくてん）」は、自分の境遇を天の与えたものとして受け入れて、くよくよしないで人生を楽観すること。

人間の真理は、実践によって論証しなければならない。

カール・ハインリヒ・マルクス（一八一八〜一八八三年）

寛容になるためには、年齢を経ればよい。人が過失を犯すのを見ると、自分もかつては過失ばかり犯していたと思う。

ヨハン・ヴォルフガング・フォン・ゲーテ（一七四九〜一八三二年）

希望は、人を成功に導きます。どんなときでも、そこに希望がなければ、なにごとも成就するものではありません。

ヘレン・アダムス・ケラー（一八八〇〜一九六八年）

ヘレン・アダムス・ケラーは、アメリカの教育家、社会福祉事業家。自分自身も重い障害を背負いながら、世界各地の身体障害者の教育や福祉に尽くした。

マルクスは、ドイツの経済学者、革命家。20世紀において、もっとも影響力があった思想家のひとり。フリードリヒ・エンゲルスと資本主義の高度な発展により共産主義社会が到来すると説いた。『共産党宣言』の「万国のプロレタリアよ、団結せよ！」という言葉は有名である。著者『資本論』による経済学体系は〝マルクス経済学〟と呼ばれる。

ゲーテは、ドイツの詩人、劇作家、小説家、哲学者、法律家。ドイツを代表する文豪であり、小説『若きウェルテルの悩み』、叙事詩『ヘルマンとドロテーア』、詩劇『ファウスト』などを残した。

「神は、人間に絶望していない」というメッセージをたずさえて、胎児は生まれてくる。

ラビーンドラナート・タゴール（一八六一～一九四一年）『タゴール詩集』より。

自己に生きる者にとって、犠牲は一種の喜びである。

ラビーンドラナート・タゴール（一八六一～一九四一年）

若くして求めれば、老いて豊か。

ヨハン・ヴォルフガング・フォン・ゲーテ（一七四九～一八三二年）

それは不可能であるがゆえに確実である。

クィンツス・テルツリアン（一五〇頃～二二〇年頃）

人が天から心を授かっている理由。それは、愛するため。

ニコラ・ボアロー・デプレオー（一六三六～一七一一年）

タゴールは、インドの詩人、思想家。ガンジーのインド独立運動を支持したり、ロマン・ロランやアインシュタインなどの世界の知識人との親交も深かった。インド国歌およびバングラデシュ国歌の作詞・作曲者で、一九一三年にはノーベル文学賞をアジアにおいて初受賞する。日本の岡倉天心、河口慧海、野口米次郎らとの親交もあり、五回にわたって訪日している。タゴールは日本人の美意識を評価したが、第一次世界大戦における軍国主義を「西欧文明に毒された行動」と警鐘し、満州事変以後の軍事行動を「日本の伝統美の感覚を自ら壊すもの」と批判した。

クィンツス・テルツリアンは、ローマの神学者。

ニコラ・ボアロー・デプレオーは、フランスの詩人、批評家。

希望を失わないでやっていると、自然と知恵も出てくる。精神が集中して、そこにいろいろな福音が生まれてくる。

松下幸之助（まつした こうのすけ　一八九四〜一九八九年）

不幸を治す薬は、ただもう希望よりほかにない。

ウィリアム・シェイクスピア（一五六四〜一六一六年）

クレオパトラの鼻がもう少し低かったら、世界の歴史は変わっていただろう。

ブレーズ・パスカル（一六二三〜一六六二年）

クレオパトラは、その美貌でシーザーを魅了してエジプトを統一した。さらにアントニウスも誘惑する。男女の関係が世界を動かす。世の中のはかなさを知るには、これで十分であるという意味。

残虐はすべて弱さから生じる。

ルキウス・アンナエウス・セネカ（ＢＣ一頃〜ＡＤ六五年）

松下幸之助は、和歌山県出身の実業家。パナソニック（旧社名：松下電器産業）を一代で築き上げた日本屈指の経営者。〝経営の神様〟と言われている。晩年は松下政経塾を立ち上げ、政治家の育成に尽力した。

シェイクスピアは、イギリスの劇作家、詩人。もっとも優れた英文学の作家とも言われている。約20年間に四大悲劇『ハムレット』『マクベス』『オセロ』『リア王』をはじめ、『ロミオとジュリエット』『ヴェニスの商人』『夏の夜の夢』『ジュリアス・シーザー』など多くの傑作を残した。

パスカルは、フランスの数学者、物理学者、哲学者。早熟の天才で、その才能は多方面に及ぶ。〝人間は考える葦である〟という『パンセ』の中の言葉によって広く知られる。

この世には、いろいろな不幸がある。しかし、その不幸からよきものを生み出そうとして、また生み出し得る者は賢い人である。与えられた運命をもっともよく生かすということは、人間にとって大事なことである。

武者小路実篤（むしゃこうじ さねあつ　一八八五〜一九七六年）

これから私は幸運を求めない　私が幸運そのものだ　これからもう私はくよくよしない　ためらわない　また何者をも必要としない　剛健に飽満して　私は大道を旅していく

ウォルター・ホイットマン（一八一九〜一八九二年）詩集『草の葉』の「大道の歌」より。

建築家は、無数の部屋をつくるが、そのつくった部屋から、いつも出なければならない。

ヨハン・ヴォルフガング・フォン・ゲーテ（一七四九〜一八三二年）

武者小路実篤は、現在の東京都出身の小説家。白樺派の代表的作家であり、一九五一年に文化勲章を受章する。上流階級の出であるが、気紛れで無責任な性格を指摘されることがあった。代表作は『友情』『愛と死』など。

ホイットマンは、アメリカの詩人。アメリカ文学の超越主義から写実主義への過渡期を代表する作家で、作品には両方の特長が見られる。代表作の詩集『草の葉』は、性的表現が問題になることがあるが、アメリカ文学において影響力の大きい作家のひとりで、〝自由詩の父〟とも呼ばれる。政治意識が高く、奴隷制度に反対の立場をとったが、奴隷廃止運動には賛同しなかった。夏目漱石によって日本に紹介された。

勇気を修養するものは、進む方の勇ばかりではなく、退いて守る力の沈勇もまたこれを養うよう心がけねばならぬ。両者がそろって真の勇気となる。

新渡戸稲造（にとべ　いなぞう　一八六二～一九三三年）『新渡戸稲造全集』より。

新渡戸稲造は、農学者、教育者。キリスト教徒にして拓殖大学名誉教授。軍国主義思想が高まる中「我が国を滅ぼすものは共産党と軍閥である」の発言が新聞に取り上げられ、軍部や右翼の標的になって、多くの友人や弟子が離れる。また、反日感情を緩和するためアメリカに渡り、日本の立場を訴えるが「新渡戸は軍部の代弁に来たのか」とアメリカの友人からも理解されなかった。

失敗？　これは、うまくいかないということを確認した成功だよ。

トーマス・アルバ・エジソン（一八四七～一九三一年）

笑いなき人生は、物憂(ものう)き空白なり。

ウィリアム・メイクピース・サッカレー（一八一一～一八六三年）「物憂い」は、なんとなく心が晴れないこと。苦しくつらいこと。

サッカレーは、イギリスの小説家。上流階級を痛烈に批判した『虚栄の市』で文名を高め、ディケンズと並びヴィクトリア朝を代表する小説家と言われている。

進路を開拓しようとする人の一番の望みは、「我にチャンスを与えよ」である。

ジョン・ワナメーカー（一八三八～一九二二年）

ジョン・ワナメーカーは、アメリカの企業家、実業家にして郵政長官。〝デパート王〟と称される。

もし、機会を見出さざれば、自ら機会をつくるべし。　サミュエル・スマイルズ（一八一二～一九〇四年）

人生は物語のようなものだ。重要なことは、どんなに長いかではなく、どんなに良いかということである。　ルキウス・アンナエウス・セネカ（BC一頃～AD六五年）

理想は、ひとりの青年の夢想ではない。たんなる抽象的な概念でもない。我々の生活において、必ず現実の力となって働くものである。　南原繁（なんばら しげる　一八八九～一九七四年）

もしも、目の前の目的が達成できないでいるなら、試みよ。再び試みよ。　ウィリアム・ヒクトン（一八〇三～一八七〇年）

『試みよ再び試みよ』より。

サミュエル・スマイルズは、イギリスの作家、医者。スコットランド・ハディントン生まれ。医師になったが、のち執筆に専念するようになる。一八五八年に出版された「自助論」は、中村正直の翻訳により『西国立志編』として明治維新直後の日本に紹介され、福沢諭吉の『学問のすゝめ』と並んで広く読まれ、近代日本に大きく影響を与えた。自助論の序文「天は自ら助くる者を助く」は有名。

南原繁は、日本の政治学者。東京帝国大学の総長を務めた。

ウィリアム・ヒクトンは、イギリスの説教師。説教師とは、説教を職業とする人。または、宗教の教えを説く人。

海が荒れ、風が激しく波を叩くとき、船上で難渋（なんじゅう）するようすを陸から見るのは内心楽しい。

ティトゥス・ルクレティウス・カルス（BC九九頃〜BC五五年）『物の性質について』より。

私は決して失望などしない。どんな失敗も新たな一歩となるから。

トーマス・アルバ・エジソン（一八四七〜一九三一年）

パンがあるなら、どんな悲しみにも耐えられる。

ミゲル・デ・セルバンテス・サアベドラ（一五四七〜一六一六年）

人は、自分が望んでいることを信じたがるものだ。

ジュリアス・シーザー（BC一〇〇頃〜BC四四年）

心配しても始まらないことは、心配しない方が利口だ。

武者小路実篤（むしゃこうじ さねあつ　一八八五〜一九七六年）

ティトゥスは、ローマ共和政末期の詩人、哲学者。エピクロスの宇宙論を詩の形式で解説した。説明のつかない自然現象から恐怖を感じ、そこに神の干渉を見ることから、人間の不幸が始まったと論じた。死によってすべては消滅するという考えから、死後の罰から生じる恐怖から人間を解き放とうとした。

セルバンテスは、スペインの作家。小説『ドン・キホーテ』の著者として知られる。スペイン語による世界的文学者のひとりとして、同時代および後世に多大な影響を与えた。シェイクスピアも『ドン・キホーテ』を読んでいたと言われている。

ジュリアス・シーザーは、共和政ローマ期の政治家、軍人であり、文筆家。「サイは投げられた」「来た。見た。勝った」「ブルータス、お前もか」などの言葉で知られる。

我が輩の辞書に不可能という文字はない。

ナポレオン・ボナパルト（一七六九〜一八二一年）

自ら汚し傷つける者に対してのみ、この世は汚れたものになる。

ウォルター・ホイットマン（一八一九〜一八九二年）

チャンスはどこにでもある。釣り糸を垂れて常に用意せよ。こんな所では釣れないだろうと思うところにこそ、魚はいる。

オヴィディウス（ＢＣ四三〜ＡＤ一七年）

チャンスに遭わない者はいない。ただ捕らえられなかっただけである。

アンドリュー・カーネギー（一八三五〜一九一九年）

よし、どうであろうと人生とはよいものだ。

ヨハン・ヴォルフガング・フォン・ゲーテ（一七四九〜一八三二年）『ファースト』より。


ナポレオンは、革命期フランスの軍人、政治家。フランス革命後に軍事独裁政権を樹立し、イギリスを除くヨーロッパの大半を征服した（ナポレオン戦争）。当時のイギリスの首相ウィリアム・ピットは「革命騒ぎの宝くじを最後に引き当てた男」と評し、ゲーテは「徳を求めたもののこれを見出せず、権力を掴むに至った」と評した。

オヴィディウスは、古代ローマの詩人。皇帝・アウグストゥスをスポンサーにすることなく、エロティシズム溢れる恋愛詩でラテン文学の黄金期を代表する詩人になる。ギリシア神話を参考にした『愛の歌』におけるその性的描写にアウグストゥスが激怒し、島流しにされて死亡する。

アンドリュー・カーネギーは、アメリカの実業家。カーネギー鉄鋼会社を創業し〝鋼鉄王〟と称された。引退後は教育や文化の普及に尽力した。

人間が賢いのは、その経験に応じてではない。経験に応じた能力を発揮できるから賢いのである。　ジョージ・バーナード・ショー（一八五六～一九五〇年）

目がまわったとき、逆にまわると直るように、死ぬほどの悲しみも、ほかの悲しみがあれば治る。　ウィリアム・シェイクスピア（一五六四～一六一六年）

棺を蓋（おお）うて事定まる。　房玄齢、李延寿らによって編纂『晋書（しんじょ）』より。生前の真価は、死後になって初めて決まるという意味。

「欲は少ないほど、まじめにやれば幸福になれる」と、昔から言われて来たが、〝欲が少ない〟ということ自体が、間違った真理であった。　ゲオルク・クリストフ・リヒテンベルク（一七四二～一七九九年）

ジョージ・バーナード・ショーは、イギリスで活躍したアイルランド出身の劇作家、劇評家、音楽評論家、社会主義者。イギリス近代演劇の確立者として有名である。「あなたが一番影響を受けた本は？」という質問に対して「銀行の預金通帳だよ」と答えた。

『晋書』は、中国晋王朝（西晋・東晋）について書かれた歴史書。六四八年に太宗の命により、房玄齢や李延寿らによって編纂された。

リヒテンベルクは、ドイツの科学者、風刺家。誘電体上の放電分岐パターンを発見し、これはリヒテンベルク図形と呼ばれている。

怒りは一時的な狂気である。この感情を抑えなければ、人生は、狂気の世界に征服されてしまう。

クィントゥス・ホラティウス・フラックス（BC六五～BC八年）『諷刺詩』より。

愛出ずる者は愛反り、福往く者は福来る。

賈誼（かぎ BC二〇〇～BC一六八年）『新書』より。 人を愛せば自分も愛される。人に親切にすれば、幸福がやって来るという意味。

成功するには、ふたつの道しかない。ひとつは自分の勤勉によるもの。もうひとつは他人の愚かさで儲けること。

ジャン・ド・ラ・ブリュイエール（一六四五～一六九六年）

人はだれでも、他人の不幸や苦痛を見ると、小さからぬ喜びを感じるものである。

エドマンド・バーク（一七二九～一七九七年）『荘厳と美について』より。

ホラティウスは、古代ローマ時代の南イタリアの詩人。書簡詩『詩について』は、アリストテレスの『詩学』と並んで現代でも重要視されている。

賈誼は、中国・前漢時代の政治思想家。秦を批判する「過秦論」も著名であり、これらの散文をまとめたものとして、『新書』がある。

ジャン・ド・ラ・ブリュイエールは、フランスの古代派の作家。

エドマンド・バークは、ダブリン生まれのアイルランド人でイギリスの下院議員。〝保守主義の父〟として知られる。また、哲学、作家、演説でも才能を発揮した。

苦しんでいる人は、自分の苦痛を他者に移そうとする。それは苦痛をやわらげる知恵であり、移すと実際に苦痛はやわらぐ。

シモーヌ・ヴェイユ（一九〇九～一九四三年）

信念は恋愛と同じで、強いることはできない。

アルトゥル・ショーペンハウアー（一七八八～一八六〇年）

我々の務めは、成功ではない。我々の務めは、失敗に恐れることなく常に前進することである。

ロバート・ルイス・スティーヴンソン（一八五〇～一八九四年）

少しの欠点も見せない人は、バカか偽善者である。警戒せよ。欠点の中には、美点に結びついて美点を目立たせて、矯正しない方が良いという欠点もあるのだから。

ジョセフ・ジュベール（一七五四～一八二四年）

シモーヌ・ヴェイユは、フランスの哲学者。学校卒業後、教員になるがすぐに政治活動に身を投じる。スペインやイギリスなどで活動を行い、ロンドンで亡くなる。

ショーペンハウアーは、ドイツの哲学者。知性よりは意志を強調したその哲学は、のちの実存主義の先駆と言われている。日本でも森鷗外をはじめ、堀辰雄、萩原朔太郎など多くの作家に影響を及ぼした。

ロバート・ルイス・スティーヴンソンは、イギリススコットランドのエディンバラ生まれの小説家、冒険小説作家、詩人、エッセイストである。弁護士の資格も持っていた。

ジョセフ・ジュベールは、18～19世紀フランスの哲学者、随筆家。

人間の真の価値は、自分からの解放の度合いによって決まる。

アルベルト・アインシュタイン（一八七九～一九五五年）

自分が方向を変えれば、新しい道はいくらでも開ける。

松下幸之助（まつした こうのすけ　一八九四～一九八九年）

自らを助けようとしない者を救おうとしても無駄だ。自分でハシゴを登る意思のない者を他人が押し上げることはできない。

アンドリュー・カーネギー（一八三五～一九一九年）

言葉に出せば、重荷を背負った胸が軽くなる。

フリードリヒ・フォン・シラー（一七五九～一八〇五年）

地獄は、素人音楽家で満員だ。

ジョージ・バーナード・ショー（一八五六～一九五〇年）

アインシュタインは、ドイツ生まれのユダヤ人理論物理学者。20世紀最大の物理学者と呼ばれる。第二次世界大戦終結後、アインシュタインは「我々は戦いには勝利したが、平和まで勝ち取ったわけではない」と演説する。彼を訪ねた日本人記者に対して「敗戦国である日本には大変深く同情する。しかし戦勝国もまた苦しい道を歩いている」と述べたという。

シラーは、ドイツの思想家、詩人、劇作家であり歴史学者。ベートーヴェンの交響曲第九番の原詞でもよく知られる。

我事において後悔せず。　宮本武蔵（みやもと むさし　一五八四頃～一六四五年）『独行道』より。

考えすぎる人は、成就（じょうじゅ）しない。　フリードリヒ・フォン・シラー（一七五九～一八〇五年）「成就」は、物事を成し遂げること。また、願いなどがかなうこと。

人事を尽くして天命を待つ　胡寅（こ いん　一〇九八～一一五六年）『読史管見（とくしかんけん）』より。　できるかぎりの努力をして、あとは運命に任せるという意味。

人間は高貴な動物である。灰になって、みごと墓に入って豪華である。　トーマス・ブラウン（一六〇五～一六八二年）『骨壺埋葬』より。

宮本武蔵は、江戸時代初期の剣豪。二刀を用いることで有名な二天一流兵法の祖にして、書画でも優れた作品を残している。ちなみに「巌流島の決闘」の相手の名前は岩流である。佐々木小次郎という名前は、後年の芝居で名づけられたもの。

胡寅は、南宋初期の中国の儒学者。『読史管見』は、中国の宋代の儒書。

トーマス・ブラウンは、イギリスの医学者で哲学者。

老いたるエイブラハムは、この石の下に横たわる。だれも笑わずだれも泣かない。どこに去ったか。どうしているか。だれも知らず、だれも気にせぬ。

エイブラハム・ニューランド（一七三〇〜一八〇七年）『自選の墓碑銘』より。

人は自分をあまりに深刻に考えすぎる。これを原罪という。

オスカー・フィンガル・オフラハティ・ウィルス・ワイルド（一八五四〜一九〇〇年）「原罪」は、キリスト教において人間が最初に犯した罪。アダムとイブが禁断の木の実を口にし、神の命令に背いことにより、子孫である人類はこの罪を負うとされる。

自分と同じ苦しみの他者を見たいと人は思う。だから貧困に苦しむ者の関心は、同じ貧困層に向けられる。結果的に、この心理構造が富裕層中心の社会構造を安定させる要因のひとつになっている。

シモーヌ・ヴェイユ（一九〇九〜一九四三年）

エイブラハム・ニューランドは、イギリスの銀行家。

オスカー・ワイルドは、アイルランド出身の詩人、作家、劇作家。〝芸術のための芸術〟を唱えて唯美主義、芸術至上主義に基づく活動を展開した。多彩な文筆活動をしたが、男色で収監され、出獄後は失意から回復しないままに没した。

いかなる悪に対しても、その本性を知らなければだれも疑わない。

ベン・ジョンソン（一五七二～一六三七年）

チャンスは鳥のごとし。飛び去らぬうちに捕らえよ。

フリードリヒ・フォン・シラー（一七五九～一八〇五年）

泣くことも笑いも、愛欲も憎悪も長くは続かない。一度死の門をくぐれば、それらはもはや関係ない。

アーネスト・ドースン（一八六七～一九〇〇年）『命短し』より。

勤勉と熟達があれば、不可能なことはほとんどない。

サミュエル・ジョンソン（一七〇九～一七八四年）

笑いは人類の謎を解く合鍵である。

トーマス・カーライル（一七九五～一八八一年）

ベン・ジョンソンは、シェイクスピアと同時代の17世紀イギリスの劇作家、詩人。一六一六年には、政府が任命する「桂冠詩人」の第一回目の受賞者になる。代表作は『錬金術師』『エピシーン』『ヴォルポーネ』など。シェイクスピアが亡くなった際に、「言葉は人をもっともよく表す。だからなにか言いたまえ。そうすれば君がわかるだろう」という追悼文を書いたことでも知られる。

アーネスト・ドースンは、イギリスの詩人。

サミュエル・ジョンソンは、イギリスの文学者。シェイクスピアの研究で知られる。

トーマス・カーライルは、19世紀イギリスの思想家、歴史家。

ここに十分考え、ほんの少し試み、たくさん失敗した人。眠る。……と彼は墓碑に書かれるだろう。しかし彼は恥じる必要はないのだ。

ロバート・ルイス・スティーヴンソン（一八五〇～一八九四年）『クリスマスの説教』より。

恐れを知って、しかもそれを恐れない者こそ、真の勇者である。

ウェリントン・アーサー・ウェルズリー（一七六九～一八五二年）

月は月蝕になってもすぐに元にもどる。

サキャ・パンディタ（一一八二～一二五一年）

中庸を行えば、もっとも安全である。

オヴィディウス（BC四三～AD一七年）「中庸（ちゅうよう）」は、偏ることなく常に変わらないこと。過不足がなく調和がとれていること。またはその様子という意味。

ロバート・ルイス・スティーヴンソンは、イギリスの作家。代表作に『宝島』や『ジキル博士とハイド氏』などがある。

ウェリントンは、イギリスの軍人、政治家にして首相も務める。ナポレオンをワーテルローの戦いで打ち破ったことで知られる。

サキャ・パンディタは、チベットの高僧、学者、政治家。サキャ・パンディタは称号で、本名はクンガ・ギャルツェン。チンギス・ハーンの侵略からチベットを守った。

ありがたくも私は義務を果たした。

ホレーショ・ネルソン（一七五八～一八〇五年）『臨終の言葉』より。

ホレーショ・ネルソンは、アメリカ独立戦争、ナポレオン戦争などで活躍したイギリス海軍提督。トラファルガー海戦でフランス・スペイン連合艦隊を破り、ナポレオンによる制海権獲得、イギリス本土侵攻を阻止したが、それと引き換えに戦死する。

人間の邪悪な心を変えるよりも、プルトニウムの性質を変える方がやさしい。

アルベルト・アインシュタイン（一八七九～一九五五年）

埋葬された皇帝よりも生きている浮浪者の方がよい。

ジャン・ド・ラ・フォンテーヌ（一六二一～一六九五年）

ジャン・ド・ラ・フォンテーヌは、17世紀フランスの詩人。『北風と太陽』『金のタマゴを産むめんどり』などイソップ寓話を基にした寓話詩で知られる。

世の中には幸も不幸もない。そんなことは考え方でどうにもなるのだ。

ウィリアム・シェイクスピア（一五六四～一六一六年）

出る月を待つべし。散る花を追うことなかれ。

中根東里（なかね とうり　一六九四～一七六五年）『東里新談』より。

中根東里は、現在の静岡県出身の江戸中期の陽明学者。王陽明の学問に強い共感を覚え、子弟の教育に高潔な人柄が知られる。

希望は人間の心に永遠に湧くものである。だから「今が幸せ」という感覚はなく、常に幸福は未来にある。　アレキサンダー・ポープ（一六八八～一七四四年）『人間についての試論』より。

過失を犯すは恥ずべし。過失を改めるは恥ずべからず。
ジャン・ジャック・ルソー（一七一二～一七七八年）

どんな政治でも、ある程度は邪悪なものである。　アルベルト・アインシュタイン（一八七九～一九五五年）

笑いは、人間にだけ許されたもので、理性がもつ特権のひとつである。　ジェイムズ・レイ・ハント（一七八四～一八五九年）

崇高と滑稽の間は、一歩しかない。　ナポレオン・ボナパルト（一七六九～一八二一年）モスクワを退却するときに言った言葉。

アレキサンダー・ポープは、イギリスの詩人。その名文句はシェイクスピアに次いで、しばしば引用される。

ルソーは、スイス生まれの哲学者、政治思想家、教育思想家、作家、作曲家。理論にとどまらない著作は広く読まれ、フランス革命やそれ以降の社会思想にも精神的な影響を与えた。

ジェイムズ・レイ・ハントは、19世紀イギリスの詩人、エッセイスト。

サイは投げられた。

ジュリアス・シーザー（ＢＣ一〇〇頃〜ＢＣ四四年）ガリヤ遠征において、ルビコン川を渡るときに叫んだ言葉。

敵がいない人生は考えられない。それどころか、善良な生き方をすればするほど、敵は増える。

レフ・ニコラエヴィチ・トルストイ（一八二八〜一九一〇年）

すべての悪は、ひとりでいられないという気持ちから生じる。賭けごと、放蕩、酒、女、無知、悪口、羨望、神の忘却など、すべてが。

ジャン・ド・ラ・ブリュイエール（一六四五〜一六九六年）

才はなくても人格は備えなければならない。

クリスティアン・ヨハン・ハインリヒ・ハイネ（一七九七〜一八五六年）

ジュリアス・シーザーは、共和政ローマ期の政治家、軍人であり、文筆家。「サイは投げられた」「来た。見た。勝った」「ブルータス、お前もか」などの言葉で知られる。

トルストイは、ロシアの小説家、思想家。19世紀ロシア文学を代表する巨匠。代表作に『戦争と平和』『復活』など。非暴力主義者としても知られる。森鷗外や宮沢賢治をはじめ、日本の作家で影響を受けた者は枚挙にいとまがない。

ハインリヒ・ハイネは、ドイツの詩人、作家、ジャーナリスト。若き日のマルクスとも親交があった。

どんな悲しみでも、時間が軽減し、やわらげてくれないようなものはない。　マルクス・トゥッリウス・キケロ（BC一〇六～BC四三年）

芸術家は、なによりもまず人間である。　ピエール・ジュール・テオフィル・ゴーティエ（一八一一～一八七二年）

天は、自ら助ける者を助ける　サミュエル・スマイルズ（一八一二～一九〇四年）『自助論』より。自力で努力する者には天が援助するという意味。

我々がなし得るもっとも非ギリシャ的なことは、ギリシャ人を模倣することである。おそらく、ギリシャ人は模倣者ではなかったから。　アルフレッド・ノース・ホワイトヘッド（一八六一～一九四七年）

キケロは、共和政ローマ期の政治家、文筆家、哲学者である。

ゴーティエは、フランスの詩人、小説家。画家を目指した経験から、内面の美よりも外面の美にひかれ、絵画が表現する美を詩で表そうとして〝芸術のための芸術〟を主張した。代表作は『コーヒー沸かし』『キャプテン・フラカス』『スピリット』など。

ホワイトヘッドは、イギリス人の数学者、哲学者。ケンブリッジ大学やハーバード大学などで教鞭をとる。「西洋のすべての哲学はプラトン哲学への脚注に過ぎない」という言葉が有名である。

この世でもっとも美しいものは、もっとも無用のものである。たとえば、孔雀と野の百合を見よ。　ジョン・ラスキン（一八一九～一九〇〇年）『ヴェニスの石』より。

甘美に音楽を聴き、我を死に臨ませよ。　ミラボー・オノレ・ガブリエル・リケティ（一七四九～一七九一年）『臨終の言』より。

他人はすべて自分よりもアカンと思うよりも、他人は自分よりエライのだ、自分にないものをもっているのだ、と思うほうが結局はトクである。　松下幸之助（まつした　こうのすけ　一八九四～一九八九年）

良き批評家は、傑作の間における創作者の魂の冒険を語る者である。　アナトール・フランス（一八四四～一九二四年）『文学生活』より。

ジョン・ラスキンは、19世紀イギリスの評論家、美術評論家。中世のゴシック美術を賛美する『建築の七燈』『ヴェニスの石』などを執筆した。

ミラボーは、フランス革命初期の指導者。ブルジョアの立場から初期の革命を指導し、立憲君主制を主張した。その開放的な庶民性から国民に絶大な人気があった。のちにルイ16世と交わした反革命的な書簡が暴露され、名声は地に落ちた。

アナトール・フランスは、20世紀前半のフランスを代表する小説家、批評家。一九二一年にノーベル文学賞を受賞。芥川龍之介が傾倒し、石川淳が訳したことで日本では有名になる。

この世でもっとも公平に分配されているものは、良識である。

ルネ・デカルト（一五九六～一六五〇年）『方法序説』より。

芸術は博物館、絵画館の中に大切に納められている。だが、日常生活の営みからは、すべての美が葬られている。

ウィリアム・モリス（一八三四～一八九六年）『無何有郷だより』より。

どこか遠くへ行きなさい。仕事が小さく見えてきて、もっと全体がよく眺められるようになります。不調和やアンバランスがもっとよく見えてきます。

レオナルド・ダ・ヴィンチ（一四五二～一五一九年）

希望と恐れは切り離すことができない。希望のない恐れもなければ、恐れのない希望もない。

ラ・ロシュフーコー（一六一三～一六八〇年）

デカルトは、フランス生まれの哲学者、自然哲学者、数学者。

ウィリアム・モリスは、19世紀イギリスの詩人、デザイナー。マルクス主義者としても知られる。モダンデザインの父と呼ばれる。

ダ・ヴィンチは、イタリアのルネサンス期を代表する芸術家。絵画や彫刻をはじめ、建築、土木、人体、その他の科学技術に通じ、極めて広い分野に足跡を残している。『最後の晩餐』や『モナ・リザ』などの精巧な絵画は、全盛期ルネサンスを代表する作品である。

ラ・ロシュフコーは、フランスの貴族、モラリストの文学者。

神は正直の頭(こうべ)に宿る。

作者不詳『義経記(ぎけいき)』より。

だましたやつをだますことは二倍の喜び。

ジャン・ド・ラ・フォンテーヌ（一六二一～一六九五年）

太陽が輝くかぎり、希望もまた輝く。

フリードリヒ・フォン・シラー（一七五九～一八〇五年）

天上天下唯我独尊(てんじょうてんかゆいがどくそん)。

釈迦（しゃか　BC四六三～BC三八三年またはBC五六〇～BC四八〇年）　釈迦が生まれたときに言った言葉とされている。世の中にあるいろいろな苦しみを説きましょう。だからこそ、私はもっとも尊い者であるという意味。「この世の中で自分が一番偉い」という訳は間違い。

『義経記』は、南北朝時代から室町時代初期に成立。源義経とその主従を中心に書いた軍記物語。能や歌舞伎、人形浄瑠璃など、後世の多くの文学作品に影響を与え、今日の義経やその周辺の人物のイメージは『義経記』が元になっている。

釈迦は、仏教の開祖。日本では一般にゴータマ・シッダールタと俗称され、ガウタマ・シッダルダという呼び名も用いられる。釈迦は、シャーキャ族王・シュッドーダナの子どもとして現在のネパールのルンビニで誕生。王子として裕福な生活を送り、29歳で出家し35歳で悟りを開いた。

ことわざ

三人虎を成す　ひとりで「虎が出た」と言っても信じてもらえないが、三人が言うと信じてもらえることから、事実でなくても、多くの人が言えば事実になってしまうという意味。

桜は花に顕る　桜は花が咲かなければ目立たないことから、目立たなかった者が、なにかのきっかけで才能を発揮するという意味。

権者にも失念　どんなに立派な者でも、たまには失敗するという意味。権者は、仏の仮の姿。

蟻の思いも天に届く　たとえ微力でも努力すれば希望がかなうという意味。

良い花はあとから　立派なものは、そう簡単にはできないという意味。

果報は寝て待て　運は求めても手に入らない。気長に待つことだという意味。

危ない橋も一度は渡れ　危険を避けていてばかりいないで行動に移せという意味。

猿に烏帽子　外観だけ装って、内容が伴わないという意味。烏帽子は、元服した男子の冠り物。

郷に入りては郷に従う　習慣などはその土地や集団で異なるので、そこに入ったならば従うことだという意味。郷は、田舎や地方のこと。

呆れが礼に来る　呆れたことを誇張するときに使う表現。

第4章

人間関係と世渡りがうまくなる名言

もっとも賢い処世術は、社会的因習を軽蔑しながら、しかも社会的因習と矛盾せぬ生活をすることである。　芥川龍之介（あくたがわ りゅうのすけ　一八九二〜一九二七年）『侏儒の言葉』より。

知識を与うるよりも感銘を与えよ。感銘せしむるよりも実践せしめよ。　坪内逍遥（つぼうち しょうよう　一八五九〜一九三五年）『文芸と教育』より。

人付き合いがうまいというのは、人を許せるということだ。　ロバート・リー・フロスト（一八七四〜一九六三年）

人生は落丁の多い書物に似ている。一部を成すとは称しがたい。しかし、とにかく一部を成している。　芥川龍之介（あくたがわ りゅうのすけ　一八九二〜一九二七年）

芥川龍之介は、東京都出身の小説家。日本を代表する作家のひとりである。短編が多く、また『芋粥』『藪の中』『地獄変』『歯車』などは、『今昔物語集』や『宇治拾遺物語』などの古典から題材をとった。『蜘蛛の糸』『杜子春』などの児童向けの作品も残す。『続西方の人』を書き上げた後、睡眠薬を飲んで自殺する。

坪内逍遥は、現在の岐阜県出身の小説家、評論家、翻訳家、劇作家。代表作は『小説神髄』『当世書生気質』。シェイクスピアの翻訳でも知られる。日本の現代小説の礎をつくった。

ロバート・フロストは、アメリカの詩人。農村生活を題材とした作品は多く、アメリカでもっとも権威のあるピューリッツァー賞を四度も受賞した。

自分が利を得るために、不必要に自分の膝を屈することは決してすまい。なぜなら、そうして得られた応援や協力は、また目に見えないしがらみを生み、道を暗くするからである。

松下幸之助（まつした こうのすけ　一八九四〜一九八九年）

周囲の人達が、自分に調和してくれるように望むのは、非常に愚かなことである。

ヨハン・ヴォルフガング・フォン・ゲーテ（一七四九〜一八三二年）

賢者は、相手に勝つよりも、かかわり合いにならざるをもってよしとする。

ラ・ロシュフコー（一六一三〜一六八〇年）

真心をもって人を助ければ、必ず自分も人から助けられる。これは人生のもっとも美しい補償のひとつである。

ラルフ・ワルド・エマーソン（一八〇三〜一八八二年）

松下幸之助は、和歌山県出身の実業家。パナソニック（旧社名：松下電器産業）を一代で築き上げた日本屈指の経営者。〝経営の神様〟と言われている。晩年は松下政経塾を立ち上げ、政治家の育成に尽力した。

ゲーテは、ドイツの詩人、劇作家、小説家、哲学者、自然科学者、政治家、法律家。ドイツを代表する文豪であり、小説『若きウェルテルの悩み』『ヴィルヘルム・マイスターの修行時代』、叙事詩『ヘルマンとドロテーア』、詩劇『ファウスト』などを残した。

ラ・ロシュフーコーは、フランスの貴族、モラリスト文学者。

エマーソンは、アメリカ合衆国の思想家、哲学者、作家、詩人、エッセイスト。

人に対して感じるいらだちや不快感は、自分自身を理解するのに役立つことがある。

カール・グスタフ・ユング（一八七五～一九六一年）

人の欠点だけを考えている人達がいる。そこからはなんの利益も生まれては来ない。私はいつも敵の価値に注意を向けて来た。そしてそのことから利益を受けた。

ヨハン・ヴォルフガング・フォン・ゲーテ（一七四九～一八三二年）

人の話を聞くことにより、人生の80%は成功する。

デール・ブレッケンリッジ・カーネギー（一八八八～一九五五年）

自分の意見と違う意見に腹を立てず、そういう意見が出た理由を理解しようとする術を学ぶことが大事である。

バートランド・アーサー・ウィリアム・ラッセル（一八七二～一九七〇年）

ユングは、スイスの精神科医、心理学者。深層心理を研究し、分析心理学の理論を創始した。牧師の家に生まれるが、内的な基盤を持たない宗教に疑問を感じて医学を学ぶ。一九四八年、ユング研究所を設立し、ユング派臨床心理学の基礎を確立する。その後、ユング心理学を基盤とした箱庭療法が、河合隼雄によって日本に紹介された。

カーネギーは、アメリカの実業家、作家。自己啓発書の元祖と呼ばれ、『人を動かす』は日本で四三〇万部、世界で一五〇〇万部以上の売上を記録し、『道は開ける』も日本で二〇〇万部以上を売り上げた。

バートランド・ラッセルは、イギリスの数学者、哲学者。名付け親の哲学者、ジョン・スチュアート・ミルの著作の影響を受ける。主な著書は『数学の諸原理』『哲学入門』『幸福論』など。

あら探しをするよりも改善策を考えなさい。

ヘンリー・フォード（一八六三～一九四七年）

始まりは歩み寄りで、分裂しなければ進歩で、力を合わせることができれば成功である。

ヘンリー・フォード（一八六三～一九四七年）

こちらが望んでいること、こうやりたいと欲していることをスムーズに受け入れてもらうためには、まず先方の心を知らねばならない。

本田宗一郎（ほんだ そういちろう　一九〇六～一九九一年）

自分で怒りを抑えるには、他人の走る姿を静かに観察することである。

ルキウス・アンナエウス・セネカ（BC一頃～AD六五年）

ヘンリー・フォードは、アメリカのフォード・モーターの創設者。同社は、流れ作業の大量生産を可能にして、低価格の自動車を販売した。一九〇八年当時、高級車の価格は三千ドルほど。その他の車でも千ドルというのが常識の時代に、フォード社は八五〇ドルの車を提供。利益をあげることに成功する。同社の大量生産方式は、20世紀の社会経済の基盤になる。

本田宗一郎は、静岡県出身の実業家、技術者。本田技研工業の創業者。日本を代表する起業家として世界的に知られている。

セネカは、ローマ帝国の政治家、哲学者、詩人である。

人の価値とは、その人が得たものではなく、その人が与えたもので測られる。　アルベルト・アインシュタイン（一八七九～一九五五年）

他人に対して苛立ちを感じたときは、自分自身について知る良い機会だと思え。　カール・グスタフ・ユング（一八七五～一九六一年）

成功を自分ひとりの努力によるものだと主張することは、浅はかで傲慢なことだ。どんな優れた業績も、多くの人の手と心と頭に助けてもらって、はじめて可能になるのだから。
ウォルター・イライアス・ディズニー（一九〇一～一九六六年）

身体の運動は強制されても身体に害はないが、強制的に学ばされたものは心に残らない。　プラトン（BC四二七～BC三四七年）

アインシュタインは、ドイツ生まれのユダヤ人理論物理学者。20世紀最大の物理学者と呼ばれる。第二次世界大戦終結後、アインシュタインは「我々は戦いには勝利したが、平和まで勝ち取ったわけではない」と演説する。彼を訪ねた日本人記者に対して「敗戦国である日本には大変深く同情する。しかし戦勝国もまた苦しい道を歩いている」と述べたという。

通称ウォルト・ディズニーは、アメリカのアニメーター、プロデューサー、映画監督、脚本家。世界的に有名なアニメーションキャラクター「ミッキー・マウス」の生みの親。兄のロイ・ディズニーと共同経営したウォルト・ディズニー・カンパニーは、国際的な大企業である。

プラトンは、古代ギリシアの哲学者である。プラトンの思想は西洋哲学の源流であると言われている。

良薬は口に苦く、出る杭は打たれる習ひ。

平賀源内（ひらがげんない　一七二八～一七八〇年）

成功に秘訣というものがあれば、それは他人の立場を理解し、自分の立場からものごとを見ることができる能力である。

ヘンリー・フォード（一八六三～一九四七年）

「自分にはその行為に責任があるのだろうか？　ないのだろうか？」という疑問が心に浮かんだら、あなたに責任があるのです。

フョードル・ミハイロヴィチ・ドストエフスキー（一八二一～一八八一年）

嘘つきは欺く術を知らない人であり、へつらう人は愚かな人々のみを欺く人である。

マルキ・ド・ヴォーヴナルグ（一七一五～一七四七年）『省察と格言』より。

平賀源内は、現在の香川県出身の蘭学者、医者、画家。鎖国の日本において、蘭学者として油絵や鉱山開発など外国の文化や技術を広く紹介した。作家としても人形浄瑠璃などに多くの作品を残し、また平賀焼などの焼き物を作成したり、多彩な分野で活躍した。男色家だったとも言われている。

ドストエフスキーは、ロシアの小説家、思想家。代表作は『罪と罰』『白痴』『悪霊』『カラマーゾフの兄弟』などで、19世紀後半のロシア文学を代表すると言われる。実存主義の先駆者と評され、〝世界文学でもっとも偉大な心理学者〟と呼ばれている。

ヴォーヴナルグは、フランスのモラリスト。人間性と道徳を論理的に追求して、随想などで綴った。

人の諸々の愚の第一は、他人に完全を求めるということだ。

司馬遼太郎（しば りょうたろう　一九二三〜一九九六年）

人は、多くの人が理解できることしか聞こうとしない。

ヨハン・ヴォルフガング・フォン・ゲーテ（一七四九〜一八三二年）

なにをするにしても、最初に自分の考えを持つ。これが重要である。実際のところ、それだけでほとんど十分なのだ。

アルトゥル・ショーペンハウアー（一七八八〜一八六〇年）

相手の長所と向き合えることを、自分の長所にしてごらん。

斎藤茂太（さいとう しげた　一九一六〜二〇〇六年）

もし、一方だけが悪かったら、ケンカは長く続くまい。

ラ・ロシュフコー（一六一三〜一六八〇年）

司馬遼太郎は、大阪府出身の小説家。産経新聞社に在職中、『梟の城』で直木賞を受賞して、歴史小説家になる。戦国、幕末や明治を扱った作品が多く、『街道をゆく』などのエッセイも執筆した。代表作は『国盗り物語』『竜馬がゆく』『坂の上の雲』など。

ショーペンハウアーは、ドイツの哲学者。知性よりは意志を強調したその哲学は、のちの実存主義の先駆と言われている。日本でも森鴎外をはじめ、堀辰雄、萩原朔太郎など多くの作家に影響を及ぼした。

斎藤茂太は、東京都出身の精神科医、随筆家。斎藤茂吉の長男、作家の北杜夫の兄。享年90で、亡くなるときも多くの仕事を抱え、生涯現役だった。主な著者は『精神科の待合室』『快老生活の心得』『時間の使い方うまい人・へたな人』など。

あることを真剣に三時間考えて、自分の結論が正しいと思ったら、三年かかって考え続けても、その結論は変わらないだろう。　フランクリン・デラノ・ルーズベルト（一八八二～一九四五年）

新しい発想を得ようと思うなら、まずだれかに話を聞け。
本田宗一郎（ほんだ そういちろう　一九〇六～一九九一年）

自分が自分を思うのと同じように、他人はあなたのことを考えてはくれない。　バートランド・アーサー・ウィリアム・ラッセル（一八七二～一九七〇年）

もし、相手を自分の意見に賛成させたければ、まず諸君がその相手の味方だとわからせることだ。　エイブラハム・リンカーン（一八〇九～一八六五年）

ルーズベルトは、民主党出身の第32代アメリカ大統領（一九三三～一九四五年）。第二次世界大戦が終結する直前に亡くなるが、死を知ったヒトラーは「彼は今回の戦争を第二次世界大戦に拡大させた扇動者であり、史上最悪な戦争犯罪者として歴史に残るだろう」と公式声明を発表した。鈴木貫太郎内閣は敵国であったにもかかわらず、「今日の戦争においてアメリカが優勢であるのは、ルーズベルト大統領の指導力が極めて優れているからです」と声明を発表した。スターリンは、ルーズベルトは暗殺されたと考えていたという。

リンカーンは、第16代アメリカ大統領にして初の共和党所属の大統領。〝奴隷解放の父〟と呼ばれた。リンカーンの奴隷解放政策は、アメリカを二分して南北戦争に結びついた。リンカーンは、南北戦争の最末期である一八六五年四月に暗殺される。アメリカ初の大統領暗殺事件になる。

弱い者ほど相手を許すことができない。許すということは、すなわち強さの証なのだ。　マハトマ・ガンジー（一八六九～一九四八年）

人をほめれば、その人と対等になれる。　ヨハン・ヴォルフガング・フォン・ゲーテ（一七四九～一八三二年）

不当な非難は、偽装された賛辞である。　デール・ブレッケンリッジ・カーネギー（一八八八～一九五五年）

人にものを教えることはできない。自ら気づく手助けができるだけだ。　ガリレオ・ガリレイ（一五六四～一六四二年）

争いにケリをつけるより、自省する方が簡単だ。　ルキウス・アンナエウス・セネカ（BC一頃～AD六五年）

ガンジーは、インド独立の指導者、弁護士、宗教家。一九三七年から一九四八年にかけて、計五回ノーベル平和賞の候補になったが受賞にはいたっていない。非暴力運動において一番重要なことは、自分の中の臆病や不安を乗り越えることであると主張した。ガンジーは、初め「神は真理である」と述べていたが、のちに「真理は神である」という言葉に言い換えた。

ガリレオは、天文学の父と呼ばれているイタリアの物理学者、天文学者。地動説を唱えたために有罪判決を受けたことは有名。その裁判において「それでも地球は回っている」という言葉を残したという逸話がある。

可愛くば、五つ教えて三つほめ、二つ叱って、良き人とせよ。

二宮尊徳（にのみや そんとく　一七八七～一八五六年）

卑しい人達は、偉人の欠点や失敗に対して、非常に喜びを感じる。

アルトゥル・ショーペンハウアー（一七八八～一八六〇年）

だれもが同じ考え方をするのは、理想的なことではない。みんなの意見が違うから、競馬も成り立つのだから。

マーク・トウェイン（一八三五～一九一〇年）

人の言葉は善意にとれ。その方が五倍も賢い。

ウィリアム・シェイクスピア（一五六四～一六一六年）

人間は習わしの生き物だ。

ウィリアム・シェイクスピア（一五六四～一六一六年）『ヴェローナの二紳士』より。

二宮尊徳は、江戸時代後期に現在の神奈川県小田原市に農家の長男として生まれる。「報徳仕法」と呼ばれる農村復興政策を指導した農政家、思想家。今は見なくなったが、薪を背負い、本を読みながら歩む子どもの銅像が彼である。

マーク・トウェインは、アメリカの小説家。代表作は『トム・ソーヤーの冒険』『王子と乞食』『ハックルベリー・フィンの冒険』など。日本では井上光晴、大江健三郎、中上健次などが影響を受けた。

シェイクスピアは、イギリスの劇作家、詩人。もっとも優れた英文学の作家と言われている。約20年間に、四大悲劇『ハムレット』『マクベス』『オセロ』『リア王』をはじめ、『ロミオとジュリエット』『ヴェニスの商人』『夏の夜の夢』『ジュリアス・シーザー』など多くの傑作を残した。

人のためになにかをすることで、だれもが素晴らしい人になれます。

マーティン・ルーサー・キング・ジュニア（一九二九〜一九六八年）

私は、人間関係の変わりやすさがわかるようになりました。そして、冷たさや熱さから身を遠ざけることを学びました。そうすれば、温度のバランスがかなりよくとれるので。

アルベルト・アインシュタイン（一八七九〜一九五五年）

議論するときは、相手に言いたいことを言わせずに、やり込めようとしてはいけない。

ジョージ・ワシントン（一七三二〜一七九九年）

他人に変化を求めるなら、自ら率先して変化の原動力となるべきだ。

マハトマ・ガンジー（一八六九〜一九四八年）

マーティン・ルーサー・キングは、アメリカの牧師。キング牧師の名で知られる。アフリカ系アメリカ人の公民権運動の指導者的役割を果たし、時代を共有したアフリカ系アメリカ人のみならず、ミュージシャンやアーチスト、活動家など人種を超えて、さまざまな人に影響を与えた。「I Have a Dream（私には夢がある）」という言葉は有名。一九六四年、ノーベル平和賞を受賞する。

ジョージ・ワシントンは、アメリカの政治家、初代大統領。子どものときに桜の木を切ったことを父親に正直に話したら、かえって誉められたという話はフィクションである。ワシントンが子どもの頃にはアメリカ大陸には桜はなかったと言われている。ワシントンは典型的な奴隷所有者で、亡くなるときには三一七人の奴隷を所有していた。

人間は、それぞれ考え方やものの見方が違うのが当然である。その違いを認め合い、受け入れられる広い心を持つことが大切。

新渡戸稲造（にとべ いなぞう　一八六二～一九三三年）

へつらいは、我々に虚栄心がなければ通用しない偽金のようなものである。

ラ・ロシュフコー（一六一三～一六八〇年）『道徳的反省』より。

対話のないところに生命はない。ところが今日、世界中で対話は論争に置き換えられている。

アルベール・カミュ（一九一三～一九六〇年）

命令を質問に変えると、気持ちよく受け入れられるばかりか、相手に創造性を発揮させることもある。

デール・ブレッケンリッジ・カーネギー（一八八八～一九五五年）

新渡戸稲造は、農学者、教育者。キリスト教徒にして拓殖大学名誉教授。軍国主義思想が高まる中「我が国を滅ぼすものは共産党と軍閥である」の発言が新聞に取り上げられ、軍部や右翼の標的になって、多くの友人や弟子が離れる。また、反日感情を緩和するためアメリカに渡り、日本の立場を訴えるが「新渡戸は軍部の代弁に来たのか」とアメリカの友人からも理解されなかった。

カミュは、フランスの小説家、劇作家。『異邦人』や『シーシュポスの神話』、『ペスト』などで、人間存在の不条理さに光を当て、一九五七年にノーベル文学賞を受賞する。かつて実存主義者とみなされることが多かったが、本人はそう見られることを強く否定していた。

社会に対してなにかを望むよりも、自分が社会になにを奉仕できるかを考えるべきである

ジョン・フィッツジェラルド・ケネディ（一九一七～一九六三年）

他人を自分に同調させようなどと望むのは、そもそもバカげた話だよ。

ヨハン・ヴォルフガング・フォン・ゲーテ（一七四九～一八三二年）

やって見せ、言って聞かせて、させてみて、褒めてやらねば人は動かじ。

山本五十六（やまもと　いそろく　一八八四～一九四三年）

相手のちょっとした欠点に、目をつぶることができない限り、友情は長続きしない。

ジャン・ド・ラ・ブリュイエール（一六四五～一六九六年）

ケネディは、第35代アメリカ大統領。一九六一年に大統領に就任し、任期途中の一九六三年に暗殺される。在任中にピッグス湾事件やキューバのカストロ政権打倒失敗、ベルリンの壁の建設、米ソの宇宙開発競争、公民権運動、南ベトナムへの軍事介入など多くの歴史的事件などが発生している。

山本五十六は、新潟県出身の大日本帝国海軍の軍人。26、27代連合艦隊司令長官。ソロモン戦線でアメリカ軍の攻撃を受けて戦死するまで、太平洋戦争前半の日本海軍の攻勢と作戦の総指揮を務める。真珠湾攻撃とミッドウェー海戦で指揮をとったことで海外で広く知られる。

ジャン・ド・ラ・ブリュイエールは、フランスの古代派の作家。

学校の成績が良いからといって、社会で認められるとは限らない。

イソップ（BC六一九～BC五六四年）

慣習とは反対の道を行け。そうすれば、常にものごとはうまくいく。

ジャン・ジャック・ルソー（一七一二～一七七八年）

会って直に話すのが、悪感情を一掃する最上の方法である。

エイブラハム・リンカーン（一八〇九～一八六五年）

口に蜜あり腹に剣あり。

曾先之（そうせんし　生没年未詳）

『十八史略（じゅうはっしりゃく）』より。

部下に大いに働いてもらうコツのひとつは、部下が働こうとするのをジャマしないようにするということだと、私は思います。

松下幸之助（まつしたこうのすけ　一八九四～一九八九年）

イソップは、日本では英語読みのイソップで知られているが、名前はアイソーポスという。アイソーポスは、古代ギリシアの寓話作家。奴隷だったと伝えられる。

ルソーは、スイス生まれの哲学者、政治思想家、教育思想家、作家、作曲家。理論にとどまらない著作は広く読まれ、フランス革命やそれ以降の社会思想にも精神的な影響を与えた。

『十八史略』は、元の曾先之によってまとめられた初学者向けの歴史読本。十八の正史をダイジェストでまとめ、三皇五帝の伝説時代から南宋滅亡までの歴史を年代の順を追って記述している。曾先之は、南宋末・元初の学者。南宋の朝廷に仕えたが、南宋が滅亡した後は隠退して「十八史略」を著した。

最悪の敵は、ほめちぎる者なり。　コルネリウス・タキトゥス（五五頃〜一二〇年頃）『アグリコラ』より。

自愛は、最大のへつらいである。　ヴォルテール（一六九四〜一七七八年）『断片』より。

女はおべっかで武装を解除することはないが、男はおべっかで陥落される。　オスカー・フィンガル・オフラハティ・ウィルス・ワイルド（一八五四〜一九〇〇年）『理想の夫』より。

ひとりでいるときは、だれでも心に嘘はつかない。そこにもうひとり加わると偽善が始まる。相手が近づこうとするのを、お世辞と世間話と娯楽などで受け流す。自分の本当の気持ちを一〇重二〇重におおい隠す。　ラルフ・ワルド・エマーソン（一八〇三〜一八八二年）

タキトゥスは、帝政期ローマの政治家、歴史家。古代ローマを代表する歴史家のひとりであり、いわゆるラテン文学白銀期の作家として知られる。

ヴォルテールは、啓蒙主義を代表するフランスの多才な哲学者、作家。

オスカー・ワイルドは、アイルランド出身の詩人、作家、劇作家。〝芸術のための芸術〟を唱えて唯美主義、芸術至上主義に基づく活動を展開した。多彩に文筆活動を行なったが、男色で収監され、出獄後は失意から回復しないままに没した。

人々は、お互いにへつらうことばかり。よって、人間の結びつきは相互の欺瞞（ぎまん）の上に築かれる。　ブレーズ・パスカル（一六二三～一六六二年）『パンセ』より。

取るに足りない多くのへつらい者に取り巻かれた最大のへつらい者。それは自分自身である。　フランシス・ベーコン（一五六一～一六二六年）『随筆集』より。

本来お世辞は、どのような女性の身体にもぴったりと合う衣裳である。　セーレン・オービエ・キェルケゴール（一八一三～一八五五年）

世評に無関心なのは、ひとつの力であり、同時に幸福の源泉でもある。　バートランド・アーサー・ウィリアム・ラッセル（一八七二～一九七〇年）『幸福論』より。

パスカルは、フランスの数学者、物理学者、哲学者。早熟の天才で、その才能は多方面に及ぶ。〝人間は考える葦である〟という『パンセ』の中の言葉によって広く知られる。

フランシス・ベーコンは、イングランド近世のキリスト教神学者、哲学者、法律家である。

キェルケゴールは、デンマークの哲学者。実存主義の創始者と言われる。彼の哲学は、それまでの哲学と異なり、抽象性を避けて、自分自身をはじめとする具体的な事実存在としての人間を対象としている。人間の生には、世界や歴史には還元できないそれぞれ固有の本質があると示した。

お世辞を言うは容易なるも、真に賛美するは難事なり。

ヘンリー・デイヴィッド・ソロー（一八一七～一八六二年）

こびへつらうのは、自分に対しても他人に対しても、低い評価しか持たないからである。

ジャン・ド・ラ・ブリュイエール（一六四五～一六九六年）『人さまざま』より。


正直に自分の無知を認めることが大切だ。そうすれば、必ず熱心に教えてくれる人が現れる。

ウォルター・イライアス・ディズニー（一九〇一～一九六六年）

世の中をうまく渡るには、細心さと寛容さをいつも忘れてはならない。細心さによって損害や損失を免れ、寛容さによって争いごとを免れるから。

アルトゥル・ショーペンハウアー（一七八八～一八六〇年）

ソローは、アメリカの作家、博物学者。奴隷制度とメキシコ戦争に抗議するため、人頭税の支払いを拒否して投獄される。ガンジーやキング牧師などに影響を与える。ちなみに、人頭税は納税能力に関係なく、すべての国民ひとりにつき一定額を課す税金のこと。

ショーペンハウアーは、ドイツの哲学者。知性よりは意志を強調したその哲学は、のちの実存主義の先駆と言われている。日本でも森鴎外をはじめ、堀辰雄、萩原朔太郎など多くの作家に影響を及ぼした。

人から受けた不正をいつまでも恨むことは有害なだけだ。その上、大抵は無益でもある。恨みは急いで払いのけて、元気を失わないようにするのが、一番良いことである。　カール・ヒルティ（一八三三～一九〇九年）

もっとも良い説得方法は、相手に気に入られることである。

フランソワ・ド・カリエール（一六四五～一七一七年）『外交談判法』より。

覚えていて悲しむより、忘れて微笑んでいる方がいい。

クリスティーナ・ジョージナ・ロセッティ（一八三〇～一八九四年）

「許すことはできるが、忘れることはできない」というのは、結局、「許すことはできない」というのと同じことだ。

ヘンリー・ワード・ビーチャー（一八一三～一八八七年）

カール・ヒルティは、スイスの哲学者、政治家。主な著書は『幸福論』『眠られぬ夜のために』など。

カリエールは、フランスの外交官、言語学者。主な著書は『外交談判法』など。

クリスティーナ・ロセッティは、イギリスの詩人。代表作は『ゴブリン・マーケット』『シング・ソング 童謡集』など。

ヘンリー・ワード・ビーチャーは、アメリカの宗教家で、奴隷廃止運動に尽力をした。

世界中の人が自分を称賛しても、私はひとり静かに満足して座っている。世界中の人が私を見捨てても、同じように私はひとり静かに座っているだろう。

ウォルター・ホイットマン（一八一九～一八九二年）

本当に自信のある人間は、いつも落ち着いていて他人が自分をどのように評価するか、などという他人の意見はあまり気にしないものである。

マルキ・ド・ヴォーヴナルグ（一七一五～一七四七年）

他人の厚顔無恥に腹が立つとき、ただちに自らに問うてみよ。「世の中に恥知らずの人間が存在しないということがあり得ようか?」あなたは「あり得ない」と答えるだろう。それなら、あり得ぬことを求めるな。

アウレリウス・アウグスティヌス（三五四～四三〇年）

ホイットマンは、アメリカの詩人。アメリカ文学の超越主義から写実主義への過渡期を代表する作家で、作品には両方の特長が見られる。代表作の詩集『草の葉』は、性的表現が問題になることがあるが、アメリカ文学において影響力の大きい作家のひとりで、〝自由詩の父〟とも呼ばれる。政治意識が高く、奴隷制度に反対の立場をとったが、奴隷廃止運動には賛同しなかった。夏目漱石によって日本に紹介された。

アウレリウス・アウグスティヌスは、古代キリスト教の神学者、哲学者、説教者。古代キリスト教世界のラテン語圏において最大の影響力をもつ理論家と言われている。

人は習慣を好む。なぜなら、それをつくったのは自分だから。

ジョージ・バーナード・ショー（一八五六～一九五〇年）

人に寛大でありなさい。そうすれば、人も寛大さを示してくれるだろう。

ラルフ・ワルド・エマーソン（一八〇三～一八八二年）

リーダーは尊敬されるが、必ずしも好かれるとは限らない。

ピーター・ファーディナンド・ドラッカー（一九〇九～二〇〇五年）

固く握りしめた拳とは手をつなげない。

マハトマ・ガンジー（一八六九～一九四八年）

子どもは、世界中で一番手ごわいお客さん。なかなか笑ってくれない。

チャールズ・スペンサー・チャップリン・ジュニア（一八八九～一九七七年）

バーナード・ショーは、イギリスで活躍したアイルランド出身の劇作家、劇評家、音楽評論家、社会主義者。イギリス近代演劇の確立者として有名である。「あなたが一番影響を受けた本は？」という質問に対して「銀行の預金通帳だよ」と答えた。

ドラッカーは、オーストリアの経営学者、社会学者。〝民営化〟や〝知識労働者〟は彼の造語で、『経営とはなにか』『産業にたずさわる人の未来』『創造する経営者』など著作は多数。二〇〇二年にアメリカ政府から大統領自由勲章を授与される。

チャップリンは、イギリスの映画俳優、映画監督、コメディアン、脚本家である。亡くなった場所はスイス。「映画を20世紀の芸術にしたチャップリン」「〝チャップリン〟は映画用語のひとつ」などと言われている。

真の勇気とやさしさは、ともに手を携えていく。勇敢な人間は、度量が広く寛大である。

サミュエル・スマイルズ（一八一二〜一九〇四年）

才知や容色や勇気は、人に誉めてもらって大きくなり、磨きもかかる。ひとりではできそうもない仕事まで、誉めてもらうとできてしまうのだ。

ラ・ロシュフコー（一六一三〜一六八〇年）

許すはよし、忘れるはなおよし。

ロバート・ブラウニング（一八一二〜一八八九年）

もし可能なら、君がその悪人を改心させよ。もちろんそれは無理な話だ。だから、君には寛大が与えられているのだ。

アウレリウス・アウグスティヌス（三五四〜四三〇年）

サミュエル・スマイルズは、イギリスの作家、医者。スコットランド・ハディントン生まれ。医師になったが、のち執筆に専念するようになる。一八五八年に出版された「自助論」は、中村正直の翻訳により『西国立志編』として明治維新直後の日本に紹介され、福沢諭吉の『学問のすゝめ』と並んで広く読まれ、近代日本に大きく影響を与えた。自助論の序文「天は自ら助くる者を助く」は有名。

ロバート・ブラウニングは、イギリスの詩人。詩人エリザベス・ブラウニングの夫であり、彫刻家ロバート・バレット・ブラウニングの父である。

議論したり反論したりしている中では、相手に勝つようなこともあるだろう。しかし、それは空しい勝利だ……相手の好意を得ることは絶対にないのだから。　ベンジャミン・フランクリン（一七〇六〜一七九〇年）

ベンジャミン・フランクリンは、アメリカの政治家、外交官、物理学者、気象学者。印刷業で成功を収め、政界に進出しアメリカ独立に多大な貢献をした。また、凧を用いた実験で雷が電気であることを明らかにした。勤勉性、探究心の強さ、合理主義、社会活動への参加という近代的人間像を象徴する人物と言われている。

人は劣悪になると、他人の不幸せを喜ぶこと以外に興味を持たなくなる。　ヨハン・ヴォルフガング・フォン・ゲーテ（一七四九〜一八三二年）

汝の道を行け。そして人には言うにまかせよ。　ダンテ・アリギエーリ（一二六五〜一三二一年）

ダンテは、イタリアの都市国家フィレンツェ生まれの詩人、哲学者、政治家。イタリア文学最大の詩人と言われている。

復讐するとき、人間はその仇敵と同列である。しかし赦すとき彼は仇敵よりも上にある。　フランシス・ベーコン（一五六一〜一六二六年）

へつらい者……それは、右を向けと言われ、そのとおりにする者。ましてうしろから足蹴にされることがないように、自分から腹ばいになるのだ。そしてそのまま偉い人に近づこうとする。そういう人間のことだ。

アンブローズ・ビアス（一八四二～一九一四年頃）『悪魔の辞典』より。

中傷は、うるさい蜂のようなもの。殺せる自信がないなら手を出さないこと。うかつに手を出すと、いっそう激しい突撃を受けることになる。

セバスチャン・シャンフォール（一七四一～一七九四年）

お世辞を言う者はカネがかからない。しかし、そのお世辞を訊きたくて大金を支払う者がいる。

トーマス・フラー（一六〇八～一六六一年）『グノモロジア』より。

アンブローズ・ビアスは、アメリカの作家、ジャーナリスト、コラムニスト。代表作は『悪魔の辞典』。風刺の効いた筆致から「文筆界の解剖学者」、〝ビター（辛辣な）・ビアス〟などと呼ばれた。

セバスチャン・シャンフォールは、18世紀のフランスの文学者。

トーマス・フラーは、イギリスの神学者、警句家。

へつらいとは、悪徳を持った貴人に付き従う女である。

マルクス・トゥッリウス・キケロ（BC一〇六～BC四三年）『哲学談義』より。

部下は虚栄心を持ってはいけない。虚栄心がじゃまをして上司の命令を聞けないときがあるから。そうなると、上司の命令を自分の思うように曲解してしまうから。

アンドレ・モロワ（一八八五～一九六七年）『二つの生活技術』より。

不愉快に感じることでも、自分の役に立てなければならない。

ヨハン・ヴォルフガング・フォン・ゲーテ（一七四九～一八三二年）

正直者で失敗するのは、正直のために失敗するのではない。ほかに事情があるのだ。嘘つきが成功するのは、嘘で成功するのではなく、ほかに事情があるのだ。

三宅雪嶺（みやけせつれい　一八六〇～一九四五年）

キケロは、共和政ローマ期の政治家、文筆家、哲学者である。

アンドレ・モロワは、フランスの小説家、伝記作者。処女作『ブランブル大佐の沈黙』で作家活動に入り、『気候』『血筋のめぐり』、『英国史』『米国史』などを執筆する。

三宅雪嶺は、現在の石川県出身の哲学者、評論家。政教社を設立し、国粋主義の立場を主張する。生涯在野の立場を貫き、文部大臣を辞退している。こうした一貫とした姿勢が、左翼右翼を問わず多くの人々から尊敬を集めた。一九四三年には文化勲章を受章する。

ことわざ

挨拶は時の氏神　「挨拶」は、ここでは仲裁という意味。よって、けんかや口論の仲裁をしてくれる人はありがたいという意味。または仲裁には従いなさいという意味。

叩かれた夜は寝やすい　人を傷つけるよりも傷つけられた方がよいという意味。

義理を張るより頬を張れ　義理で出費するよりも、自分の利益を心がけろいう意味。

重箱の隅は杓子で払え　細かいことをうるさく言わずに、大目に見るべきだという意味。

怒れる拳、笑顔に当たらず　相手の怒りや強気な態度には、逆に優しい態度で接する方がよいという意味。

敵に塩を送る　たとえ敵でも相手が困っているなら、助けの手を差し出すぐらいの器量が必要だという意味。

真綿に針を包む　対応は優しいが、内心では敵意を抱いているという意味。

義理とふんどしはかかせぬ　義理を忘れてはいけないという意味。

泣く子と地頭には勝てぬ　地頭は平安・鎌倉時代に荘園管理に当たった役人。道理の通じない者と権力のある者には、言いなりになるしかないという意味。

寝首を掻く　卑劣な方法で相手を陥れるという意味。

氷炭相容れず　氷と炭火のように、性質が反対で合わないという意味。

第5章

お金が貯まる名言

金は、取るに足らぬ人物を第一級の地位に導いてくれる唯一の道である。　フョードル・ミハイロヴィチ・ドストエフスキー（一八二一～一八八一年）

貧乏は恥ではないが、不便である。　シドニー・スミス（一七七一～一八四五年）

富を軽蔑する人間をあまり信ずるな。富を得ることに絶望した人間が富を軽蔑するのだ。こういう人間がたまたま富を得ると、一番始末が悪い。　フランシス・ベーコン（一五六一～一六二六年）

ああ、金、金！　この金のためにどれほど多くの悲しいことがこの世に起こることであろうか！　レフ・ニコラエヴィチ・トルストイ（一八二八～一九一〇年）

ドストエフスキーは、ロシアの小説家、思想家。19世紀後半のロシア文学を代表すると言われる。実存主義の先駆者と評され、「世界文学でもっとも偉大な心理学者」とも呼ばれている。代表作は『罪と罰』『白痴』『悪霊』『カラマーゾフの兄弟』など。

シドニー・スミスは、イギリスの文筆家、聖職者。

フランシス・ベーコンは、イングランド近世のキリスト教神学者、哲学者、法律家である。

トルストイは、ロシアの小説家、思想家。19世紀ロシア文学を代表する巨匠。代表作に『戦争と平和』『復活』など。非暴力主義者としても知られる。森鷗外や宮沢賢治をはじめ、日本の作家で影響を受けた者は枚挙にいとまがない。

人間よりは金の方がはるかに頼りになりますよ。頼りにならんのは人の心です。

尾崎紅葉（おざき こうよう　一八六八〜一九〇三年）

欲しいと思う物は買うな。必要な物だけ買え。

マルクス・ポルキウス・カト・ケンソリウス（ＢＣ二三四〜ＢＣ一四九年）

お金では買い物は買えないという言葉をよく耳にする。しかし、そういう決り文句こそ、貧乏を経験したことのない証拠だと思う。

ジョージ・ギッシング（一八五七〜一九〇三年）

人間として最大の美徳は、上手に金をかき集めることである。つまり、どんなことがあっても他人の厄介になるなということだ。

フョードル・ミハイロヴィチ・ドストエフスキー（一八二一〜一八八一年）

尾崎紅葉は、現在の東京都出身の小説家。明治期の代表的な作家で、『多情多恨』『金色夜叉』などが代表作。泉鏡花、田山花袋、小栗風葉、柳川春葉、徳田秋声など門下生も多い。

カト・ケンソリウスは、共和政ローマ期の政治家。清廉で弁舌に優れた。曾孫のマルクス・ポルキウス・カト・ウティケンシス（小カト）と区別するため、大カトと称される。

ジョージ・ギッシングは、イギリスの小説家。大学時代に女性を助けるために窃盗を犯し、学者としての人生を棒にふる。売れない作家としての自分の生活を書いた『三文文士』が文壇の注意を引く。その『三文文士』に加えて、『流謫の地に生まれて』『余計者の女たち』が、代表作と言われている。

貧乏人の写真が新聞に載るのは、犯罪を犯したときに限られる。

マクシム・ゴーリキー（一八六八〜一九三六年）

人生は海。金は船頭である。船頭がいなければ、うまく世渡りができない。

フェルディナント・ハインリヒ・アウグスト・フォン・ヴェッカーリン（一七六七〜一八二八年）

商売とは、売って喜び、買って喜ぶようにするべきである。そこに喜びがなければ商売とは言えない。また、貸し借りも、貸した人間と借りた人間に喜びがなければならない。

二宮尊徳（にのみや そんとく　一七八七〜一八五六年）

節倹は大いなる収入なり。

マルクス・トゥッリウス・キケロ（BC一〇六〜BC四三年）

マクシム・ゴーリキーは、ロシアの作家、社会活動家。代表作には『どん底』などがある。十月革命のときに「レーニンもトロツキーも自由と人権についていかなる考えも持っていない。彼らはすでに権力の毒に冒されている」という言葉を残した。

ヴェッカーリンは、ヴュルテンベルク王国（ドイツ帝国の構成国としてドイツ南部を支配した国）の大蔵大臣を務めた。

二宮尊徳は、現在の神奈川県小田原市に百姓の長男として生まれる。「報徳仕法」と呼ばれる農村復興政策を指導した農政家、思想家。今は見なくなったが、薪を背負い、本を読みながら歩む子どもの銅像が彼である。

キケロは、共和政ローマ期の政治家、文筆家、哲学者である。

ケチな者は常に貧困である。　クィントゥス・ホラティウス・フラックス（ＢＣ六五～ＢＣ八年）

貧福は自然の物なり。果報は寝て待て。　『続狂言記』より。

樫だけが樹ではない。バラだけが花ではない。多くのつつましい富が私達のこの世を豊かにしているのだ。　ジェイムズ・レイ・ハント（一七八四～一八五九年）

たとえ人の生命を奪っても、財布に手をかけてはならぬ。人は父親が殺されたことは忘れても、財産の失われたことは忘れないからだ。　ニッコロ・マキャヴェッリ（一四六九～一五二七年）

富は費消するためにある。費消するその目的は、名誉と善行である。　フランシス・ベーコン（一五六一～一六二六年）

ホラティウスは、古代ローマ時代の南イタリアの詩人。書簡詩『詩について』はアリストテレスの『詩学』と並んで、古典主義詩論で重要視されている。

狂言は、能と同様に猿楽から発展した伝統芸能。猿楽の滑稽な部分を洗練させた笑劇。狂言の台本の一部は、江戸時代に『狂言記』『続狂言記』『狂言記拾遺』『狂言記外編』という一般読者向けの読み物となり現在に伝えられた。

ジェイムズ・レイ・ハントは、19世紀イギリスの詩人、エッセイスト。

ニッコロ・マキャヴェッリは、イタリア、ルネサンス期の政治思想家、フィレンツェ共和国の外交官。著書に『君主論』『戦術論』などがある。理想主義的な思想の強いルネサンス期に「政治は宗教や道徳から切り離して考えるべき」という現実主義的な政治理論を創始した。

物ごとを鋭く感じ、理解や判断が早い者。それに加えて勤勉な者には、いたるところに金貨が落ちているもの。

セシル・ジョン・ローズ（一八五三～一九〇二年）

なんのために、人間は裕福でなければならないのだろうか？なんのために彼には高価な馬が、そして立派な服が、美しい部屋が、公共の娯楽場に入場する権利が必要なのだろうか？これらはすべて思考の欠如から生じていることだ。こうした人々には、思考の内的な仕事を与えよ。そうすれば、裕福な人々よりも幸福になるだろう。

ラルフ・ワルド・エマーソン（一八〇三～一八八二年）

金儲けのうまい人は、無一文になっても自分自身という財産を持っている。

エミール・オーギュスト・シャルティエ（一八六八～一九五一年）

セシル・ローズは、イギリスの政治家、ダイアモンド王にして首相。ローズは南アフリカでダイアモンドを掘り当て、全世界のダイアモンド産額の九割を独占し、世界最大の産金王にのし上がるとともに、南アフリカの鉄道、電信、新聞業を支配下にし「アフリカのナポレオン」と呼ばれた。「神は、世界地図がイギリス領に塗られることを望んでおられる。できることなら、私は夜空に浮かぶ星さえも併合したい」と豪語した。

ワルド・エマーソンは、アメリカの思想家、哲学者、作家、詩人、エッセイスト。

シャルティエは、フランスの哲学者。アランというペンネームで知られる。哲学の人気教師になり、シモーヌ・ヴェイユなど哲学者を育てた。平和主義と反戦思想者でありながら、46歳で第一次世界大戦に志願して従軍した。

借金をすることは、無職でいるのと同じように良いことではない。

ゴットホルト・エフライム・レッシング（一七二九～一七八一年）

もし、他に方法がなければ乞食になってもいい。しかも乞食になったら、その日から手に入ったお金は自分のためにも、家族のためにも、無駄なことに絶対に浪費しないという徹底的な粘り強さ……これさえあれば、人間はだれでも金持ちになれるものである。

フョードル・ミハイロヴィチ・ドストエフスキー（一八二一～一八八一年）

人生は恐れなければ、とても素晴らしいものなんだよ。人生に必要なもの。それは勇気と想像力、そして少しのお金だ。

チャールズ・スペンサー・チャップリン・ジュニア（一八八九～一九七七年）『ライムライト』より。

レッシングは、ドイツの詩人、劇作家、思想家、批評家。フランス古典主義からの解放を目指したドイツ啓蒙思想の代表的な人物。ドイツ文学のその後のあり方を決めたと言われている。その活動はゲーテやシラー、カント、メンデルスゾーンなど、当時の表現者に影響を与えた。

チャップリンは、イギリスの映画俳優、映画監督、コメディアン、脚本家である。亡くなった場所はスイス。「映画を20世紀の芸術にしたチャップリン」「〝チャップリン〟は映画用語のひとつ」などと言われている。

満足は天然の富である。　ソクラテス（ＢＣ四六九頃～ＢＣ三九九年）

神は人間全員対して、常に汗して働けと命じている。銀行に金を積んで、なにもしないで食べていくのは、人間の掟に反することだ。　レフ・ニコラエヴィチ・トルストイ（一八二八～一九一〇年）

貧困は僕にとって必ずしも憎むべきものではなかった。なぜなら、太陽と海は決して金では買えなかったから。　アルベール・カミュ（一九一三～一九六〇年）

あらゆる借金の中で、人々は税金を一番払いたがらない。これは政府に対するなんという諷刺であろうか。　ラルフ・ワルド・エマーソン（一八〇三～一八八二年）

ソクラテスは、古代ギリシアの哲学者。ソクラテス自身は著作をおこなわなかったため、その思想は、弟子のプラトンなどの著作を通じて紹介されている。ソクラテスは、様々な人との対話を通じて「無知の知」という考えにたどり着く。一方、この対話を快く思わない人達によって「異神信仰を広め人々を堕落させた」とされ、服毒自殺を命じられ、毒人参の杯に口をつけ自ら命を絶った。

カミュは、フランスの小説家、劇作家。『異邦人』や『シーシュポスの神話』、『ペスト』などで、人間存在の不条理さに光を当て、一九五七年にノーベル文学賞を受賞する。かつて実存主義者とみなされることが多かったが、本人はそう見られることを強く否定していた。

財産は強奪である。

ピエール・ジョセフ・プルードン（一八〇九～一八六五年）　私有財産制では、真の平等は望めないという意味。

金持ちがどんなにその富を自慢しても、彼がその富をどのように使うかがわかるまでほめてはいけない。

ソクラテス（BC四六九頃～BC三九九年）

貧しさは、貧しいと感じるところにある。

ラルフ・ワルド・エマーソン（一八〇三～一八八二年）

借金は底なしの海である。

トーマス・カーライル（一七九五～一八八一年）

金持ちの快楽の罪は、貧乏人の涙をもってつぐなわれている。

トーマス・フラー（一六〇八～一六六一年）

プルードンは、フランスの思想家、無政府主義者。〝無政府主義の父〟と言われる。一八四〇年に『財産とは何か』が出版される。過激な表現のために出版中止になるが、プルードンは内容を変えなかった。大統領ルイ・ナポレオンを自分の新聞で批判したため、三年の懲役と罰金刑に罰せられる。獄中生活の中で『一革命家の告白』『十九世紀における革命の理念』などを執筆する。出獄後に出版した『革命の正義と教会の正義』は警察に押収され、再び懲役三年と罰金刑を宣告されるが、ベルギーに亡命する。一八六二年に特赦で帰国し、執筆活動を続ける。

カーライルは、19世紀イギリスの思想家、歴史家。

トーマス・フラーは、イギリスの神学者、警句家。

「貧困は恥ではない」という言葉は、すべての人間が口にしながら、だれひとり、心では納得していない。

オットー・フォン・コツェブー（一七八七～一八四六年）

貧困は、人生という海の砂州（さす）であり、富は岩壁である。幸福な人々は、その間をすり抜けて船を操って行く。

カール・ルートヴィヒ・ベルネ（一七八六～一八三七年）

富を欲するか。恥を忍べ、傾絶せよ。故旧を絶ちて、義と背け。

孟子（もうし　BC三七二～BC二八九年）『孟子』より。もし富を得たいのなら、恥に耐えて命の限りに全力を尽くしなさい。そのためには、旧友と交際を絶ち、義理に背かなければなりませんという意味。

積みてよく散ず。

戴聖（たいせい）によって編集『礼記（らいき）』より。財産を有益に使いなさいという意味。

オットー・フォン・コツェブーは、ロシア帝国のために働いたバルト・ドイツ人の航海士。

ベルネは、ドイツの作家、文芸評論家。

孟子は、戦国時代中国の儒学者。書物『孟子』は、儒学者である孟子の言行をまとめた書。

『礼記』とは、周から漢にかけて儒学者がまとめた礼に関する書物を、戴聖が編纂したものである。

この世における諸悪の根源は、お金そのものではなく、お金に対するその人の愛情にある。　サミュエル・スマイルズ（一八一二～一九〇四年）

裕福な人間は、貧乏人のはかない運命の訴えを訊くことが大嫌いである。　フョードル・ミハイロヴィチ・ドストエフスキー（一八二一～一八八一年）

金がないからなにもできないという人間は、金があってもなにもできない。　小林一三（こばやし いちぞう　一八七三～一九五七年）

私達はお金を稼ぐために頭脳を持ち、お金を使うために心情を持っているのだ。　ジョージ・ファーカー（一六七八～一七〇七年）

サミュエル・スマイルズは、イギリスの作家、医者。スコットランド・ハディントン生まれ。医師になったが、のち執筆に専念するようになる。一八五八年に出版された「自助論」は、中村正直の翻訳により『西国立志編』として明治維新直後の日本に紹介され、福沢諭吉の『学問のすゝめ』と並んで広く読まれ、近代日本に大きく影響を与えた。自助論の序文「天は自ら助くる者を助く」は有名。

小林一三は、山梨県出身の実業家。阪急電鉄をはじめ、現在の阪急阪神東宝グループの創業者。都市開発、流通事業を鉄道を中心に一体化する私鉄経営モデルの原型をつくった。

ジョージ・ファーカーは、アイルランドの作家であるが、イギリスの文学に貢献をした。代表作は『募兵官』など。

金のある者は、金があるために不正をし、金のない者は、金がないために不正なことをする。

武者小路実篤（むしゃこうじ さねあつ　一八八五〜一九七六年）

お金を貸してもよい。ただし貸すなら、返って来なくても惜しくない額を貸すことだ。

ジョージ・ハーバート・ミード（一八六三〜一九三一年）

金は借りてもならず、貸してもならない。貸せば金を失うし、友も失う。借りれば倹約が馬鹿らしくなる。

ウィリアム・シェイクスピア（一五六四〜一六一六年）

まず自分をこの世に必要な人間とせよ。そうすればパンは自然に得られる。

ラルフ・ワルド・エマーソン（一八〇三〜一八八二年）

武者小路実篤は、現在の東京都出身の小説家。白樺派の代表的作家であり、一九五一年に文化勲章を受章する。上流階級の出であるが、気紛れで無責任な性格を指摘されることがった。代表作は『友情』『愛と死』など。

ミードは、アメリカの社会心理学者、哲学者。シンボリック相互作用論や実際主義で知られている。

シェイクスピアは、イギリスの劇作家、詩人。もっとも優れた英文学の作家とも言われている。約20年間に四大悲劇『ハムレット』『マクベス』『オセロ』『リア王』をはじめ、『ロミオとジュリエット』『夏の夜の夢』『ヴェニスの商人』『ジュリアス・シーザー』など多くの傑作を残した。

金を持たずに行動、生活することにも、金を儲けるのと同じぐらいの苦労と価値がある。

ジュール・ルナール（一八六四～一九一〇年）

金持ちでも、貧乏人でも、強い者でも、弱い者でも、みんな平等に遊んで暮らしてはいけない。遊んで暮らしている市民は、みんな詐欺師だ。

ジャン・ジャック・ルソー（一七一二～一七七八年）『人間不平等起源論』より。

金は我々にとって母親でもあるが、また、我々の死でもある。

マクシム・ゴーリキー（一八六八～一九三六年）

財布は、その中にコインまたは紙幣が入っていなければ、ボロ布となんら変わらない。

ハーマン・メルヴィル（一八一九～一八九一年）

ジュール・ルナールは、フランスの小説家、詩人、劇作家。代表作は『にんじん』。鋭い観察力と日常的な言葉で優れた作品を残した。

ルソーは、スイス生まれの哲学者、政治思想家、教育思想家、作家、作曲家。理論にとどまらない著作は広く読まれ、フランス革命やそれ以降の社会思想にも精神的な影響を与えた。

ハーマンは、アメリカの小説家。アメリカ・ルネサンスを代表する作家のひとりと言われている。代表作は『白鯨』であるが、存命中は『白鯨』を含め、作品は評価されず税関で働いていた。死後約30年を経て、レイモンド・ウィーバが『ハーマン・メルヴィル　航海者にして神秘家』を発表し、メルヴィルは評価され、『白鯨』が映画化された。

借金は愚行と犯罪の多産な母親であり、知恵の不足はその父親である。

ベンジャミン・ディズレーリ（一八〇四〜一八八一年）

最高の賢者さえも、金を取りに来る人間よりは、金を持ってくる人間を歓迎する。

ゲオルク・クリストフ・リヒテンベルク（一七四二〜一七九九年）

世に銭ほどおもしろきものはなし。

井原西鶴（いはら さいかく 一六四二〜一六九三年）

お金。手放すとき以外、なんの役にも立たぬ恩恵物。

アンブローズ・ビアス（一八四二〜一九一四年頃）

入るを量りて出るをなす。

戴聖によって編集『礼記』より。

収入と支出を考えるのは、家庭から国家まで同じであるという意味。

ベンジャミン・ディズレーリは、イギリスのヴィクトリア期の政治家。小説家としても活躍した。ちなみに、現在に至るまでイギリス首相となったユダヤ人はディズレーリだけである。

リヒテンベルクは、ドイツの科学者、風刺家。誘電体上の放電分岐パターンを発見し、リヒテンベルク図形と呼ばれる。

井原西鶴は、大坂出身の浮世草子の作者、人形浄瑠璃の作者、俳人。五代将軍徳川綱吉が発布した「鶴字法度」（庶民の鶴字の使用禁止）のため、晩年は〝西鵬〟とした。『好色一代男』で注目されたが、晩年の生活は困窮したと言われている。

アンブローズ・ビアスは、アメリカの作家、ジャーナリスト、コラムニスト。代表作は『悪魔の辞典』。風刺の効いた筆致から「文筆界の解剖学者」、〝ビター（辛辣な）・ビアス〟などと呼ばれた。

金は天下のまわりものだ。いつも私をよけてまわるのが気にくわないが。

イワン・セルゲーエヴィチ・ツルゲーネフ（一八一八～一八八三年）

わずかな金で満足すること、これもひとつの才能である。

ジュール・ルナール（一八六四～一九一〇年）

人に与えた利益を憶えておくな。しかし、人から受けた恩恵は絶対に忘れるな。

ジョージ・ゴードン・バイロン（一七八八～一八二四年）

若いときの自分は、お金こそが人生でもっとも大切なものだと思っていた。今、歳をとってみると、そのとおりだと思い知った。

オスカー・フィンガル・オフラハティ・ウィルス・ワイルド（一八五四～一九〇〇年）

ツルゲーネフは、19世紀ロシアの代表的な小説家。『父と子』は19世紀のロシア小説の最高傑作の一作と言われている。日本では二葉亭四迷によって翻訳され、国木田独歩や田山花袋などの自然主義に大きな影響を与えた。

ジョージ・ゴードン・バイロンは、イギリスの詩人。

オスカー・ワイルドは、アイルランド出身の詩人、作家、劇作家。〝芸術のための芸術〟を唱えて唯美主義、芸術至上主義に基づく活動を展開した。多彩な文筆活動をしたが、男色で収監され、出獄後は失意から回復しないままに没した。

本当に大切な自由はただひとつ、経済的自由だ。

ウィリアム・サマセット・モーム（一八七四～一九六五年）

感謝を期待するのは当然。しかし期待する権利まではもっていない。

ジャン・ジャック・ルソー（一七一二～一七七八年）

時間は、使いこなす者には親切である。

アルトゥル・ショーペンハウアー（一七八八～一八六〇年）

自分のポケットの小銭は、他人のポケットの大金に勝る。

ミゲル・デ・セルバンテス・サアベドラ（一五四七～一六一六年）

富を軽蔑する人間をあまり信ずるな。富を得ることに絶望した人間が富を軽蔑するのだ。

フランシス・ベーコン（一五六一～一六二六年）

モームは、フランス生まれのイギリスの小説家、劇作家。10歳で孤児になるが、イギリスに渡り医師に就く。第一次大戦では軍医、諜報部員として従軍。のちに『月と六ペンス』で人気作家になる。代表作は『人間の絆』『お菓子とビール』など。

ショーペンハウアーは、ドイツの哲学者。知性よりは意志を強調したその哲学は、のちの実存主義の先駆と言われている。日本でも森鴎外をはじめ、堀辰雄、萩原朔太郎など多くの作家に影響を及ぼした。

セルバンテスは、スペインの作家。小説『ドン・キホーテ』の著者。世界的文学者のひとりとして、同時代および後世に多大な影響を与えた。シェイクスピアも『ドン・キホーテ』を読んでいたと言われている。

財産は来るもので、つくるものではない。
ヘンリー・フォード（一八六三～一九四七年）

人間が幸福であるために避けられない条件は、勤労である。
レフ・ニコラエヴィチ・トルストイ（一八二八～一九一〇年）

人類は二種類に分けられる。お金を借りる人と貸す人である。
チャールズ・ラム（一七七五～一八三四年）

たんに良い歌い手や踊り手であるだけでは、世間で抜きん出るわけにはいかない
ジャン・ジャック・ルソー（一七一二～一七七八年）

富み……ひとりの人間の手に帰した多数の人間の貯蓄。
ユージン・ヴィクター・デブス（一八五五～一九二六年）

ヘンリー・フォードは、アメリカのフォード・モーターの創設者。同社は、流れ作業の大量生産を可能にして、低価格の自動車を販売した。一九〇八年当時、高級車の価格は三千ドルほど。その他の車でも千ドルというのが常識の時代に、フォード社は八五〇ドルの車を提供。利益をあげることに成功する。同社の大量生産方式は、20世紀の社会経済の基盤になる。

チャールズ・ラムは、イギリスの作家、エッセイスト。サラリーマンを続けながらの執筆であったが、とくにエッセイストとしての評価は高い。代表作は姉との共著『シェイクスピア物語』など。

デブスは、アメリカの政治家、労働運動活動家。生涯のうち、獄中からのものも含め、五度にわたってアメリカ社会党からアメリカ大統領選挙に立候補したが、一度として当選したことはなかった。

節倹を守らんよりは、むしろ奢侈（しゃし）を禁ぜよ。　熊沢蕃山（くまざわ ばんざん　一六一九〜一六九一年）「奢侈」は、身分不相応に金を費やすこと。

貧乏のいいところは、泥棒の心配がないことだ。　アルフォンス・アレー（一八五四〜一九〇五年）

幸福は、富そのものによって得られるのではなく、富を使ってはじめて得られるのだ。　ミゲル・デ・セルバンテス・サアベドラ（一五四七〜一六一六年）

お金を稼ごうと思ったら、お金を使わなければならない。
ティトゥス・マッキウス・プラウトゥス（BC二五四〜BC一八四年）

生命以外に富はない。　ジョン・ラスキン（一八一九〜一九〇〇年）

熊沢蕃山は、京都府出身の陽明学者。岡山藩に出仕し、全国に先駆けて藩校・花畠教場を開校し、農業政策を充実させた。このような彼を快く思わない派閥に批判を浴び、和気郡蕃山村で隠居生活を送る。

アルフォンス・アレーは、フランスの作家。週刊誌に短編コントを投稿し、コント作家としての人生を歩む。アレーが生涯で発表したコントや短編は一五〇〇を超えると言われる。日本には雑河盛好蔵や澁澤龍彦らのフランス文学者によって紹介された。

プラウトゥスは、古代ローマの劇作家。演劇家の基礎をつくった。喜劇を得意とし、初期のラテン文学に影響を残す。

ジョン・ラスキンは、19世紀イギリスの評論家、美術評論家。中世のゴシック美術を賛美する『建築の七燈』『ヴェニスの石』などを執筆した。

財布が軽ければ、心は重い。

ヨハン・ヴォルフガング・フォン・ゲーテ（一七四九〜一八三二年）

貧困と希望は母と娘である。娘と付き合っていると母の方を忘れる。

ジャン・パウル（一七六三〜一八二五年）

金だけが人生ではないが、金のない人生も、また人生とは言えない。十分な金がなければ人生の可能性の半分は閉め出されてしまう。

ウィリアム・サマセット・モーム（一八七四〜一九六五年）

自分がもっているものに不満を抱いているとき、私達は貧しい。しかし、自分がもっているものに満足しているとき、私達は豊かだ。

ジェームズ・アレン（一八六四〜一九一二年）

ゲーテは、ドイツの詩人、劇作家、小説家、哲学者、自然科学者、政治家、法律家。ドイツを代表する文豪であり、小説『若きウェルテルの悩み』『ヴィルヘルム・マイスターの修行時代』、叙事詩『ヘルマンとドロテーア』、詩劇『ファウスト』などを残した。

ジャン・パウルは、ドイツの小説家。代表作に『巨人』や、未完で終わった『生意気盛り』などがある。ドイツ・ロマン派として紹介されるが、古典主義との中間とも言われている。

ジェームズ・アレンは、自己啓発書と詩によって知られるイギリスの作家。『「原因」と「結果」の法則』は、自己啓発書の原点と言われ、一九〇二年の書物であるが現在も世界中で売れている。聖書につぐロングセラーのひとつと称される。

持っているもので満足できるのが豊かということだ。もっとお金が欲しいと思っているかぎり、その人は豊かではない。

マーク・トウェイン（一八三五～一九一〇年）

生活が貧しくても心が豊かな人は、心が貧しい金持ちよりもあらゆる面で優れている。

サミュエル・スマイルズ（一八一二～一九〇四年）

富は、得ること自体には価値はない。有意義に使うときにこそ、その価値がある。

アンドリュー・カーネギー（一八三五～一九一九年）

事業をするには、まず人に与えることが必要である。それは、かならず大きな利益をもたらすからである。

岩崎弥太郎（いわさき やたろう　一八三五～一八八五年）

マーク・トウェインは、アメリカの小説家。ミズーリ州出身。『トム・ソーヤーの冒険』の著者として知られる。トウェインの死後、『八月の光』の著者ウィリアム・フォークナーは「トウェインは最初の真のアメリカ人作家であり、我々は彼の相続人である」と記した。

アンドリュー・カーネギーは、アメリカの実業家。カーネギー鉄鋼会社を創業し〝鋼鉄王〟と称された。引退後は教育や文化の普及に尽力した。

岩崎弥太郎は、現在の高知県出身の三菱財閥の創業者。幕末から明治にかけて現在の三菱財閥を築いた。海援隊が土佐藩の機関になると、経理を担当して坂本龍馬と交流をもつ。日本で最初にボーナスを出したのは、岩崎弥太郎であると言われている。

幸福は、自ら足れりとする人のものである。　アリストテレス（BC三八四～BC三二二年）

第一に食物、第二に着る物、第三に居る所なり。人間の大事はこの三つに過ぎず。　吉田兼好（よしだ けんこう　一二八三頃～一三五二年）『徒然草』より。

ありあまる富は、我々の幸福にはほとんどなんの寄与するところもない。金持ちに不幸な思いをしている人が多いのはそのためである。　アルトゥル・ショーペンハウアー（一七八八～一八六〇年）

金は良い召使いでもあるが、悪い主人でもある。　ベンジャミン・フランクリン（一七〇六～一七九〇年）

アリストテレスは、古代ギリシアの哲学者。その多岐にわたる自然研究の業績から〝万学の祖〟とも呼ばれる。

吉田兼好は、鎌倉時代末期から南北朝時代にかけて活躍した官人、歌人、随筆家。清少納言の『枕草子』、鴨長明の『方丈記』と合わせて日本三大随筆のひとつと評価される『徒然草』の作者である。

ベンジャミン・フランクリンは、アメリカの政治家、外交官、物理学者、気象学者。印刷業で成功を収め、政界に進出しアメリカ独立に多大な貢献をした。また、凧を用いた実験で雷が電気であることを明らかにした。勤勉性、探究心の強さ、合理主義、社会活動への参加という近代的人間像を象徴する人物と言われている。

富というものは、機械にさす潤滑油のようなものである。

アンブロワズ・ポール・トゥサン・ジュール・ヴァレリー（一八七一〜一九四五年）

金が人生でなにをなし得るか。金が人生でなにをなし得ないか。このふたつの問題を正しく解く人は、金の真の正当な価値を知る人である。

ジョージ・サンタヤーナ（一八六三〜一九五二年）

愚かな者は、金を持って死んで行く。そのために貧乏でいる。

バルトルト・ハインリヒ・ブロッケス（一六八〇〜一七四七年）

現在もっているものに満足しない者は、もちたいと思っているものを手に入れたとしても、同様に満足しないであろう。

エーリヒ・アウエルバッハ（一八九二〜一九五七年）

ポール・ヴァレリーは、フランスの作家、詩人。多岐にわたる著作活動によって、〝フランス第三共和政を代表する知性〟と称される。

ジョージ・サンタヤーナは、スペイン出身でアメリカの哲学者・詩人である。

ブロッケスは、ドイツの詩人。理性を重んじる部分と感情を前面に押し出す部分を合わせ持つ作風は、初期啓蒙主義と同時に後期バロックにも分類される。

エーリヒ・アウエルバッハは、ドイツ出身の比較文学研究者、文芸評論家。代表作は『ミメーシス』など。

あたし、お金なんてそんなもの少しも欲しくないわ。好きな人とならどんな汚い部屋だってかまわない。豪邸に住めって言われたって絶対イヤだわ。　エミール・ゾラ（一八四〇〜一九〇二年）

金を使い、かつ貯金する人は、もっとも幸せな人である。つまり、彼はふたつの喜びを持つからだ。　サミュエル・ジョンソン（一七〇九〜一七八四年）

欲望はある種の人の目をくらませ、ある種の人の目を明るくする。　ラ・ロシュフコー（一六一三〜一六八〇年）

富は海の水に似ている。それを飲めば飲むほど、のどが乾いてくる。　アルトゥル・ショーペンハウアー（一七八八〜一八六〇年）

エミール・ゾラは、フランスの小説家。自然主義文学の定義者であり、代表的存在。代表作は、全20作から成る『ルーゴン・マッカール叢書』の中の『ジェルミナール』『居酒屋』『ナナ』など。

サミュエル・ジョンソンは、イギリスの文学者。シェイクスピアの研究で知られる。

ラ・ロシュフコーは、フランスの貴族、モラリストの文学者。

ことわざ

家の高いより床の高いがよい　家柄よりも金持ちであるほうがよいという意味。

一文高の世の中　少しでも財産の多い者が尊ばる世の中という意味。

親子の仲でも金銭は他人　たとえ親子でも、金銭のことはしっかりしておくべきという意味。

負わず借らずに子三人　借金もなく人の世話にもならず、家には子どもが三人くらいる暮らしが、まずは幸福であるという意味。

入るを量りて出ずるをなす　収入に見合った支出を心がけるという意味。

金は湧き物　金銭は思いがけず手に入るものであるという意味。

金持ちケンカせず　金持ちは争いごとを金で解決するという意味。または、有利な立場にある者は、その立場を失わないために人とは争わないという意味。

辛抱する木に金がなる　辛抱強くコツコツ励めば、いつか成功すという意味。

貧にして楽しむ　貧しければ貧しいなりに、相応の楽しみ方があるという意味。

一文惜しみの百知らず　わずかな金銭を惜しむとあとで大きな損をするという意味。

衣食足りて礼節を知る　生活にゆとりができて、はじめて人は礼儀をわきまえるおゆになるという意味。

第6章

恋を助ける名言

二十代の恋は幻想である。三十代の恋は浮気である。そして、人は四十代に達して、初めて本当のプラトニックな恋愛を知る。

ヨハン・ヴォルフガング・フォン・ゲーテ（一七四九〜一八三二年）

恋が生まれるには、ほんの少しの希望があれば十分です。

スタンダール（一七八三〜一八四二年）

恋は火と同じように絶えず揺れ動いてこそ保たれる。期待したり、恐れなくなったりしたら、もうおしまいだ。

ラ・ロシュフコー（一六一三〜一六八〇年）

初恋とは、少しばかりの愚かさとありあまる好奇心のことだ。

ジョージ・バーナード・ショー（一八五六〜一九五〇年）

ゲーテは、ドイツの詩人、劇作家、小説家、哲学者、自然科学者、政治家、法律家。ドイツを代表する文豪であり、小説『若きウェルテルの悩み』『ヴィルヘルム・マイスターの修行時代』、叙事詩『ヘルマンとドロテーア』、詩劇『ファウスト』などを残した。

スタンダールは、フランスの小説家。代表作『赤と黒』は、彼の死後に評価される。

ラ・ロシュフコーは、フランスの貴族、モラリスト文学者。

バーナード・ショーは、イギリスで活躍したアイルランド出身の劇作家、劇評家、音楽評論家、社会主義者。イギリス近代演劇の確立者として有名である。「あなたが一番影響を受けた本は？」という質問に対して「銀行の預金通帳だよ」と答えた。

あなたは本当にそう思っているんですか？　他人によって永遠の幸せが得られるなんて。いくらその相手が最愛の人だとしても。

アルベルト・アインシュタイン（一八七九～一九五五年）

恋愛には四つの種類がある。情熱の恋、趣味の恋、肉体の恋、虚栄の恋。

スタンダール（一七八三～一八四二年）

嫉妬には、愛よりもうぬぼれが詰まっている。

ラ・ロシュフコー（一六一三～一六八〇年）

恋は結婚より楽しい。それは小説が歴史より面白いのと同じ理由である。

トーマス・カーライル（一七九五～一八八一年）

愛するということは、すべてをなし得ることだ。

アントン・パーヴロヴィチ・チェーホフ（一八六〇～一九〇四年）『手帖』より。

アインシュタインは、ドイツ生まれのユダヤ人理論物理学者。20世紀最大の物理学者と呼ばれる。第二次世界大戦終結後、アインシュタインは「我々は戦いには勝利したが、平和まで勝ち取ったわけではない」と演説する。彼を訪ねた日本人記者に対して「敗戦国である日本には大変深く同情する。しかし戦勝国もまた苦しい道を歩いている」と述べたという。

カーライルは、19世紀イギリスの思想家、歴史家。

チェーホフは、ロシアを代表する劇作家であり、短編小説家である。

女は悪魔である。しかも非常に完成した悪魔だ。　ヴィクトル・マリー・ユーゴー（一八〇二～一八八五年）

愛する人とともに過ごした数時間、数日もしくは数年を経験したことない者は、幸福とは、いかなるものであるかを知らない。　スタンダール（一七八三～一八四二年）

男は別れの言葉が見つからない。女は別れの言葉を言うべきタイミングが見つからない。　ヘレン・ローランド（一八七五～一九五〇年）

ある人間のそばにいると、他の人間のことなどまったく気にならず、問題でなくなることがある。もし、そういう人がいたら、それが恋というものだ。　イワン・セルゲーエヴィチ・ツルゲーネフ（一八一八～一八八三年）

ユーゴーは、フランスロマン主義の詩人、小説家、政治家。代表作は『レ・ミゼラブル』など。『レ・ミゼラブル』が出版された直後、海外旅行にでかけたユーゴーは売れ行きが心配になり出版社に「?」とだけ書いた手紙を送った。出版社からは「!」の返事が来る。これが世界でもっとも短い手紙と言われている。

ヘレン・ローランドは、アメリカのジャーナリスト、コラムニスト。

ツルゲーネフは、19世紀ロシアの代表的な小説家。『父と子』は19世紀のロシア小説の最高傑作の一作と言われている。日本では二葉亭四迷によって翻訳され、国木田独歩や田山花袋などの自然主義に大きな影響を与えた。

愛は惜しみなく奪う。　有島武郎（ありしま たけお　一八七八～一九二三年）

恋する男と女が一緒にいて少しも退屈しないのは、常に自分達のことだけを話題にしているからだ。　ラ・ロシュフコー（一六一三～一六八〇年）

三つのものが強く女を動かす。それは、利害と快楽と虚栄心である。　ドゥニ・ディドロ（一七一三～一七八四年）

恋は熱病のようなものである。それは意思とは関係なく生まれ、そして滅びる。　スタンダール（一七八三～一八四二年）

恋愛は戦争のようなものである。始めるのは容易だが、やめるのは困難である。　ヘンリー・ルイス・メンケン（一八八〇～一九五六年）

有島武郎は、東京都出身の小説家。志賀直哉や武者小路実篤らとともに同人「白樺」に参加。一九二三年、軽井沢の別荘で愛人と心中する。辞世の歌は「幾年の命を人は遂げんとや思い入りたる喜びも見で 修禅する人のごとくに世にそむき静かに恋の門にのぞまん 蝉ひとつ樹をば離れて地に落ちぬ風なき秋の静かなるかな」。この歌は思想家の唐木順三に「いずれも少女趣味以上ではない」と評される。代表作は『カインの末裔』『或る女』や評論『惜みなく愛は奪ふ』など。

ドゥニ・ディドロは、フランスの啓蒙思想家、作家。代表作『百科全書』でブルジョワ階級や社会、宗教などの批判を行ったため、特権階級から危険視される。また、『盲人書簡』が唯物論的な主張だとされ、投獄される。

メンケンは、アメリカのジャーナリスト、エッセイスト。

憎悪は、欲望から起こる。　ソクラテス（BC四六九頃〜BC三九九年）

ふたりの間に恋がなくなったとき、愛し愛された昔を恥ずかしく思わない者はほとんどいない。　ラ・ロシュフコー（一六一三〜一六八〇年）

嫉妬は、男にとっては弱さ。女にとっては強さ。　アナトール・フランス（一八四四〜一九二四年）『エピキュールの園』より。

朝起きたときは「今日も会えないだろう」と思い、寝るときには「今日も会えなかった」と思う。長い長い毎日に幸福なときはかたときもありません。すべては物足りなさ、すべては後悔、すべては絶望です。　ピエール・アンブロワズ・フランソワ・コデルロス・ド・ラクロ（一七四一〜一八〇三年）『危険な関係』より。

ソクラテスは、古代ギリシアの哲学者。ソクラテス自身は著作を行なわなかったため、その思想は弟子のプラトンなどの著作を通じて紹介されている。ソクラテスは、様々な人との対話を通じて〝無知の知〟という考えにたどり着く。一方、この対話を快く思わない人達によって、異神信仰を広め人々を堕落させたとされ、服毒自殺を命じられ、毒人参の杯に口をつけ、自ら命を絶った。

アナトール・フランスは、20世紀前半のフランスを代表する小説家、批評家。一九二一年ノーベル文学賞を受賞。芥川龍之介が傾倒し、石川淳が訳したことで日本では有名になる。

ラクロは、フランスの砲兵士官で、小説家。代表作に『危険な関係』である。

愛することにかけては、女性こそ専門家で、男性は永遠に素人である。

三島由紀夫（みしま ゆきお　一九二五〜一九七〇年）

素敵な女の子を口説いていると、一時間は一秒のように感じられる。猛烈に熱い燃え殻に座ると、一秒が一時間のように感じられる。

アルベルト・アインシュタイン（一八七九〜一九五五年）

嫉妬する理由があるときには、嫉妬すべきではない。

ラ・ロシュフコー（一六一三〜一六八〇年）

少女の恋は詩なり。年増の恋は哲学なり。

長谷川如是閑（はせがわ にょぜかん　一八七五〜一九六九年）

女の希望は、光線で織り出されている。

ジョージ・エリオット（一八一九〜一八八〇年）

三島由紀夫は、東京都出身の小説家、劇作家。戦後の日本文学を代表する作家のひとり。晩年には「楯の会」を組織して右翼的な政治活動を行い、日本の右翼に影響を及ぼした。一九七〇年、自衛隊市ケ谷駐屯地でクーデターを起こし、割腹自殺を遂げたことは有名である。代表作は『仮面の告白』『潮騒』『金閣寺』、『サド侯爵夫人』、『わが友ヒットラー』など。

長谷川如是閑は、日本のジャーナリスト、作家。大正デモクラシー期の代表的論客のひとりで、新聞記事をはじめ、エッセイや戯曲、小説、紀行文などを約三千点も残した。

ジョージ・エリオットは、イギリスの女流作家。代表作は『ミドルマーチ』など。

恋愛とはなにか。私は言う。それは非常に恥ずかしいものである。

太宰治（だざい おさむ　一九〇九～一九四八年）

恋愛を一度もしなかった女には、よく出会うが、恋愛を一度しかしない女には、めったに出会わない。

ラ・ロシュフコー（一六一三～一六八〇年）

言い訳は嘘よりも恐ろしい。それは言い訳は防衛された嘘だからである。

アレキサンダー・ポープ（一六八八～一七四四年）

嘘をついたとたん、記憶力が必要となる。

ピエール・コルネイユ（一六〇六～一六八四年）

人が心から恋をするのは、ただ一度だけである。それが初恋だ。

ジャン・ド・ラ・ブリュイエール（一六四五～一六九六年）

太宰治は、青森県出身の昭和を代表する小説家。『逆行』が第一回芥川賞候補となる。新戯作派や無頼派と称され、『走れメロス』『津軽』『お伽草紙』『斜陽』『人間失格』などを残した。大学時代から自殺未遂や心中未遂を繰り返し、玉川上水で山崎富栄と入水自殺を完遂した。

アレキサンダー・ポープは、イギリスの詩人。その名文句はシェイクスピアに次いでしばしば引用される。

ピエール・コルネイユは、フランスの古典主義の時代の劇作家。代表作は『ル・シッド』など。

ジャン・ド・ラ・ブリュイエールは、フランスの古代派の作家。

恋とは巨大な矛盾であります。それなくしては生きられず、しかもそれによって傷つく。

亀井勝一郎（かめい　かついちろう　一九〇七〜一九六六年）

全生命を恋というカードに賭けた男。しかしその甲斐もなく実らなかったとき、なにも手につかないほど放心してしまうようなら、そんな人間は……男ではなく、ただのオスである。

イワン・セルゲーエヴィチ・ツルゲーネフ（一八一八〜一八八三年）

人が天から心を授かっているのは、人を愛するためである。

ニコラ・ボアロー・デプレオー（一六三六〜一七一一年）

なにものも心から愛することができないということは、人間として最大の不幸であり、悲哀であらねばならぬ。

厨川白村（くりやがわ　はくそん　一八八〇〜一九二三年）

亀井勝一郎は、北海道出身の文芸評論家。マルクス・レーニン主義者として、治安維持法により投獄されたこともある。その後、いくつかの雑誌を刊行したり、『人間教育』が評価されるなど、活発に執筆活動を行う。一九四五年八月に、第二国民兵として三日間軍事教練を受けるが、その三日目に敗戦を迎える。戦後も作家活動を続け、『日本人の精神史研究』等で菊池寛賞受賞する。『武者小路実篤人生語録』がベストセラーになる。

ボアローは、フランスの詩人、批評家。理論書『詩法』などを執筆して、当時流行していた気取った詩や古い技巧を批判し、美学の原則を自然、理性、真実であるとした。

厨川白村は、英文学者、評論家。大正時代の文芸評論界に大きな功績を残した。

誠の恋をする者は、みな一目で恋をする。

ウィリアム・シェイクスピア（一五六四～一六一六年）

虹も十五分も出ていると、だれも眺めない。

ヨハン・ヴォルフガング・フォン・ゲーテ（一七四九～一八三二年）

異性に心を奪われることは、大きな喜びであり、人生において必要不可欠なことだと思う。しかし、それが人生の中心になってはいけない。もし、そんな心が人生の中心になってしまったら、人は道を失ってしまうでしょう。

アルベルト・アインシュタイン（一八七九～一九五五年）

愛せよ。人生においてそれのみが良いことであるから。

ジョルジュ・サンド（一八〇四～一八七六年）

シェイクスピアは、イギリスの劇作家、詩人。もっとも優れた英文学の作家とも言われている。約20年間に四大悲劇『ハムレット』『マクベス』『オセロ』『リア王』をはじめ、『ロミオとジュリエット』『ヴェニスの商人』『夏の夜の夢』『ジュリアス・シーザー』など多くの傑作を残した。

ジョルジュ・サンドは、フランスの女流作家であり、フェミニストの走りとしても知られる。恋多き女性であったが、一八四〇年代には政治志向を強め、民主主義・社会主義の思想を懐いてアラゴ、カール・マルクス、ミハイル・バクーニンらと交流する。一八四八年の二月革命では政治活動に参加したが、その後ノアンに隠棲し執筆活動に専念する。

愛は惜しみなく与う。　レフ・ニコラエヴィチ・トルストイ（一八二八〜一九一〇年）

私は自然について少し理解している。しかし人間についてはほとんど理解していない。　アルベルト・アインシュタイン（一八七九〜一九五五年）

人を愛する者は、なにがあっても自分を不幸だと思ってはいけない。報われない愛でさえ、虹をもっているのだから。
ジェームス・マシュー・バリー（一八六〇〜一九三七年）『小牧師』より。

嫉妬深い者の愛は、憎悪でできている。　モリエール（一六二二〜一六七三年）

トルストイは、ロシアの小説家、思想家。19世紀ロシア文学を代表する巨匠と呼ばれている。代表作に『戦争と平和』『アンナ・カレーニナ』『復活』など。非暴力主義者としても知られる。森鷗外や宮沢賢治をはじめ、日本の作家で影響を受けた者は枚挙にいとまがない。

バリーは、スコットランド生まれのイギリスの劇作家、童話作家。〝バリ〟と表記されることもある。代表作は『小さな白い鳥』『ケンジントン公園のピーターパン』など。

モリエールは、フランスの劇作家で、コルネイユ、ラシーヌとともに古典主義の三大作家とされる。大学で法律を学んだ後、俳優となるが芽が出ず、売れない劇団の座長として地方の旅回りを続け喜劇作品を書く。『お嫁さんの学校』が大評判となって劇作家として認めらる。

なるほど、あの娘は美しい。しかし美しいと思うのは、おまえの目なのだよ。

クセノポン（BC四二七頃～BC三五五年頃）

愛は最高の奉仕だ。みじんも、自分の満足を思ってはいけない。

太宰治（だざい おさむ　一九〇九～一九四八年）

若い娘が学ぶことを愛し、若い男が教えることを愛する場合の、青春の友情は美しい。

ヨハン・ヴォルフガング・フォン・ゲーテ（一七四九～一八三二年）

愛してもその悪を知り、憎みてもその善を知る。

戴聖によって編集『礼記（らいき）』より。

友情の多くは見せかけであり、多くの恋はただ愚かなだけ。

ウィリアム・シェイクスピア（一五六四～一六一六年）

クセノポンは、古代ギリシアの軍人、著述家。クセノポンはソクラテスの弟子で『ソクラテスの思い出』を執筆する。クセノポンは哲学者ではないため、ソクラテスの哲学に踏み込めていないとされるが、同書はソクラテスの実際の言行を知るには貴重な資料とされている。

『礼記』とは、周から漢にかけて儒学者がまとめた礼に関する書物を、戴聖が編纂したものである。

山が移ることがあっても、人の性癖は変わらない。

マホメット（五七〇頃～六三二年）

世の中に多くの愛すべき女性がいる。しかし完全な女性はひとりもいない。

ヴィクトル・マリー・ユーゴー（一八〇二～一八八五年）

私は、あなたが女性であることをまったく気にしていない。しかしもっとも重要なことは、あなた自身が女性であることを気にしないことである。

アルベルト・アインシュタイン（一八七九～一九五五年）

あなたは失恋で傷心している。しかし、恋を失ったことの方が、恋をしなかったよりマシである。

アルフレッド・テニスン（一八〇九～一八九二年）

マホメットは、イスラーム教の開祖、軍事指導者、政治家。イスラーム教では、モーゼ、キリストに続く預言者とみなされている。軍人としても有能で、アラビア半島にイスラーム国家を打ち立てた。ちなみに、正式な名前は、ムハンマド・イブン＝アブドゥッラーフ・イブン＝アブドゥルムッタリブ。日本ではモハメッド、マホメットなどと呼ばれることが多い。

テニスンは、ヴィクトリア朝時代のイギリス詩人。

愛されることは幸福ではない。愛することこそ幸福だ。

ヘルマン・ヘッセ（一八七七～一九六二年）

幸福を追い求めている限り、君はいつまでたっても幸福にはなれない。たとえ最愛のものを手に入れたとしても。

ヘルマン・ヘッセ（一八七七～一九六二年）『荒野の狼』より。

弱き者よ、汝の名は女。

ウィリアム・シェイクスピア（一五六四～一六一六年）『ハムレット』より。

汝の心の庭に忍耐を植えよ。その根は苦くても、実は甘いだろう。

ジェーン・オースティン（一七七五～一八一七年）

恋人の欠点を美徳と思えない者は、恋しているとは言えない。

ヨハン・ヴォルフガング・フォン・ゲーテ（一七四九～一八三二年）

ヘッセは、ドイツの小説家、詩人。『ガラス玉演戯』などの作品でノーベル文学賞を受賞した20世紀前半のドイツ文学を代表する文学者。ヘッセは、学校や書店勤務を三日間で放棄したり、精神的に病んでいたり、将来を悲観されるような若者だった。『郷愁』『車輪の下』で認められ、作家として活動を始めるが、ドイツにヒトラー政権が誕生すると、平和を唱えていたヘッセは、スイスで執筆活動を行うようになる。戦後もスイスで活動を続け、モンタニョーラの自宅で死去する。

ジェーン・オースティンは、イギリスの小説家。田舎における中流社会を舞台とした作品が多い。とくに女性の私生活を結婚を中心として皮肉と愛情を込めて描くものが当時人気があった。イギリスの代表的な作家とされ、また英語における自由間接話法の発達に大きく貢献したことでも知られる。

恋の悩みほど甘いものはなく、恋の嘆きほど楽しいものはなく、恋の苦しみほどうれしいものはなく、恋に苦しむことほど幸福なことはない。

エルンスト・アルント（一七六九～一八六〇年）

恋の味を痛烈に味わいたいならば、それは片思いか失恋する以外にないだろう。

亀井勝一郎（かめい　かついちろう　一九〇七～一九六六年）

期待なしに恋をする者だけが、誠の恋を知る。

フリードリヒ・フォン・シラー（一七五九～一八〇五年）

快楽は来るものと思うな。去るものと思え。

アリストテレス（BC三八四～BC三二二年）

アルントは、ドイツの詩人、歴史家。ナポレオンがヨーロッパを席巻しているときに、ドイツ・ナショナリズムを追求する『時代の精神』を発表すると、ナポレオンの反発を招きスウェーデンに亡命する。ナポレオン戦争後に成立したドイツ政府を批判し逮捕される。一八四八年、革命が起こるとアルントは、フランクフルト国民議会の議員に選ばれ。憲法草案をまとる。その後も著作活動を続けた。

シラーは、ドイツの思想家、詩人、劇作家であり歴史学者。ベートーヴェンの交響曲第九番の原詞でもよく知られる。

アリストテレスは、古代ギリシアの哲学者。その多岐にわたる自然研究の業績から〝万学の祖〟とも呼ばれる。

恋愛は、ただ性欲の詩的表現を受けたものである。

芥川龍之介（あくたがわ りゅうのすけ　一八九二〜一九二七年）

愛の光なき人生は無意味である。

フリードリヒ・フォン・シラー（一七五九〜一八〇五年）

私は誘惑以外のものなら、なんにでも抵抗できる。

オスカー・フィンガル・オフラハティ・ウィルス・ワイルド（一八五四〜一九〇〇年）『ウィンダミア夫人の扇』より。

孤独が怖ければ、結婚するな。

アントン・パーヴロヴィチ・チェーホフ（一八六〇〜一九〇四年）

過ちを犯さない者は、なにもしない者である。

エドワード・ジョン・フェルプス（一八二二〜一九〇〇年）

芥川龍之介は、東京都出身の小説家。日本を代表する作家のひとりである。短編が多く、また『芋粥』『藪の中』『地獄変』『歯車』などは、『今昔物語集』や『宇治拾遺物語』などの古典から題材をとった。『蜘蛛の糸』『杜子春』などの児童向けの作品も残す。『続西方の人』を書き上げた後、睡眠薬を飲んで自殺する。

オスカー・ワイルドは、アイルランド出身の詩人、作家、劇作家。〝芸術のための芸術〟を唱えて唯美主義、芸術至上主義に基づく活動を展開した。多彩な文筆活動をしたが、男色で収監され、出獄後は失意から回復しないままに没した。

チェーホフは、ロシアを代表する劇作家であり、短編小説家である。

フェルプスは、アメリカの弁護士、外交官。

せつなる恋の心は尊きこと神のごとし　樋口一葉（ひぐち いちよう　一八七二～一八九六年）

正しい結婚。そのベースには、男女お互いの誤解がある。
オスカー・フィンガル・オフラハティ・ウィルス・ワイルド（一八五四～一九〇〇年）

ラブレターを書くには、まず、なにを伝えようとしているのかを考えずに書き始めること。そして、自分はいったいなにを書いたのかなどということは考えずに、書き終わらなければならない。　ジャン・ジャック・ルソー（一七一二～一七七八年）

金銭のために結婚する人より悪しきことはない。そして恋愛のために結婚する人より愚かなことはない。　サミュエル・ジョンソン（一七〇九～一七八四年）

樋口一葉は、東京都出身の小説家。肺結核で25歳で死去したため、執筆活動はわずか一年半ほどだった。代表作は「たけくらべ」「にごりえ」「十三夜」など。肖像画が二〇〇四年から五千円札に使用されていることでも有名。女性が紙幣になるのは、明治時代に使用された神功皇后以来である。

ルソーは、スイス生まれの哲学者、政治思想家、教育思想家、作家、作曲家。理論にとどまらない著作は広く読まれ、フランス革命やそれ以降の社会思想にも精神的な影響を与えた。

サミュエル・ジョンソンは、イギリスの文学者。シェイクスピアの研究で知られる。

恋は人生の多くの苦痛を包むオブラートなり。

国木田独歩（くにきだ どっぽ　一八七一〜一九〇八年）

流行を追う女は、常に自分自身と恋に落ちている。

ラ・ロシュフコー（一六一三〜一六八〇年）

黄金は、どんなに醜い女にもある種の魅力を与える。その魅力をすべての男が欲しがる。

モリエール（一六二二〜一六七三年）

恋のことなら、どんなにロマンチックでもいいんです。

ジョージ・バーナード・ショー（一八五六〜一九五〇年）

人間はひとり残らず偽善者である。

フレデリク四世（シュレースヴィヒ・ホルシュタイン公　一六七一〜一七〇二年）

国木田独歩は、千葉県出身の小説家、詩人、ジャーナリスト、編集者。『武蔵野』『牛肉と馬鈴薯』などの浪漫的な作品の後、『運命論者』『竹の木戸』などを発表し自然主義の先駆とされる。また現在も続いている雑誌『婦人画報』の創刊者である。

モリエールは、フランスの劇作家で、コルネイユ、ラシーヌとともに古典主義の三大作家とされる。大学で法律を学んだ後、俳優となるが芽が出ず、売れない劇団の座長として地方の旅回りを続け喜劇作品を書く。『お嫁さんの学校』が大評判となって劇作家として認めらる。

フレデリク四世は、デンマークの君主。

真面目に恋をする男は、恋人の前では困惑し、拙劣であり、愛嬌もろくにないものである。

イマヌエル・カント（一七二四〜一八〇四年）「拙劣」は、技術などが劣っていること。そのさま。

女というものは極端である。男に較べると、良いか悪いかそのいずれかである。

ジャン・ド・ラ・ブリュイエール（一六四五〜一六九六年）『人さまざま』より。

嘘とはなにか？　それは、仮面をかぶった真実にほかならない。

ジョージ・ゴードン・バイロン（一七八八〜一八二四年）

みずから苦しむか、もしくは他人を苦しませるか。そのいずれかなしに恋愛というものは存在しない。

アンリ・ド・レニエ（一八六四〜一九三六年）

カントは、プロイセン王国の哲学者。近代においてもっとも影響力のある哲学者のひとり。『純粋理性批判』『実践理性批判』『判断力批判』の三批判書を発表した。批判哲学の中で「コペルニクス的転回」を提唱する。ドイツ観念論哲学の祖とも言われている。プロイセン王国は、ホーエンツォレルン家が統治したヨーロッパの王国。現在のドイツの北部からポーランド西部にかけてを領土として、首都はベルリンにあった。

ジョージ・ゴードン・バイロンは、イギリスの詩人。

レニエは、フランスの詩人、小説家。著書に『過ぎし日のロマネスクな詩』『翌日』『恋のおそれ』などがある。

もし、あなたが恋愛の中になんらかの幸福を求めるのなら、決してミューズを愛してはならぬ。彼女の心をつかむことなく、ただ才能を眺めるだけだから。

シャルル・オーギュスタン・サント・ブーヴ（一八〇四～一八六九年）『わが毒』より。「ミューズ」は、ギリシャ神話で文芸、学術、音楽、舞踏などをつかさどる女神ムーサの英語名。

サント・ブーヴは、19世紀フランスの文芸評論家、小説家、詩人。ロマン主義を代表する作家のひとりで、批評というジャンルを確立したと言われる。

恋人の沈黙は、言葉ほど機智（きち）には富まないが、より大きい苦悩を示すものだ。身体の不自由な乞食が二重のあわれみを誘うのと同じだ。

ウォルター・ローリー（一五五二頃～一六一八年）『黙せる恋人』より。「機智」は、その場に応じてとっさでありながら、適切な応対や発言ができるような鋭い感性。

ウォルター・ローリーは、イギリスの廷臣、探検家、作家、詩人。イギリスの植民地を築いた。

恋と戦争には、あらゆる戦術が許される。

ジョン・フレッチャー（一五七九～一六二五年）

ジョン・フレッチャーは、シェイクスピアと並び称されたイングランドの劇作家。シェイクスピアの後を受けて、国王一座の座付作家になる。しかし現在では、さほど取り上げられることはない。

男女間の友情は、それが正直な感情であるかぎり不可能である。　デーヴィット・ハーバート・ローレンス（一八八五～一九三〇年）

男は自分の秘密よりも他人の秘密を守る。女は他人の秘密よりも自分の秘密を優先して守る。　ジャン・ド・ラ・ブリュイエール（一六四五～一六九六年）

恋を知るまでは、女子は女性でなく男子も男性ではない。だから恋は男女ともに、成長するために必要なのである。　サミュエル・スマイルズ（一八一二～一九〇四年）

女が貞節なのは、必ずしも貞節だからではない。　ラ・ロシュフコー（一六一三～一六八〇年）

D・H・ローレンスは、イギリスの小説家、詩人。人間の性と恋愛を表現する小説が多く、一九二八年に発表した『チャタレイ夫人の恋人』は一部の描写が削除され、無修正版の刊行は一九六〇年になる。日本では、一九五七年に伊藤整が訳した同小説が猥せつだとして裁判になった。

サミュエル・スマイルズは、イギリスの作家、医者。スコットランド・ハディントン生まれ。医師になったが、のち執筆に専念するようになる。一八五八年に出版された「自助論」は、中村正直の翻訳により『西国立志編』として明治維新直後の日本に紹介され、福沢諭吉の『学問のすゝめ』と並んで広く読まれ、近代日本に大きく影響を与えた。自助論の序文「天は自ら助くる者を助く」は有名。

与えようとばかりして、もらおうとしなかった。なんと愚かな、間違った、誇張された、高慢な、短気な恋愛だったのだろうか。ただ、相手に与えるだけではいけない。相手からも貰わなくては。

フィンセント・ファン・ゴッホ（一八五三～一八九〇年）

友情という言葉は女が好んで口にする、いとも立派な言葉である。恋を招き入れたり、あるいは恋に暇を出したりするための立派な言葉だ。

シャルル・オーギュスタン・サント・ブーヴ（一八〇四～一八六九年）『わが毒』より。

恋を早く成就するには、筆を取るより口で言え。

ピエール・アンブロワズ・フランソワ・コデルロス・ド・ラクロ（一七四一～一八〇三年）

ゴッホは、オランダの画家。生前に売れた絵は『赤い葡萄畑』の一枚だけだったという逸話がある。ポール・ゴーギャンと南フランスで共同生活をするが不仲になる。ゴーギャンに「自画像の耳の形がおかしい」と言われると、自分の左の耳たぶを切り取り女友達に送り付けるなどの奇行が目立ったために、精神病院に入院する。作風としては、日本の浮世絵の影響を受けたと言われている。猟銃で自殺するが他殺説もある。一九八七年、安田火災海上保険株式会社が、代表作『ひまわり』を約58億円で落札した。

ラクロは、フランスの砲兵士官で、小説家。代表作に『危険な関係』である。

ふたりの人間が愛し合えば、ハッピーエンドはあり得ない。

アーネスト・ミラー・ヘミングウェイ（一八九九〜一九六一年）『午後の死』より。

鏡の前にひとりでいるとき、奇妙な表情をしない美人なんていない。

ウィリアム・シェイクスピア（一五六四〜一六一六年）『オセロ』より。

女性が不道徳におちいるのは、女性にとって道徳というものが、非人間的な本質の具体化となっているからだ。

シモーヌ・リュシ・エルネスティーヌ・マリ・ベルトラン・ド・ボーヴォワール（一九〇八〜一九八六年）『第二の性』より。

恋愛とは、仕事のない人々の仕事のようなものである。

シャルル・ド・モンテスキュー（一六八九〜一七五五年）

ヘミングウェイは、アメリカの小説家、詩人。行動力がありスペイン内戦や第一次世界大戦にかかわり、その経験で『誰がために鐘は鳴る』『武器よさらば』などを書いた。『老人と海』が評価され、ノーベル文学賞を受賞。二度の航空機事故に遭うも奇跡的に生還。しかし後遺症が残り晩年は躁鬱悩まされ、ライフル自殺により死去。

ボーヴォワールは、フランスの作家、哲学者。サルトルの事実上の妻で、サルトルの研究を助けるとともに、フェミニズムの立場から女性の解放を求めて闘った。

モンテスキューは、フランスの哲学者、政治思想家である。

恋というのは、ひとつの芝居なんだから、筋を考えなきゃだめだよ。

谷崎潤一郎（たにざき じゅんいちろう　一八八六〜一九六五年）

ほとんど、あらゆる女性の才知は、理性よりも狂気を強くすることに役立つ。

ラ・ロシュフコー（一六一三〜一六八〇年）

恋愛は幸福を殺し、幸福は恋愛を殺す。

ミゲル・デ・ウナムーノ・イ・フーゴ（一八六四〜一九三六年）

美しい女性はやがて飽きが来る。善良な女性は決して飽きない。

ミシェル・エケム・ド・モンテーニュ（一五三三〜一五九二年）

他人の好みにかなう妻ではなく、自分の好みにかなう妻を求めよ。

ジャン・ジャック・ルソー（一七一二〜一七七八年）

谷崎潤一郎は、日本の小説家。初期は耽美主義とされたが、作風は生涯にわたって変化し続けた。『痴人の愛』『春琴抄』『細雪』など通俗性と芸術性を高いレベルで昇華させた作品を残した。

ウナムーノは、スペインを代表する哲学者、作家、詩人。実存主義的な思想家として、スペインの思想界に大きな影響を残した。

モンテーニュは、16世紀ルネサンス期のフランスを代表する哲学者にしてモラリスト、懐疑論者、人文主義者。人間の生き方を探求した主著『エセー』は、フランスのみならず多くの国に影響を与えた。

女であることはなんたる不幸か！　しかも、女でありながら自分がそのひとりであることに気がつかないのは、本当に不幸なことだ。

セーレン・オービエ・キェルケゴール（一八一三〜一八五五年）

できるだけ早く結婚することは、女のビジネスであり、男のビジネスは、できるだけ結婚しないでいるということである。

ジョージ・バーナード・ショー（一八五六〜一九五〇年）

初恋に勝って、人生に失敗するというのはよくある例で、初恋は破れる方がいいという説もある。

三島由紀夫（みしまゆきお　一九二五〜一九七〇年）

頼むから黙って、ただ愛させてくれ。

ジョン・ダン（一五七二〜一六三一年）

キェルケゴールは、デンマークの哲学者。実存主義の創始者と呼ばれている。彼の哲学は、それまでの哲学と異なり、抽象性を避けて、自分自身をはじめとする具体的な事実存在としての人間を対象としている。人間の生には、世界や歴史には還元できないそれぞれ固有の本質があると示した。

ジョン・ダンは、イングランドの詩人、作家、司祭。形而上詩人の先駆者とされる。代表作は『蚤』『日の出』など。

男女の仲というのは、夕食をふたりっきりで三度して、それでどうにかならなかったときはあきらめろ。　小津安二郎（おづやすじろう　一九〇三〜一九六三年）

男は、どんな女といても幸福になれる。その女性を愛さないかぎりは。　オスカー・フィンガル・オフラハティ・ウィルス・ワイルド（一八五四〜一九〇〇年）

深く愛していた者を憎むことはなかなかできない。火は消し方が悪いと、また燃え上がる。　ピエール・コルネイユ（一六〇六〜一六八四年）

あなたのために、たとえ世界を失うことがあっても、世界のためにあなたを失いたくない。　ジョージ・ゴードン・バイロン（一七八八〜一八二四年）

小津安二郎は、東京都出身の映画監督。一九二七年『懺悔の刃』で初監督を務める。戦前はユーモア溢れる作風の監督として知られ、戦後は『長屋紳士録』『晩春』『麦秋』『東京物語』などの名作を立て続けに発表し、日本映画界の重鎮となる。『東京物語』はイギリスのサザランド賞を受賞した。

ピエール・コルネイユは、フランスの古典主義の時代の劇作家。代表作は『ル・シッド』など。

バイロンは、イギリスの詩人。当時の偽善と偏見を嘲罵し、イギリス・ロマン主義を代表する作風で、ロシアをふくむヨーロッパ諸国の文学に影響を与えた。日本でも明治以来もっともよく知られたイギリス詩人のひとりである。

恋は決闘です。もし右をみたり左をみたりしたら敗北です。

ロマン・ロラン（一八六六～一九四四年）

私は、うるさい美徳より、静かな悪徳を好む。

アルベルト・アインシュタイン（一八七九～一九五五年）

愛は死よりも強く、そして死の恐怖より強い。

イワン・セルゲーエヴィチ・ツルゲーネフ（一八一八～一八八三年）

男と女で異なる点は、女は一日中恋をしていられるが、男は時々しかしていられないということである。

ウィリアム・サマセット・モーム（一八七四～一九六五年）

嫉妬は恋とともに生まれる。しかし、嫉妬は必ずしも恋とともに滅びはしない。

ラ・ロシュフコー（一六一三～一六八〇年）

ロランは、フランスの平和主義の作家。反戦を世界に叫び続けた。第一次世界大戦に対して滞在中のスイスから、フランスとドイツに中止を訴え、帰国できない状態になった。しかし、このような活動を通じて、アインシュタインやヘッセなどと交流をもつ。一九一六年にノーベル文学賞を受賞する一方で、フランスに受け入れられることは生涯なかった。日本との交流もあり、高村光太郎や倉田百三などと文通した。代表作は『ジャン・クリストフ』『ベートーヴェンの生涯』など。

モームは、フランス生まれのイギリスの小説家、劇作家。十歳で孤児になるが、イギリスに渡り医師に就く。第一次大戦では軍医、諜報部員として従軍。のちに『月と六ペンス』で人気作家になる。代表作は『人間の絆』『お菓子とビール』など。

恋愛は常に不意打ちのかたちをとる。

立原正秋（たちはらまさあき　一九二六～一九八〇年）

多くの友情は見せかけであり、多くの恋はただ愚かなだけである。

ウィリアム・シェイクスピア（一五六四～一六一六年）

恋は炎であると同時に光でなければならない。

ヘンリー・デイヴィッド・ソロー（一八一七～一八六二年）

恋はうぬぼれと希望の闘争だ。

スタンダール（一七八三～一八四二年）

幻想は短く、後悔は長い。

フリードリヒ・フォン・シラー（一七五九～一八〇五年）

立原正秋は、現在の韓国出身の小説家、詩人。『薪能』『剣ヶ崎』が芥川賞候補、『白い罌粟』が直木賞を受賞、自らを「純文学と大衆文学の両刀使い」と称した。代表作は『冬の旅』『残りの雪』『冬のかたみに』など。

ソローは、アメリカの作家、博物学者。奴隷制度とメキシコ戦争に抗議するため、人頭税の支払いを拒否して投獄される。ガンジーやキング牧師などに影響を与える。ちなみに、人頭税は納税能力に関係なく、すべての国民ひとりにつき一定額を課す税金のこと。

愛する……それはお互いに見つめ合うことではなく、一緒に同じ方向を見つめることである。

アントワーヌ・ド・サン・テグジュペリ（一九〇〇～一九四四年）

恋愛は、反省もなくまた突然生れる。習性によって、もしくは弱さによって。

ジャン・ド・ラ・ブリュイエール（一六四五～一六九六年）

絶対に、絶対に、絶対にあきらめるな。

ウィンストン・レナード・スペンサー・チャーチル（一八七四～一九六五年）

恋愛とは、そのふたりが一体となることであり、ひとりの男とひとりの女が、天使になって融け合うことである。そしてそれは天国である。

ヴィクトル・マリー・ユーゴー（一八〇二～一八八五年）

サン・テグジュペリは、フランスの作家、パイロット。代表作は『夜間飛行』『人間の土地』『星の王子さま』など。また『アラスへの飛行』は、占領下のフランスで発売されたがすぐに発行禁止になり、地下出版物として反ナチ派に読まれた。郵便輸送のためのパイロットとして、ヨーロッパと南米における飛行航路の開拓などにも携わった。

ウィンストン・チャーチルは、イギリスの政治家。一九四〇年から一九四五年にかけて、第二次世界大戦のときにイギリスの首相として勝利に導く。フランクリン・ルーズベルト、ダグラス・マッカーサーとは遠戚関係にある。二〇〇二年ＢＢＣが行った「偉大な英国人」投票で第一位になる。

女性の美は、性格の中に、そして情熱の中にある。　フランソワ・オーギュスト・ルネ・ロダン（一八四〇～一九一七年）『語録』より。

彼女は美しい。だからいろいろな男が言い寄るのは当然だ。そして彼女は女だ。だから口説き落とされぬはずはない。
ウィリアム・シェイクスピア（一五六四～一六一六年）『ヘンリー六世』より。

あまりしつこく付きまとわれる愛は、ときに面倒になる。それでもありがたいとは思うがね。　ウィリアム・シェイクスピア（一五六四～一六一六年）

恋の悲しみを知らぬ者に恋の味は話せない。　伊藤左千夫（いとう さちお　一八六四～一九一三年）

ロダンは、19世紀を代表するフランスの彫刻家。〝近代彫刻の父〟と呼ばれる。ドナテッロとミケランジェロに影響を受けたロダンは、等身大の男性像「青銅時代」を製作したが、あまりに緻密でリアルだったために「型を取ったのではないか」と揶揄される。実際よりも大きい人間彫刻をつくるようになると、一躍注目される存在になった。ロダンの末期の言葉は「パリに残した若い方の妻に逢いたい」だったという。代表作は「地獄の門」「考える人」など。

伊藤左千夫は、千葉県出身の歌人、小説家。短歌雑誌『アララギ』などの中心メンバーになり、斎藤茂吉や土屋文明を育てる。代表作は『隣の嫁』『春の潮』『分家』など。

恋は、はしかと同じで、だれでも一度はかかる。
ジェローム・K・ジェローム（一八五九～一九二七年）

恋というやつは一度失敗してみるのもいいかも知れぬ。そこで初めて味がつくような気がするね。
若山牧水（わかやまぼくすい　一八八五～一九二八年）『書簡』より。

学者であることは、女性として長所とは言えない。しかも学者ぶることは、女性として損である。
ジャン・ド・ラ・フォンテーヌ（一六二一～一六九五年）

人は、しばしば恋に欺かれ、恋に傷つき、不幸にもなる。それでも人は、また恋をする。
ルフレッド・ルイ・シャルル・ド・ミュッセ（一八一〇～一八五七年）

ジェロームは、イギリスの小説家、役者。旅行小説『ボートの三人男』で著名。小劇団の役者を経て、職を転々とし、作家として成功する。

若山牧水は、宮崎県出身の歌人。自然を愛し、千本松原保存運動を起こしたり、富士の歌を多く残すなど自然主義文学の短歌を推進した。

ジャン・ド・ラ・フォンテーヌは、17世紀フランスの詩人。『北風と太陽』『金のタマゴを産むめんどり』などイソップ寓話を基にした寓話詩で知られる。

ミュッセは、フランスのロマン主義の作家。演劇ではロマン主義演劇の代表者と言われている。代表作は『戯れに恋はすまじ』『五月の夜』など。

女の性格がわかるのは、恋が始まるときではないわ。恋が終わるときよ。

ローザ・ルクセンブルク（一八七一～一九一九年）

男の恋は男の人生の一部であり、女の恋は全生涯である。

ジョージ・ゴードン・バイロン（一七八八～一八二四年）『ドン・ジュアン』より。

ねえ、やさしい恋人よ。私のみじめな運命をさすっておくれ。

萩原朔太郎（はぎわら さくたろう　一八八六～一九四二年）

愛情とは、からだとからだをよせて、さむさをあたためあうことなのだ。

金子光晴（かねこ みつはる　一八九五～一九七五年）

欲望と愛とは、偉大な行為のための両翼である。

ヨハン・ヴォルフガング・フォン・ゲーテ（一七四九～一八三二年）

ローザ・ルクセンブルクは、ポーランド生まれで、ドイツで活動したマルクス主義の政治理論家、革命家。機関紙『赤旗』を発刊し、革命組織スパルタクス団を母体としてドイツ共産党を創設する。ドイツ義勇軍に逮捕、虐殺される。彼女は革命の象徴的存在で、その思想はルクセンブルク主義とも呼ばれる。

萩原朔太郎は、群馬県出身の詩人、作家。処女詩集『月に吠える』で有名になる。高村光太郎とともに〝口語自由詩の確立者〟と呼ばれる。代表作は『青猫』『蝶を夢む』など。

金子光晴は、愛知県出身の詩人。戦争中、反戦の立場を取り、わざと病気にして息子の兵役を免れたり、明治維新の批判を行った。詩集は『落下傘』『こがね蟲』『鮫』、自伝として『マレー蘭印紀行』『どくろ杯』『ねむれ巴里』などがある。

世間の恋人達を見るがいい。告白が始まるときには、すでにあざむいている。

ライナー・マリア・リルケ（一八七五～一九二六年）

短い不在は恋を活気づけるが、長い不在は恋をほろぼす。

ミラボー・オノレ・ガブリエル・リケティ（一七四九～一七九一年）

恋わずらいの人は、ある種の病人のように自分自身が医者になる。残念ながら、苦悩の原因の相手から癒してもらえることはない。結局、その苦悩の中に薬を見出すしかないのである。

ヴァランタン・ルイ・ジョルジュ・ウジェーヌ・マルセル・プルースト（一八七一～一九二二年）

愛とは、「この女は他の女とは違う」という幻想である。

ヘンリー・ルイス・メンケン（一八八〇～一九五六年）

リルケは、オーストリアのドイツ語詩人、作家。『新詩集』を発表し、また、都会小説のさきがけとされる『マルテの手記』は、自身のパリでの生活をもとにしたものである。晩年には大作『ドゥイノの悲歌』『オルフォイスへのソネット』を完成させた。

ミラボーは、フランス革命初期の指導者。ブルジョアの立場から初期の革命を指導し、立憲君主制を主張した。その開放的な庶民性から国民に絶大な人気があった。のちにルイ16世と交わした反革命的な書簡が暴露され、名声は地に落ちた。

マルセル・プルーストは、フランスの作家。『失われた時を求めて』は、20世紀の文学史の代表作とも言われる。

メンケンは、アメリカのジャーナリスト、エッセイスト。

ことわざ

炒り豆と小娘はそばにあると手が出る　若い女性にはつい手が出てしまうという意味。

臼から杵（きね）　臼は女性、杵は男性を指す隠語。ふつうとは逆に女性から男性を誘うという意味。

一生添うとは男の習い　「あなたを一生愛します」という言葉は、男性が女性をくどくときのきまり文句であるという意味。

愛は憎しみの始めなり　恋愛は、ひとつ間違えば憎しみに変わってしまうという意味。

秋の鹿は笛に寄る　秋の鹿は発情期になり、人間の鹿笛に誘われて近づき捕らえられる。転じて、人が恋に身を滅ぼすという意味。

イガ栗も内から割れる　女性は年頃になると自然に色気づいてくるという意味。

悪性の気よし　浮気や道楽をする男には、気のよい者が多いという意味。

悪女の深情け　容姿の劣る女性ほど、愛情が深く嫉妬心が強いという意味。

合せ物は離れ物　いつかは別れが来るものという意味、男女や夫婦の仲について言う。

あるはいやなり、思うはならず　好意をもたれた相手には興味はわかず、相手にされない者を好きになってしまうという意味。

第7章

仕事や勉強に前向きになる名言

死の恐怖を味わうということは、まだしなければならない仕事をしていないということである。

武者小路実篤（むしゃこうじ さねあつ　一八八五〜一九七六年）

自分を責める必要はない。必要なときに、ちゃんと他人が責めてくれるから。

アルベルト・アインシュタイン（一八七九〜一九五五年）

人はなぜ、仕事を深刻に考えるのか。不思議である。

アルベルト・アインシュタイン（一八七九〜一九五五年）

学問は脳、仕事は腕、身を動かすは足である。しかし、いやしくも大成を期せんには、先ずこれらすべてを統ぶる意志の大なる力がいる、これは勇気である。

大隈重信（おおくましげのぶ　一八三八〜一九二二年）

武者小路実篤は、現在の東京都出身の小説家。白樺派の代表的作家であり、一九五一年に文化勲章を受章する。上流階級の出であるが、気紛れで無責任な性格を指摘されることがあった。代表作は『友情』『愛と死』など。

アインシュタインは、ドイツ生まれのユダヤ人理論物理学者。20世紀最高の物理学者と呼ばれる。第二次世界大戦終結後、アインシュタインは「我々は戦いには勝利したが、平和まで勝ち取ったわけではない」と演説する。彼を訪ねた日本人記者に対して「敗戦国である日本には大変深く同情する。しかし戦勝国もまた苦しい道を歩いている」と述べたという。

大隈重信は、佐賀藩士、政治家、教育者。第8代、第17代内閣総理大臣でもあり、東京専門学校（現・早稲田大学）の創立者として有名である。

努力だ。勉強だ。それが天才だ。だれよりも三倍、四倍、五倍勉強する者、それが天才だ。

野口英世（のぐち ひでよ 一八七六～一九二八年）

教育はもちろん重要である。しかし、忘れてはならないのは、知る値打のあるものは全部教えられないということだ。

オスカー・フィンガル・オフラハティ・ウィルス・ワイルド（一八五四～一九〇〇年）

強制せずに、彼らが勉強に興味をもつようにさせたいなら、彼らの心の張りを、あなた自身が発見しなければならない。

プラトン（ＢＣ四二七～ＢＣ三四七年）

勉強とは、自分の無知を徐々に発見していくことである。

ウィル・デュラント（一八八五～一九八一年）

野口英世は、福島県出身の黄熱病や梅毒などの研究で知られる細菌学者。偉人の代表と呼ばれる存在で、医学研究者としては非常に知名度が高い。ガーナのアクラで黄熱病原を研究中に自身も感染して死去する。

オスカー・ワイルドは、アイルランド出身の詩人、作家、劇作家。〝芸術のための芸術〟を唱えて唯美主義、芸術至上主義に基づく活動を展開した。多彩な文筆活動をしたが、男色で収監され、出獄後は失意から回復しないままに没した。

プラトンは、古代ギリシアの哲学者。彼の思想は西洋哲学の源流であると言われている。

ウィル・デュラントは、アメリカの歴史学者、著述家。新聞などの印刷報道や文学、作曲に与えられるアメリカでもっとも権威あるピューリッツァー賞を受賞した。

今日なし得るだけのことに全力をつくせ。そうすれば明日は一段の進歩があるでしょう。

アイザック・ニュートン（一六四二〜一七二七年）

私はたしかに良いアイディアが浮かぶ。ただ他の人も同じなのだ。私の場合幸運だったのが、そのアイディアが受け入れられたということだ。

アルベルト・アインシュタイン（一八七九〜一九五五年）

自分の職業を自慢する人間ほど、みじめなものはない。

フランソワ・フェヌロン（一六五一〜一七一五年）

一生取り組める仕事を見出した人は幸せである。これ以上、ほかの幸福を探す必要はない。

トーマス・カーライル（一七九五〜一八八一年）

ニュートンは、イングランドの自然哲学者、数学者。古典力学を確立し、近代物理学の祖となった。リンゴの木からリンゴが落ちるのを見て万有引力を思いついたという逸話があるが、これはニュートンを知る人が、彼がいかに日常に起きることに関心を持ち、そこから理論への着想を得ていたかということを伝えるための逸話である。実際にニュートンの家の窓からリンゴの木が見えたという。下院議員になるが、議会での唯一の発言は「議長、窓を閉めてください」であるという。

フランソワ・フェヌロンは、フランスの聖職者、思想家。

カーライルは、19世紀イギリスの思想家、歴史家。

自分にとって、学校というものは一切存在理由がなかった。自分にとって、図書館と古本屋さんさえあれば、それで十分であった。　司馬遼太郎（しばりょうたろう　一九二三～一九九六年）

知識は実験の娘である。　レオナルド・ダ・ヴィンチ（一四五二～一五一九年）

知恵とは学校で学べるものではない。一生をかけて身につけるものである。　アルベルト・アインシュタイン（一八七九～一九五五年）

知恵に守られた賢者は、敵が多くても傷つかない。　サキャ・パンディタ（一一八二～一二五一年）

司馬遼太郎は、大阪府出身の小説家。産経新聞社に在職中、『梟の城』で直木賞を受賞して、歴史小説家になる。戦国、幕末や明治を扱った作品が多く、『街道をゆく』などのエッセイも執筆した。代表作は『国盗り物語』『竜馬がゆく』『坂の上の雲』など。

ダ・ヴィンチは、イタリアのルネサンス期を代表する芸術家で〝万能の天才〟という異名で知られる。美貌の持ち主だったが、生涯独身だった。『最後の晩餐』や『モナ・リザ』などの精巧な絵画は盛期ルネサンスを代表する作品。膨大なノートを残しており、その中には飛行機のアイデアも含まれていたという。

サキャ・パンディタは、チベットの高僧、政治家。サキャ・パンディタは称号で、本名はクンガ・ギャルツェン。チンギス・ハーンの侵略からチベットを守った。

人間が幸福であるために避けることのできない条件、それは勤労である。　レフ・ニコラエヴィチ・トルストイ（一八二八〜一九一〇年）

納得できる仕事を得た人は、人生の目的を得たことと同じである。このような人は勤勉でなければならない。　トーマス・カーライル（一七九五〜一八八一年）

大抵の人は機会を失う。なぜなら、機会は仕事を装って来るから。　トーマス・アルバ・エジソン（一八四七〜一九三一年）

高尚な行動よりも、低俗な行動の方がエネルギーが大きい。問題は、この大きいエネルギーをどうやって高尚な行動のエネルギーに転化するかである。　シモーヌ・ヴェイユ（一九〇九〜一九四三年）

トルストイは、ロシアの小説家、思想家。19世紀ロシア文学を代表する巨匠と呼ばれている。代表作に『戦争と平和』『アンナ・カレーニナ』『復活』など。非暴力主義者としても知られる。森鷗外や宮沢賢治をはじめ、日本の作家で影響を受けた者は枚挙にいとまがない。

エジソンは、生涯におよそ一三〇〇もの発明を行った人類史に残るアメリカの発明家、起業家。

シモーヌ・ヴェイユは、フランスの哲学者。学校卒業後、教員になるがすぐに政治活動に身を投じる。スペインやイギリスなどで活動を行い、ロンドンで亡くなる。

学生時代、数学でどうしても勝てない友人がひとりいた。学校の寮にいた頃、ある夜ベッドにもぐり込もうとして、ふと気になってその友人の部屋を見ると、まだ灯りがついている。勉強しているのだ。友人の努力を知った私は、翌日から寝る時間を友人より削って勉強した。その結果、ついに彼を抜くことができた。

ジェームズ・アブラム・ガーフィールド（一八三一～一八八一年）

悪賢い人は勉強を軽蔑し、単純な人は勉強を称賛し、賢い人は勉強を利用する。

フランシス・ベーコン（一五六一～一六二六年）

勉強しなくてはだめです。執務中でも、余暇があったら読書をしなさい。

水上瀧太郎（みなかみ たきたろう　一八八七～一九四〇年）

ジェームズ・アブラム・ガーフィールドは、第20代アメリカ合衆国大統領。大統領選挙史上、僅差の一万票で当選し、任期はウィリアム・エ・ハリソンに次いで短く、六ヶ月であった。選挙に協力した者が、その見返りがないことを恨んでガーフィールドを射殺する。

フランシス・ベーコンは、イングランド近世のキリスト教神学者、哲学者、法律家である。

水上瀧太郎は、東京都出身の小説家、劇作家。明治生命の大阪支店副長を務めながら、代表作『大阪』『大阪の宿』などを執筆する。

苦しい状況をともに乗り越えてこそ同志愛が生まれ、強い部隊がつくられる。そのときに現場で指導すればこその指導者であり、だからみんながついてくるのだ。

エルネスト・ラファエル・ゲバラ・デ・ラ・セルナ（チェ・ゲバラ　一九二八～一九六七年）

創業は易く守成は難し。

曾先之（そうせんし　生没年未詳）

『十八史略（じゅうはっしりゃく）』より。　新たに事業を起こすよりも、事業を維持、発展させることの方が難しいという意味。

義務ではなく、生活にうるおいを与え、社会生活に恩恵をもたらす事がらを学ぶ、そういうすばらしい機会だと勉強をとらえてください。

アルベルト・アインシュタイン（一八七九～一九五五年）

労働は、我々を苦痛に対して我慢強くする。

マルクス・トゥッリウス・キケロ（BC一〇六～BC四三年）

チェ・ゲバラは、アルゼンチン生まれの革命家で、キューバ革命の指導者。ジョン・レノンは〝世界で一番格好良い男〟とゲバラを評した。一九五九年、ゲバラは広島を訪れる。彼が原爆の状況をキューバに伝えて以来、現在でもキューバでは初等教育で、アメリカが日本に原爆を投下したことをとりあげている。

『十八史略』は、元の曾先之によってまとめられた初学者向けの歴史読本。十八の正史をダイジェストでまとめ、三皇五帝の伝説時代から南宋滅亡までの歴史を年代の順を追って記述している。曾先之は、南宋末・元初の学者。南宋の朝廷に仕えたが、南宋が滅亡した後は隠退して「十八史略」を著した。

キケロは、共和政ローマ期の政治家、文筆家、哲学者である。

教養と知識は別物だ。危険だと思われることは、勉強するにつれておちいる、あの呪われた知識というやつである。どんなものも頭を通らなくては気がすまなくなる。　ヘルマン・ヘッセ（一八七七〜一九六二年）『青春時代』より。

勉強するにあたって良い方法はないかって？　自分で経験するというやり方を超える方法はないね。　アルベルト・アインシュタイン（一八七九〜一九五五年）

雨と川は海に流れ、知恵と知識は賢者に集まる。　サキャ・パンディタ（一一八二〜一二五一年）

反対意見がない場合、結論を出してはならない。勇気と勉強が不足していると反対意見が出ないから。　ピーター・ファーディナンド・ドラッカー（一九〇九〜二〇〇五年）

ヘッセは、ドイツの小説家、詩人。『ガラス玉演戯』などの作品でノーベル文学賞を受賞した20世紀前半のドイツ文学を代表する文学者。ヘッセは、学校や書店勤務を三日間で放棄したり、精神的に病んでいたり、将来を悲観されるような若者だった。『郷愁』『車輪の下』で認められ、作家として活動を始めるが、ドイツにヒトラー政権が誕生すると、平和を唱えていたヘッセは、スイスで執筆活動を行うようになる。戦後もスイスで活動を続け、モンタニョーラの自宅で死去する。

ドラッカーは、オーストリアの経営学者、社会学者。「民営化」や「知識労働者」は彼の造語で、『経営とはなにか』『産業にたずさわる人の未来』『創造する経営者』など著作は多数。二〇〇二年にアメリカ政府から大統領自由勲章を授与される。

約束は必ず守りたい。人間が約束を守らなくなると、社会生活ができなくなる。

菊池寛（きくち かん　一八八八～一九四八年）

幸福になる秘訣は、快楽を得ようと努力することではなく、努力そのものに快楽を見出すことである。

アンドレ・ポール・ギヨーム・ジッド（一八六九～一九五一年）

金持ちでも貧しくても権力をもっていても、勤労しない人は無用の長物にすぎない。

レフ・ニコラエヴィチ・トルストイ（一八二八～一九一〇年）

サルと人間の違いは、労働するか否かである。

フリードリヒ・エンゲルス（一八二〇～一八九五年）

菊池寛は、小説家、劇作家、ジャーナリスト。文藝春秋社を創設した実業家でもある。代表作は『父帰る』『真珠夫人』『屋根の上の狂人』など。

アンドレ・ジッドは、フランスの小説家。一九四五年にゲーテ勲章、一九四七年にノーベル文学賞を受賞する。日本では、和気津次郎や堀口大學、山内義雄などの紹介によって知られる。代表作は『背徳者』『一粒の麦もし死なずば』『贋金つくり』など。

エンゲルスは、ドイツ出身の実業家、革命家、労働運動の指導者。カール・マルクスとともに科学的社会主義を提唱する。エンゲルスが発表した論文をマルクスが評価したことをきっかけに、ふたりは交流をもつようになり、以降、同志として行動をともにする。マルクスが亡くなると、マルクスの原稿を整理して『資本論』の第二部と第三部を発表した。

我々は生まれると競技場に入り、死ぬとそこを去る。その競技用の車を、うまく操る術を学ぶ。でもなんになろう。今となっては、ただ退場の方法を考えるだけだ。そんな老人にもまだ勉強することがあるとすれば、ただひとつ、死を学ぶということだけ。

ジャン・ジャック・ルソー（一七一二～一七七八年）

急がず、しかし休まず。

ヨハン・ヴォルフガング・フォン・ゲーテ（一七四九～一八三二年）

教養とは、生きようとする力である。

マシュー・アーノルド（一八二二～一八八八年）

万巻の書を読むより、ひとりでも多く、優れた人物に会う方が、はるかに人生の勉強になる。

小泉信三（こいずみ　しんぞう　一八八八～一九六六年）

ルソーは、スイス生まれの哲学者、思想家、作家、作曲家。理論にとどまらない著作は広く読まれ、フランス革命やそれ以降の社会思想にも精神的な影響を与えた。

ゲーテは、ドイツの詩人、劇作家、小説家、哲学者、自然科学者、政治家、法律家。ドイツを代表する文豪であり、小説『若きウェルテルの悩み』『ヴィルヘルム・マイスターの修行時代』、叙事詩『ヘルマンとドロテーア』、詩劇『ファウスト』などを残した。

マシュー・アーノルドは、イギリスの詩人、批評家。耽美派詩人の代表であり、文明批評家でもある。ヴィクトリア朝時代における信仰の危機を絶唱した「ドーヴァー・ビーチ」が有名。

小泉信三は、東京都出身の経済学者。第七代慶應義塾塾長を務める。『ペンは剣よりも強し』『福沢諭吉』など著作は多数。

音楽がなんのために存在するかさえご存知ないらしい。勉強や仕事が終わった後、疲れた人の心を慰め、元気づけるために音楽はあるだ。

ウィリアム・シェイクスピア（一五六四～一六一六年）

鶏口（けいこう）となるとも、牛後（ぎゅうご）となるなかれ。

司馬遷（しば せん　BC一四五～BC八〇年［または八六年］）『史記』より。

牛の尻になるより、にわとりのくちばしなった方が良い。権力者に媚びるよりも、小さくても清く正しいリーダーになりなさいという意味。「鶏口」は、にわとりの口。または、小さな団体の長のたとえ。「牛後」は、牛の尻。または、強大な者の後に従い、使われる者のたとえ。

愚昧（ぐまい）に対しては、神でも匙（さじ）を投げる。

フリードリヒ・フォン・シラー（一七五九～一八〇五年）

「愚昧」は、おろかで道理に暗いこと。またはその様子。

シェイクスピアは、イギリスの劇作家、詩人。もっとも優れた英文学の作家とも言われている。約20年間に四大悲劇『ハムレット』『マクベス』『オセロ』『リア王』をはじめ、『ロミオとジュリエット』『ヴェニスの商人』『夏の夜の夢』『ジュリアス・シーザー』など多くの傑作を残した。

司馬遷は、中国前漢時代の歴史家。『史記』は、中国前漢の武帝の時代に司馬遷によって、BC九一年頃に編纂された中国の歴史書である。

シラーは、ドイツの思想家、詩人、劇作家であり歴史学者。ベートーヴェンの交響曲第九番の原詞でもよく知られる。

画家は、労働者が働くように勉強しなければならない。
パブロ・ピカソ（一八八一〜一九七三年）

目的が善でなければ、知識も害となる。
プラトン（BC四二七〜BC三四七年）

書籍なき家は、主人なき家のごとし。
マルクス・トゥッリウス・キケロ（BC一〇六〜BC四三年）

想像力は知識よりも大切である。知識には限界がある。しかし想像力は世界を包み込む。
アルベルト・アインシュタイン（一八七九〜一九五五年）

賢明に世俗的であれ。世俗的に賢明であるな。
フランシス・クォールズ（一五九二〜一六四四年）『象徴』より。

ピカソは、スペインに生まれフランスで制作活動をした画家、彫刻家。ルネサンス以来の一点透視図法を否定したキュビスムの創始者のひとり。『ゲルニカ』などの発表によって、反戦の立場をとっていることを表明しているが、実際に反戦活動などに参加したことはなかった。もっとも多作な美術家として『ギネスブック』に載っている。晩年エロティックな銅版画を制作したが、「狂った老人の支離滅裂な落書き」と世間には受け入れられなかった。しかしピカソ本人は「この歳になってやっと子どもらしい絵が描けるようになった」と悪評は一切気にしなかった。ピカソは死ぬまで時代を先取りする芸術家であった。

フランシス・クォールズは、イギリスの詩人、作家。聖書の再解釈には定評がある。

仕事は目的である。仕事をはっきり目的と思ってやってる男には、結果はたいした問題ではない。

志賀直哉（しが なおや 一八八三〜一九七一年）

仕事には、本筋の仕事と本筋でない仕事がある。本筋の仕事とは根のある仕事、本筋でない仕事とは器用だけの仕事のことだ。

高村光太郎（たかむら こうたろう 一八八三〜一九五六年）

吸血鬼のごとく、資本は労働者の労働力を搾取することで生きる。

カール・ハインリヒ・マルクス（一八一八〜一八八三年）

『資本論』より。

凡人は、金持ちの平凡なアイディアをありがたがり、貧乏人の画期的なアイディアを鼻で笑う。

サキャ・パンディタ（一一八二〜一二五一年）

志賀直哉は、宮城県出身の白樺派を代表する小説家。代表作は『暗夜行路』『和解』『小僧の神様』『城の崎にて』など。

高村光太郎は、東京都出身の詩人、彫刻家。もともと彫刻や絵を描いていたが、『智恵子抄』や『道程』で有名になる。

マルクスは、ドイツの経済学者、革命家。20世紀において、もっとも影響力があった思想家のひとり。フリードリヒ・エンゲルスと資本主義の高度な発展により共産主義社会が到来すると説いた。『共産党宣言』の「万国のプロレタリアよ、団結せよ！」という言葉は有名である。著者『資本論』による経済学体系は〝マルクス経済学〟と呼ばれる。

天才？　そんな者はいません。ただ勉強です。方法です。不断に計画しているということです。

フランソワ・オーギュスト・ルネ・ロダン（一八四〇～一九一七年）

安心。それが人間のもっとも身近な敵である。

ウィリアム・シェイクスピア（一五六四～一六一六年）

徳には知性的なものと意識的なものの二種類がある。知性的な徳は、教育で身につけるもので、意識的な徳は、習慣によって身につくものである。

アリストテレス（BC三八四～BC三二二年）

無知を恐れるなかれ。偽りの知恵を恐れよ。

ブレーズ・パスカル（一六二三～一六六二年）

ロダンは、19世紀を代表するフランスの彫刻家。〝近代彫刻の父〟と呼ばれる。ドナテッロとミケランジェロに影響を受けたロダンは、等身大の男性像「青銅時代」を製作したが、あまりに緻密でリアルだったために「型を取ったのではないか」と揶揄される。実際よりも大きい人間の彫刻をつくるようになると、一躍注目される存在になった。ロダンの末期の言葉は「パリに残した若い方の妻に逢いたい」だったという。代表作は「地獄の門」「考える人」など。

アリストテレスは、古代ギリシアの哲学者。その多岐にわたる自然研究の業績から〝万学の祖〟とも呼ばれる。

パスカルは、フランスの数学者、物理学者、哲学者。早熟の天才で、その才能は多方面に及ぶ。「人間は考える葦である」という『パンセ』の中の言葉によって広く知られている。

新しいプロジェクトを検討するとき、我々はとことん勉強する。表面だけではなく、じっくり中身まで。そして、そのプロジェクトを開始するとき、その内容を最後まで信じる。自信を持って、最良の結果を目指して最善の努力をする。

ウォルター・イライアス・ディズニー（一九〇一～一九六六年）

働けど働けど　なお我が暮らし楽にならざり　じっと手を見る。

石川啄木（いしかわ たくぼく　一八八六～一九一二年）

有名になってよかったわ。こういう仕事ができるもの。本当に価値ある仕事がね。

オードリー・ヘプバーン（一九二九～一九九三年）

仕事においては、最初がもっとも肝心である。

プラトン（BC四二七～BC三四七年）

通称ウォルト・ディズニーは、アメリカのアニメーター、プロデューサー、映画監督、脚本家。世界的に有名なアニメーションキャラクター「ミッキー・マウス」の生みの親。兄のロイ・ディズニーと共同経営したウォルト・ディズニー・カンパニーは、国際的な大企業である。

石川啄木は、岩手県出身の歌人。貧困生活の中で左翼的な思想に傾いていた石川啄木は、大逆事件および幸徳秋水にシンパシーを感じ、『時代閉塞の現状』を朝日新聞に執筆するが掲載されなかった。幸徳秋水が処刑された翌年、石川啄木は肺結核のため死去する。代表作は『一握の砂』や日記文学の傑作『ローマ字日記』など。

オードリー・ヘプバーンは、イギリスの女優。世界でもっとも好かれた女優と呼ばれ、現在でも好感度のアンケート調査では、必ず上位に選ばれる。代表作は『ローマの休日』『尼僧物語』『シャレード』など。

世間恐るべきは猛獣毒蛇にあらず　壮士暴客にあらず　ただ勉強家と沈黙家と謙遜家とのみ。　正岡子規（まさおか しき　一八六七〜一九〇二年）『筆まかせ抄』より。

教育の真の目的は、機械を造ることではなく、人間をつくることにある。　ジャン・ジャック・ルソー（一七一二〜一七七八年）

批評的な言葉で近づくと、芸術的作品の本質にふれることはできません。あらゆる芸術的作品は、とかく理解しづらいものので、言葉で語りやすいものでもありません。とくに芸術的作品はもっとも口で表現しがたいものなのです。　ライナー・マリア・リルケ（一八七五〜一九二六年）

不平をこぼす人間に与えられるものは、憐れみよりも軽蔑である。　サミュエル・ジョンソン（一七〇九〜一七八四年）

正岡子規は、現在の愛媛県出身の俳人、歌人。日本の近代文学に多大な影響を及ぼした文学者のひとり。「柿食へば 鐘が鳴るなり 法隆寺」など一般的に知られている俳句を多数詠んだ。

リルケは、オーストリアのドイツ語詩人、作家。『新詩集』を発表し、また、都会小説のさきがけとされる『マルテの手記』は、自身のパリでの生活をもとにしたものである。晩年には大作『ドゥイノの悲歌』『オルフォイスへのソネット』を完成させた。

サミュエル・ジョンソンは、イギリスの文学者。シェイクスピアの研究で知られる。

仕事をする、経営をするときになにが一番大事かといえば、その仕事を進める人、その経営者の、熱意やね。溢れるような情熱、熱意。そういうものをまずその人が持っておるかどうかということや。

松下幸之助（まつした こうのすけ 一八九四～一九八九年）

今日も働いて食べた。明日も働いて食べるだろう。そうやって毎年毎年、働いて食べ続けるだけだったら、そこには、なにか立派なことがあると言えるでしょうか？

マクシム・ゴーリキー（一八六八～一九三六年）

人々が仕事で幸せになるためには、次の三つの要素が必要である。その仕事に適していること。多忙にならないこと。そして、成功するという感覚をもつこと。

ジョン・ラスキン（一八一九～一九〇〇年）『ラファーエル前派の写実主義』より。

松下幸之助は、和歌山県出身の実業家。パナソニック（旧社名：松下電器産業）を一代で築き上げた日本屈指の経営者。〝経営の神様〟と言われている。晩年は松下政経塾を立ち上げ、政治家の育成にも意を注いだ。

マクシム・ゴーリキーは、ロシアの作家。社会活動家でもあった。代表作には『どん底』などがある。十月革命のときに「レーニンもトロツキーも自由と人権についていかなる考えも持っていない。彼らはすでに権力の毒に冒されている」という言葉を残している。

ジョン・ラスキンは、19世紀イギリスの評論家、美術評論家。中世のゴシック美術を賛美する『建築の七燈』『ヴェニスの石』などを執筆した。

知にして不仁なるも不可、仁にして不知なるも不知なり。

荀子（じゅんし　BC三一三頃～BC二三八年頃）『荀子』より。

知と仁が両方とも心になければならないという意味。「仁」は、思いやり、いつくしみや情け。

荀子は、中国の戦国時代末の思想家、儒学者。著作は前漢末に整理されて『孫卿新書』としてまとめられた。唐の楊倞はこれを整理して書名を『荀子』と改め、注釈を加えて20巻の書籍にした。

どんな芸術家でも最初は素人だった。　ラルフ・ワルド・エマーソン（一八〇三～一八八二年）

ラルフ・ワルド・エマーソンは、アメリカの思想家、哲学者、作家、詩人、エッセイスト。

人間の知識の中でもっとも必要でありながら、もっとも研究の進んでいない学問は、人間自身である。　ジャン・ジャック・ルソー（一七一二～一七七八年）

賢者は、愚者が賢者から学ぶよりも多くのことを、愚者から学びとる。　マルクス・ポルキウス・カト・ケンソリウス（BC二三四～BC一四九年）

マルクス・ポルキウス・カト・ケンソリウスは、共和政ローマ期の政治家。清廉で弁舌に優れた。曾孫のマルクス・ポルキウス・カト・ウティケンシス（小カト）と区別するため、大カトと称される。

芸術でも技術でも、いい仕事をするには、女のことが分かってないとダメなんじゃないかな。　本田宗一郎（ほんだ そういちろう　一九〇六〜一九九一年）

快さの伴わない仕事は、仕事としての価値がない。　ウィリアム・モリス（一八三四〜一八九六年）

できる者は行なう。できない者は教える。　ジョージ・バーナード・ショー（一八五六〜一九五〇年）

人間は道具を使う動物である。　トーマス・カーライル（一七九五〜一八八一年）『衣装哲学』より。

仕事は、退屈と悪事と貧乏を遠ざける。　アンドレ・モロワ（一八八五〜一九六七年）

本田宗一郎は、静岡県出身の実業家、技術者。本田技研工業の創業者。日本を代表する起業家として世界的に知られている。

ウィリアム・モリスは、19世紀イギリスの詩人、デザイナー。マルクス主義者としても知られる。〝モダンデザインの父〟と呼ばれる。

バーナード・ショーは、イギリスで活躍したアイルランド出身の劇作家、劇評家、音楽評論家、社会主義者。イギリス近代演劇の確立者として有名である。「あなたが一番影響を受けた本は？」という質問に対して「銀行の預金通帳だよ」と答えた。

アンドレ・モロワは、フランスの小説家、伝記作者。処女作『ブランブル大佐の沈黙』で作家活動に入り、『気候』『血筋のめぐり』、『英国史』『米国史』などを執筆する。

学問のあるバカは、無知なバカよりもっとバカだ。　モリエール（一六二二～一六七三年）

活動的な無知ほど恐ろしいものはない。　ヨハン・ヴォルフガング・フォン・ゲーテ（一七四九～一八三二年）

知は生命の泉なり。　ソロモン（ＢＣ一〇三五頃～ＢＣ九二五年頃）

簡潔は知恵の精神である。　ウィリアム・シェイクスピア（一五六四～一六一六年）

知は愛なり。　プラトン（ＢＣ四二七～ＢＣ三四七年）

知は、情にいつも一杯食わされる。　ラ・ロシュフコー（一六一三～一六八〇年）

モリエールは、フランスの劇作家で、コルネイユ、ラシーヌとともに古典主義の三大作家とされる。大学で法律を学んだ後、俳優となるが芽が出ず、売れない劇団の座長として地方の旅回りを続け喜劇作品を書く。『お嫁さんの学校』が大評判となって劇作家として認めらる。

ソロモンは、旧約聖書の『列王記』に登場する古代イスラエルの第三代目の王。イスラエルの最盛期を築いた。神がソロモンの夢枕に立ち「願うものを与えよう」と言うと、ソロモンは知恵を求め神は約束したという逸話がある。ここからソロモンは知恵者のシンボルとなり、江戸時代の大岡裁きも彼を参考にしたという。

ラ・ロシュフコーは、フランスの貴族、モラリスト文学者。

若者へのメッセージ？　仕事の成功のために必要とあれば、どんな組織も改革し、どんな方法も廃棄し、いかなる理論も放棄する覚悟でいることだと伝えたいね。　ヘンリー・フォード（一八六三～一九四七年）

女性は革命にとって重要だ。女性は困難な任務を遂行できる。戦闘に加わることもできる。　エルネスト・ラファエル・ゲバラ・デ・ラ・セルナ（チェ・ゲバラ　一九二八～一九六七年）『ゲリラ戦争』より。

私は特別な人間ではない。しいて言えばふつうの人より少し努力しただけだ。　アンドリュー・カーネギー（一八三五～一九一九年）

稼ぐに追ひぬく貧乏神　北条団水（ほうじょうだんすい　一六六三～一七一一年）

ヘンリー・フォードは、アメリカのフォード・モーターの創設者。同社は、流れ作業の大量生産を可能にして、低価格の自動車を販売した。一九〇八年当時、高級車の価格は三千ドルほど。その他の車でも千ドルというのが常識の時代に、フォード社は八五〇ドルの車を提供。利益をあげることに成功する。同社の大量生産方式は、20世紀の社会経済の基盤になる。

アンドリュー・カーネギーは、アメリカの実業家。カーネギー鉄鋼会社を創業し〝鋼鉄王〟と称された。引退後は教育や文化の普及に尽力した。

北条団水は、井原西鶴の一番弟子で京都出身の浮世草子作家、俳諧師。代表作は『色道大鼓』『昼夜用心記』『日本新永代蔵』など。

人間は、自然の与えた能力の制限を越えることはできない。そうかといって、怠けていれば、その制限の所在さえ知らずに過ぎてしまう。だから皆ゲーテになる気で精進することが必要なのだ。

芥川龍之介（あくたがわ りゅうのすけ　一八九二〜一九二七年）

芥川龍之介は、東京都出身の小説家。日本を代表する作家のひとりである。短編が多く、また『芋粥』『藪の中』『地獄変』『歯車』などは、『今昔物語集』や『宇治拾遺物語』などの古典から題材をとった。『蜘蛛の糸』『杜子春』などの児童向けの作品も残す。『続西方の人』を書き上げた後、睡眠薬を飲んで自殺する。

良き書物を読むことは、過去のもっともすぐれた人々と会話をかわすようなものである。

ルネ・デカルト（一五九六〜一六五〇年）『方法叙説』第一部より。

デカルトは、フランス生まれの哲学者、自然哲学者、数学者。

書籍に書かれた専門分野以外、なにも知らないような学者は、書籍についてもきっと無知であるに違いない。なぜなら、書籍は書籍の用途を教えないから。

ウィリアム・ハズリット（一七七八〜一八三〇年）

ウィリアム・ハズリットは、イギリス・ロマン主義時代の批評家・エッセイスト。

勤勉だけが取り柄なら蟻と変わるところがない。なんのためにせっせと働くかが問題だ。　ヘンリー・デイヴィッド・ソロー（一八一七〜一八六二年）

もし、その人の価値が仕事で決まるなら、馬はどのような人間よりも価値があるはずだ。　マクシム・ゴーリキー（一八六八〜一九三六年）

人間の仕事というものは、それが文学であれ、音楽であれ、絵であれ、建築であれ、そのほかなんであれ、いつでもだれでもその人の自画像なのだ。　サミュエル・バトラー（一八三五〜一九〇二年）

職業は自然の医者であり、人間の幸福にとりて本質的なものなり。　清沢満之（きよざわ まんし　一八六三〜一九〇三年）

ヘンリー・デイヴィッド・ソローは、アメリカの作家、詩人、博物学者。ソローは奴隷制度とメキシコ戦争に抗議するため、人頭税（じんとうぜい）の支払いを拒否して投獄されるなど活動した。この活動は、ガンジーのインド独立運動やキング牧師の市民権運動などに影響を与える。人頭税は、納税能力に関係なくすべての国民ひとりにつき一定額を課す税金。消費税と似て所得のない人にも課税する税であるが、消費税の場合は消費額に比例して課税額が増えるのに対して、人頭税の税額は一律で所得の少ない人の負担が大きい。

サミュエル・バトラーは、イギリスの作家、詩人。

清沢満之は、現在の愛知県出身の真宗大谷派僧侶、哲学者。代表作は『宗教哲学骸骨』『他力門哲学』など。

食欲がないのに、食事を摂れば健康に悪いように、やる気がないのに勉強しても身につかない。　レオナルド・ダ・ヴィンチ（一四五二〜一五一九年）

学ぶことと真実と美を追求することは、我々が一生涯子どもでいることを許されている活動範囲である。　アルベルト・アインシュタイン（一八七九〜一九五五年）

人類のもっとも偉大な思考は、意志をパンに変えるということである。　フョードル・ミハイロヴィチ・ドストエフスキー（一八二一〜一八八一年）

どん欲は勤勉の鞭である。　デイヴィッド・ヒューム（一七一一〜一七七六年）

ダ・ヴィンチは、イタリアのルネサンス期を代表する芸術家。絵画や彫刻をはじめ、建築、土木、人体、その他の科学技術に通じ、極めて広い分野に足跡を残している。『最後の晩餐』や『モナ・リザ』などの精巧な絵画は盛期ルネサンスを代表する作品である。

ドストエフスキーは、ロシアの小説家、思想家。代表作は『罪と罰』『白痴』『悪霊』『カラマーゾフの兄弟』などで、19世紀後半のロシア文学を代表すると言われる。実存主義の先駆者と評され、〝世界文学でもっとも偉大な心理学者〟とも呼ばれている。

デイヴィッド・ヒュームは、スコットランド出身の経験論の哲学者であり、歴史学者。スコットランド啓蒙の代表的存在とされる。

自分の職業が大切だと信じるか、自分に思い込ませる以外に、その職業を持ちこたえることは、まずできない。

フリードリヒ・ヴィルヘルム・ニーチェ（一八四四〜一九〇〇年）

私には特殊な才能はない。ただ、熱狂的な好奇心があるだけ。

アルベルト・アインシュタイン（一八七九〜一九五五年）

二十五歳から四十歳の間で行われる仕事が、もっとも有意義である。

ウイリアム・オスラー（一八四九〜一九一九年）

過去の素晴らしい発見のほとんどは、勤め人ではない人達から生み出されている。つまり雇われている人というのは、上から言われたことしかやらない傾向があるんですね。

ジョン・ミルトン・ケージ・ジュニア（一九一二〜一九九二年）

ニーチェは、ドイツの哲学者。随所に格言を用い、巧みな散文的表現による哲学の試みには文学的価値も認められている。一八八九年一月三日、精神に異常をきたし入院する。安定しないまま退院し実家で静養に入るが、一九〇〇年八月二十五日、肺炎で亡くなる。

ウイリアム・オスラーは、カナダの医学者、内科医。大学卒業後、イギリス、ドイツ、オーストリアなどに留学して知識を広め、今日の医学教育の基礎を築いた。

ジョン・ケージは、アメリカの音楽家、詩人。実験音楽家として前衛芸術全体に影響を与えた。代表作は『四分三十三秒』『〇分〇〇秒』など。

二十五歳までは勉強しなさい。四〇歳までは研究の時代である。そして、六〇歳までその研究を続けなさい。　ウイリアム・オスラー（一八四九〜一九一九年）

習(ならい)は性となる。　孔子によって編纂『書経(しょきょう)』より。習慣は最終的には天性になってしまうという意味。

人間は教えている間に学ぶ。　ルキウス・アンナエウス・セネカ（BC一頃〜AD六五年）

教育はすなわち、人に独立自尊の道を教えて、これを躬行(きゅうこう)実践するの工夫を啓くものなり。　福沢諭吉（ふくざわ ゆきち　一八三五〜一九〇一年）「躬行」は、みずから実行すること。

ウイリアム・オスラーは、カナダの医学者、内科医。大学卒業後、イギリス、ドイツ、オーストリアなどに留学して知識を広め、今日の医学教育の基礎を築いた。

『書経』（成立：BC七七〇〜BC四五三年）は、政治史、政教を記した中国最古の歴史書。孔子が編纂した。『尚書』ともいう。

ルキウス・アンナエウス・セネカは、ローマ帝国の政治家、哲学者、詩人である。

福沢諭吉は、現在の大阪府出身の啓蒙思想家、教育者、慶応義塾大学の創立者。福沢諭吉の思想は、イギリスの経済学と自由主義を基礎にしたもので、独立自尊を重んじて封建的な思想や迷信を否定し、政府と国民の調和をはかった。

どんな仕事も、遊戯に熱しているときほどには、人を真面目にし得ない。　萩原朔太郎（はぎわら　さくたろう　一八八六～一九四二年）

労働の喜びは、自分でよく考え、実際に経験することからしか生まれない。労働の喜びは、教訓からも、実例からも決して生まれはしない。　カール・ヒルティ（一八三三～一九〇九年）

最小の労力をもって最大の欲望を満たすことが、人間の経済行為の基本原理である。　アダム・スミス（一七二三～一七九〇年）

自分より下の立場にいる人物で、人格者で有能に見える者がいる。しかし、その人物が自分より上の立場に就くと、不思議なことにだんだん無能に見えてくる。　ラ・ロシュフーコー（一六一三～一六八〇年）

萩原朔太郎は、群馬県出身の詩人、作家。処女詩集『月に吠える』で有名になる。高村光太郎とともに〝口語自由詩の確立者〟と呼ばれる。代表作は『青猫』『蝶を夢む』など。

カール・ヒルティは、スイスの哲学者、政治家。代表作は『幸福論』『眠られぬ夜のために』など。

アダム・スミスは、スコットランド生まれでイギリスの経済学者、哲学者。〝経済学の父〟と呼ばれる。主な著書は『国富論』『貨幣経済』『経済学』など。

ラ・ロシュフコーは、フランスの貴族、モラリストの文学者。

大疑は大進すべし。小疑は小進すべし。疑わざれば進まず。

朱子（しゅし　一一三〇～一二〇〇年）『朱子語類（しゅしごるい）』より。懐疑が深ければ学問は進歩し、懐疑が浅ければ学問は進歩しないという意味。

朱子は、中国宋代の儒学者。いわゆる新儒教の朱子学の創始者である。『朱子語類』は、朱子がその門弟たちと交わした言葉をその没後に集成した書物。

知識のない正直者は、薄弱で用をなさない。嘘つきで知識がある者は、危険で恐ろしい。

サミュエル・ジョンソン（一七〇九～一七八四年）「薄弱」は、意志や体力などが弱いこと。また、あいまいではっきりしないこと。

サミュエル・ジョンソンは、イギリスの文学者。シェイクスピアの研究で知られる。

我はなにを知っているのか。

ミシェル・エケム・ド・モンテーニュ（一五三三～一五九二年）

モンテーニュは、16世紀ルネサンス期のフランスを代表する哲学者にしてモラリスト、懐疑論者、人文主義者。人間の生き方を探求した主著『エセー』は、フランスのみならず多くの国に影響を与えた。

先入観を取り除くために、常に〝なぜ〟と自問しない者は、どんなに勉強しようとも怠け者だ。

トーマス・フラー（一六〇八～一六六一年）

フラーは、イギリスの神学者、警句家。

富みを持たない者は、働き甲斐を持たない。富みを得たいと思わない者は、労働に集中することはできない。　フランソワ・ケネー（一六九四～一七七四年）

能力に応じて働き、その労働に応じて幸福は得られる。
クロード・アンリ・ド・ルヴロワ・サン・シモン（一七六〇～一八二五年）

社長なんて偉くもなんともない。課長、部長、包丁、盲腸と同じだ。要するに命令系統をはっきりさせる記号に過ぎない。
本田宗一郎（ほんだ そういちろう　一九〇六～一九九一年）

愚者は、天使も恐れて入らないような場所に突進する。
アレキサンダー・ポープ（一六八八～一七四四年）『批評についての試論』より。

フランソワ・ケネーは、フランスの医師、経済学者。宮廷医師としてヴェルサイユ宮殿で暮らし、農業の生産力の重要性を説いた『経済表』を発表し、〝重農主義経済学の祖〟と仰がれる。

サン・シモンは、フランスの貴族出身の社会主義思想家。彼の学説は生前には認められなかったが、コントに受け継がれ、実証主義社会学として世界の社会思想に影響を与えた。主な著書は『ジュネーブ書簡』『産業階級の教理問答』『新キリスト教』など。

アレキサンダー・ポープは、イギリスの詩人。彼の名文句は、シェイクスピアに次いで現在でも数多く引用されている。

常識は教育で育むものであるのに、大勢の者が欠けている。つまり常識は教育の結果である。

ヴィクトル・マリー・ユーゴー（一八〇二〜一八八五年）

天才は辛抱強い。

レフ・ニコラエヴィチ・トルストイ（一八二八〜一九一〇年）

弱くても知恵があれば、敵はなにもできない。

サキャ・パンディタ（一一八二〜一二五一年）

偉大な知恵は懐疑的である。

フリードリヒ・ヴィルヘルム・ニーチェ（一八四四〜一九〇〇年）

知性は好奇心をもつ。

サミュエル・ジョンソン（一七〇九〜一七八四年）

ユーゴーは、フランスロマン主義の詩人、小説家、政治家。代表作は『レ・ミゼラブル』など。『レ・ミゼラブル』が出版された直後、海外旅行にでかけたユーゴーは売れ行きが心配になり出版社に「？」とだけ書いた手紙を送った。出版社からは「！」の返事が来る。これが世界でもっとも短い手紙と言われている。

サミュエル・ジョンソンは、イギリスの文学者。シェイクスピアの研究で知られる。

千の歓喜も、ひとつの苦痛に及ばない。　　ミケランジェロ・ブオナローティ（一四七五〜一五六四年）

天才とは、1％のインスピレーションと99％の努力でつくられる。　　トーマス・アルバ・エジソン（一八四七〜一九三一年）

どうにもならないことを論議しても役に立たない。たとえば、東風について論議して役に立つのは、コートを着るか否かということだけだ。　　ジェームズ・ラッセル・ロウェル（一八一九〜一八九一年）『デモクラシーと講演』より。

自分の仕事を愛し、今日の仕事を完全に成し遂げて満足した。たとえば、こんな気持ちで夕食の卓につける人が、世の中でもっとも幸福な人である。　　ジョン・ワナメーカー（一八三八〜一九二二年）

ミケランジェロは、イタリアルネサンス期の彫刻家、画家、建築家、詩人。『最後の審判』、『聖ペテロの磔刑』、『パウロの改宗』を描いたことで有名である。レオナルド・ダ・ヴィンチ、ラファエロ・サンティとともにルネサンスの三大巨匠と呼ばれる。

ロウェルは、アメリカの詩人、評論家、編集者、外交官。

ジョン・ワナメーカーは、アメリカの実業家、郵政長官。デパート王と称される。

知識がなくて想像力をもっている人間は、足がないのに翼をもっているようなものだ。

ジョセフ・ジュベール（一七五四〜一八二四年）

芸術は私である。科学は我々である。

クロード・ベルナール（一八一三〜一八七八年）

不平を言うことのできない学生は取るに足りない。破壊主義の学生はさらに取るに足りない。

新島襄（にいじま じょう 一八四三〜一八九〇年）

読書は自分の頭ではなく、他人の頭で思索することである。

アルトゥル・ショーペンハウアー（一七八八〜一八六〇年）

ジョセフ・ジュベールは、18〜19世紀のフランスの哲学者、随筆家。

クロード・ベルナールは、フランスの生理学者。内部環境の固定性を提唱し、低温殺菌法の研究に尽力した。

新島襄は、キリスト教の布教家で、同志社大学の前身となる同志社英学校の創立者。福沢諭吉らとならび、明治六大教育家のひとりに数えられる。

ショーペンハウアーは、インド哲学を研究したドイツの哲学者。知性よりは意志を重要としたその哲学は、実存主義の先駆と言われている。日本では、森鷗外、堀辰雄、萩原朔太郎など多くの作家に影響を与えた。主な著書は『意志と表象としての世界』など。

ことわざ

商い三年　商売は始めて三年ぐらいは辛抱しないと利益が上がらないという意味。

朝起き千両、夜起き百両　早起きして働く方が、夜遅くまで仕事をするよりも能率がよいという意味。

五重塔も下から組む　物事は基礎から積み上げて完成させるものであるという意味。

才余りありて識足らず　才能と見識の調和が大切であるという意味。

私淑(ししゅく)　直接教えを受けないが、その人を師と仰ぐという意味。

四角い部屋を丸く掃く　いい加減なことをしたり、手を抜いた仕事するという意味。

歳月人を待たず　時間は待ってくれない。人はすぐに老いてしまうものだから、一刻も大切にして努力せよという意味。

三余　読書にもっともよいといわれる三つの時。冬（年の余）と、夜（日の余）と、雨降り（時の余）。

歌より囃子　話をする人よりも、相づちを打ったり話をまとめたりする方が、役目が重いという意味。

知って問うは礼なり　知っていても、一応その道の専門家に尋ねてみるのが礼儀という意味。

頭が動けば尾も動く　上に立つ者が率先して行動すれば、下の者もそれに従い行動するという意味。

粟一粒は汗一粒　粟一粒を作るには、農民の汗一粒が流されているという意味。

第8章

家族と仲良くなれる名言

家事は、芸術と同じぐらい時間と勉強を要す。　フランソワ・オーギュスト・ルネ・ロダン（一八四〇～一九一七年）『語録』より。

家の仕事をしている女性。この世でもっとも美しい。フランソワ・オーギュスト・ルネ・ロダン（一八四〇～一九一七年）『語録』より。

空の星になれないなら、せめて家庭の灯になりなさい。　ジョージ・エリオット（一八一九～一八八〇年）

彼が欲望を抱くや否や、彼の心という家庭の平和は乱されてしまう。　トマス・ア・ケンピス（一三八〇～一四七一年）

世の中がどんなに変化しても、人生は家族で始まり、家族で終わることに変わりはない。　アンソニー・ブラント（一九〇七～一九八三年）

ロダンは、19世紀を代表するフランスの彫刻家。「近代彫刻の父」と呼ばれる。ロダンが製作した等身大の男性像「青銅時代」の製作は、あまりにリアルだったために「型を取った」と揶揄される。それにより、実際よりも大きい人間の彫刻をつくるようになると、一躍注目される存在になる。末期の言葉は「パリに残した若い方の妻に逢いたい」だったという。代表作は「地獄の門」「考える人」など。

ジョージ・エリオットは、イギリスの女流作家。代表作は『ミドルマーチ』など。

トマス・ア・ケンピスは、ドイツ中世の神秘思想家。著書『キリストに倣いて』は、聖書についでもっとも読まれた本であるとさえ言われる。

アンソニー・ブラントは、イギリスの美術史家。

結婚生活は、まるで鳥かごのようなものだ。外にいる鳥は、鳥かごの餌に憧れて入ろうとし、鳥かごの中の鳥は出ようともがく。

ミシェル・エケム・ド・モンテーニュ（一五三三～一五九二年）

子どもを親に結びつけている絆は、決して切れることはないが、それはゆるむ。

デーヴィット・ハーバート・ローレンス（一八八五～一九三〇年）

女性と仲良く暮らす方法は、その女性の人間関係やできごとに決して干渉しないことである。

スタンダール（一七八三～一八四二年）

離婚は、文明にとって必要なものである。

シャルル・ド・モンテスキュー（一六八九～一七五五年）

モンテーニュは、16世紀ルネサンス期のフランスを代表する哲学者にしてモラリスト、人文主義者。人間の生き方を探求した主著『エセー』は、フランスのみならず、多くの国に影響を与えた。

D・H・ローレンスは、イギリスの小説家、詩人。人間の性と恋愛を表現する小説が多く、一九二八年に発表した『チャタレイ夫人の恋人』は一部の描写が削除され、無修正版の刊行は一九六〇年になる。日本では、一九五七年に伊藤整が訳した同小説が猥せつだとして裁判になった。

スタンダールは、フランスの小説家。代表作『赤と黒』は、彼の死後に評価される。

シャルル・ド・モンテスキューは、フランスの哲学者、政治思想家である。

結婚生活とは、あなた自身が全精神をそそぎ込まなければならないものである。　ヘンリック・イプセン（一八二八〜一九〇六年）

女性の運命は、愛される量で決まる。　ジョージ・エリオット（一八一九〜一八八〇年）

父親が子どもに語る話は、世間には聞こえないが、彼の子孫には聞こえる。　ジャン・パウル（一七六三〜一八二五年）

妻とは、若い夫にとっては女主人公であり、中年の男にとっては仲間であり、老人の夫にとっては乳母である。　フランシス・ベーコン（一五六一〜一六二六年）

母を愛する者で、意地の悪い者はいない。　アルフレッド・ルイ・シャルル・ド・ミュッセ（一八一〇〜一八五七年）

ヘンリック・イプセンは、ノルウェーの劇作家。近代演劇の創始者であり、シェイクスピア以後、世界でもっとも上演された劇作家と言われる。代表作『人形の家』の主人公ノラは当時の〝新しい女〟として語られ、日本の新劇運動は、イプセン劇の上演から始まった。今日でも演劇界に影響を与え続けている。

ジョージ・エリオットは、イギリスの女流作家。代表作は『ミドルマーチ』など。

ジャン・パウルは、ドイツの小説家。代表作に『巨人』や『見えないロッジ』などがある。

フランシス・ベーコンは、イングランドのキリスト教神学者、哲学者、法律家である。

シャルル・ド・ミュッセは、フランスのロマン主義の詩人、小説、戯曲家。

災いは、敵のまわし者のごとく大挙して来るのが常である。

ウィリアム・シェイクスピア（一五六四～一六一六年）『ハムレット』より。

王様であろうとだれであろうと、自分の家庭の平和を見いだせた者が、いちばん幸福な人間である。

ヨハン・ヴォルフガング・フォン・ゲーテ（一七四九～一八三二年）

自分の叶えられなかった夢を子どもに託すことは、親の慎ましい願いである。

ヨハン・ヴォルフガング・フォン・ゲーテ（一七四九～一八三二年）

雄弁の目的は、数時間もしくは数分間の議論で、相手の数年間の確信と習慣を変更することにある。

ラルフ・ワルド・エマーソン（一八〇三～一八八二年）

シェイクスピアは、イギリスの劇作家、詩人。もっとも優れた英文学の作家と言われている。約20年間に四大悲劇『ハムレット』『マクベス』『オセロ』『リア王』をはじめ、『ロミオとジュリエット』『ヴェニスの商人』『夏の夜の夢』『ジュリアス・シーザー』など、多くの傑作を残した。

ゲーテは、ドイツの詩人、小説家、哲学者、法律家。ドイツを代表する文豪で、小説『若きウェルテルの悩み』『ヴィルヘルム・マイスターの修行時代』、叙事詩『ヘルマンとドロテーア』、詩劇『ファウスト』などを残した。

ラルフ・ワルド・エマーソンは、アメリカの思想家、哲学者、作家、詩人、エッセイスト。

古来、いかに大勢の親はこういう言葉をくり返したであろう。「私は結局失敗した。しかし、この子だけは成功させねばならぬ」

芥川龍之介（あくたがわ りゅうのすけ 一八九二～一九二七年）『侏儒の言葉』より。

賢人は、自分の女性観を決して口にしない。

サミュエル・バトラー（一八三五～一九〇二年）『ノートブック』より。

あなたが育った家庭は、これからあなたが持つ家庭ほど重要ではない。

リング・ラードナー（一八八五～一九三三年）

その女性が科学の天分を持っているなら、科学の道を進むことは少しも間違っていない。我々には、とがめる権利は少しもない。

アナトール・フランス（一八四四～一九二四年）『エピキュールの園』より。

芥川龍之介は、東京都出身の小説家。日本を代表する作家のひとりである。短編が多く、また『芋粥』『藪の中』『地獄変』『歯車』などは、『今昔物語集』や『宇治拾遺物語』などの古典から題材をとった。『蜘蛛の糸』『杜子春』などの児童向けの作品も残す。『続西方の人』を書き上げた後、睡眠薬を飲んで自殺する。

サミュエル・バトラーは、イギリスの作家。

リング・ラードナーは、アメリカの作家、ジャーナリスト。小説『メジャー・リーグのうぬぼれルーキー』で一躍有名になる。さまざまな職業を主人公にした短篇小説を数多く発表した。

アナトール・フランスは、20世紀前半のフランスを代表する小説家。一九二一年、ノーベル文学賞を受賞。芥川龍之介が傾倒したことで日本では有名になる。

母親が子どもにちゃんと話さないと、子どもは他の人からいろいろと聞きかじる。そして、その聞きかじった知識は間違ったものが多い。

アンネ・フランク（一九二九～一九四五年）『アンネの日記』より。

雄弁が役に立たない場合でも、無邪気な沈黙がかえって相手を説き伏せることがある。

ウィリアム・シェイクスピア（一五六四～一六一六年）『冬の夜話』より。

夫婦は、愛し合うとともに憎しみ合う。かかる憎しみを恐れてはならぬ。正しく憎しみ合うがよく、鋭く対立するがよい。

坂口安吾（さかぐち あんご　一九〇六～一九五五年）

すべての人間と自分の父を満足させようと考える者は、どうかしている。

ジャン・ド・ラ・フォンテーヌ（一六二一～一六九五年）

アンネは、『アンネの日記』で知られるユダヤ系ドイツ人の少女。ナチス政権下、迫害でアンネ一家はオランダへ亡命する。しかしオランダがドイツ軍に占領されると、やがて隠れ家も見つけられ、強制収容所へと移送される。強制収容所でアンネはチフスにかかり亡くなる。戦後、隠れ家における二年間の生活を綴った『アンネの日記』が出版される。55言語に翻訳され、二五〇〇万部を超える世界的ベストセラーになる。

坂口安吾は、小説家、エッセイスト。終戦直後に発表した『堕落論』で時代の象徴的な存在になり、多くの作家や若者に影響を与えた。

ジャン・ド・ラ・フォンテーヌは、フランスの詩人。『北風と太陽』『金のタマゴを産むめんどり』など、イソップ寓話を基にした寓話詩で知られる。

私の母は良い性格をしている。しかし、姑としては悪魔だ。母が我々夫婦といっしょにいるとき、周囲はダイナマイトでいっぱいになる。

アルベルト・アインシュタイン（一八七九〜一九五五年）

恩知らずの子どもをもつ親の苦しみは、蛇に咬まれるよりもつらい。

ウィリアム・シェイクスピア（一五六四〜一六一六年）『オセロ』より。

母親の涙には、科学では分析できない、深くて尊い愛情がこもっている。

マイケル・ファラデー（一七九一〜一八六七年）

忍耐強い人の怒りを恐れよ。

ジョン・ドライデン（一六三一〜一七〇〇年）

アインシュタインは、ドイツ生まれのユダヤ人理論物理学者。20世紀最大の物理学者とも、現代物理学の父とも呼ばれる。第二次世界大戦終結後、アインシュタインは「我々は戦いには勝利したが、平和まで勝ち取ったわけではない」と演説する。彼を訪ねた日本人記者に対して「敗戦国である日本には大変深く同情する。しかし戦勝国もまた苦しい道を歩いている」と述べたという。

マイケル・ファラデーは、イギリスの化学者、物理学者。ブンゼンバーナーの発明をはじめ、電磁気学における電気分解の法則や電磁誘導の法則の発見などで知られる。

ジョン・ドライデンは、イギリスの詩人、文芸評論家、劇作家。王政復古時代のイギリス文学界は〝ドライデンの時代〟と言われるほど影響力をもっていた。

家庭は主人の城壁なり。

中江兆民（なかえ　ちょうみん　一八四七〜一九〇一年）

幼児を抱く母親ほど、見る目清らかなものはなく、多くの子どもに囲まれた母親ほど、敬愛を感じるものなし。

ヨハン・ヴォルフガング・フォン・ゲーテ（一七四九〜一八三二年）

心地良さや幸福などを人生の目的と思ったことは、私は一度もありません。

アルベルト・アインシュタイン（一八七九〜一九五五年）

仲の良い夫婦ほど、お互いに難しい努力をし合っている、ということを見逃してはならない。

野上弥生子（のがみ　やえこ　一八八五〜一九八五年）『若い友へ』より。

中江兆民は、現在の高知県出身の思想家、政治家。フランスの思想家ルソーを日本へ紹介して、自由民権運動の指導者となり、〝東洋のルソー〟と呼ばれる。長崎で坂本龍馬と会い、龍馬のタバコを買いに行ったという逸話がある。後藤象二郎の伊藤内閣辞職を求める封書を代筆し、保安条例で東京を追われるなど、波乱に満ちた生涯を送る。「俺には葬式は不要だ。死んだらすぐに荼毘にしろ」の遺言通り、葬式は営まれなかったが、告別式が行われた。これが現在行われている告別式の始まりだと言われている。

野上弥生子は、大分県出身の小説家。軍国主義の時代において、良識ある知識階級の立場からの批判的リアリズムの文学を多く生み出した。戦後、かつて執筆できなかった『黒い行列』の続編『迷路』を発表する。また、『秀吉と利休』など人間の葛藤を描く作品を数多く残す。

母性愛なんて言いますが、自分の子どものことしか考えないような者は、動物と変わるところがないじゃありませんか。

山本有三（やまもと ゆうぞう 一八八七～一九七四年）

高尚なる男性は、女性の忠告によっていっそう高尚に導かれる。

ヨハン・ヴォルフガング・フォン・ゲーテ（一七四九～一八三二年）

老人は忠告を与えるのが好きだ。もう悪い手本を示すことさえできない自分をなぐさめるために。

ラ・ロシュフコー（一六一三～一六八〇年）

レストランで食事をしている夫婦の様子を見たまえ。会話の途切れている時間の長さが、夫婦生活の長さに比例しているから。

アンドレ・モロワ（一八八五～一九六七年）

山本有三は、現在の栃木県出身の作家、政治家。貴族院議員や参議院議員などを務めた。大学卒業後、戯曲『生命の冠』でデビュー。高校時代の友人、菊池寛や芥川龍之介などと文芸家協会を結成し、内務省の検閲を批判、また著作権の確立に尽力する。軍部の圧迫を受ける一方で帝国芸術院会員に選出されるなど、立場は複雑であった。戦後には、第一回参議院議員通常選挙で当選し、六年間参議院議員を務めるかたわら作家活動も行う。

ラ・ロシュフコーは、フランスの貴族、モラリスト文学者。

アンドレ・モロワは、フランスの小説家、伝記作者。処女作『ブランブル大佐の沈黙』で作家活動に入り、『気候』『血筋のめぐり』、『英国史』『米国史』などを執筆する。

おまえは、いつでもお父さんのことを誇りに思っていい。お父さんがおまえを誇りに思うように。

エルネスト・ラファエル・ゲバラ・デ・ラ・セルナ（チェ・ゲバラ　一九二八〜一九六七年）長女へ送った手紙より。

家庭よ、汝は道徳の学校である。

ヨハン・ハインリッヒ・ペスタロッチ（一七四六〜一八二七年）

夫婦の仲というものは、あまりいっしょにいると、かえって冷却するものである。

ミシェル・エケム・ド・モンテーニュ（一五三三〜一五九二年）『随想録』より。

結婚生活は多くの苦痛を持つ。そして、独身生活は喜びを持たない。

サミュエル・ジョンソン（一七〇九〜一七八四年）『ラセラス』より。

チェ・ゲバラは、アルゼンチン生まれの革命家で、キューバ革命の指導者。ジョン・レノンは「世界で一番格好良い男」とゲバラを評した。一九五九年、ゲバラは広島を訪れる。彼が原爆の状況をキューバに伝えて以来、現在でもキューバでは初等教育で、アメリカが日本に原爆を投下したことをとりあげている。

ペスタロッチは、スイスの教育者。フランス革命後の混乱の中で、スイスの孤児や恵まれない子どもに教育を施した。

モンテーニュは、16世紀ルネサンス期のフランスを代表する哲学者。現実の人間を洞察し、人間の生き方を探求して綴り続けた主著『エセー』は、フランスのみならず、多くの国に影響を与えた。

サミュエル・ジョンソンは、イギリスの文学者。シェイクスピアの研究で有名。

家庭愛は自愛と同じである。罪悪行為の原因とはなるが、その弁解にはならない。　レフ・ニコラエヴィチ・トルストイ（一八二八～一九一〇年）

古い友、古い時代、古い風俗、古い本、古い葡萄酒。私はなんでも古い物が好きだ。　オリヴァー・ゴールドスミス（一七三〇～一七七四年）『彼女は勝つために身を屈する』より。

三週間お互いを研究し合い、三ヵ月間お互いを愛し合い、三ヵ年間ケンカをし、三十年間我慢し合う。そして、また子どもたちが同じことを始める。　イポリート・テーヌ（一八二八～一八九三年）

娘の義務は服従にある。　ピエール・コルネイユ（一六〇六～一六八四年）

トルストイは、ロシアの小説家、思想家。19世紀ロシア文学を代表する巨匠。代表作に『戦争と平和』『アンナ・カレーニナ』『復活』など。非暴力主義者としても知られる。森鷗外や宮沢賢治をはじめ、日本の作家で影響を受けた者は枚挙にいとまがない。

オリヴァー・ゴールドスミスは、アイルランドの劇作家、詩人、作家。代表作は『ウェイクフィールドの牧師』など。

イポリート・テーヌは、フランスの哲学者、批評家、文学史家。代表作『英国文学史』『歴史および批評論』で批評家の地位を確立する。パリの美術学校で20年間美術史を教え、『芸術哲学』を発表した。

ピエール・コルネイユは、フランスの古典主義の時代の劇作家。代表作は『ル・シッド』など。

旅行者は、その放浪によって家庭のありがたさを学ぶ。

チャールズ・ディケンズ（一八一二〜一八七〇年）

家族の絆さえも後退してしまうのは興味深いことだ。内面の深いところでお互いを理解できなくなったり、共感できなくなったり。お互いの感情がわからなくなる。

アルベルト・アインシュタイン（一八七九〜一九五五年）

にくげなる調度の中にも、ひとつよきところまもらるる。

清少納言（せいしょうなごん　九六六頃〜一〇二五年頃）『枕草子』より。

みにくい物にもひとつぐらいは取り柄があるという意味。

我々の最悪の災害は、我々自身からやって来る。

ジャン・ジャック・ルソー（一七一二〜一七七八年）

チャールズ・ディケンズは、イギリスのヴィクトリア朝を代表する小説家。下層階級などの弱者の視点で、社会を諷刺した作品を数多く残した。代表作は『オリバー・トゥイスト』『クリスマス・キャロル』『デイヴィッド・コパフィールド』『二都物語』『大いなる遺産』など。

清少納言は、平安時代の女流作家、歌人。『枕草子』は、清少納言の代表作の随筆。

ルソーは、スイス生まれの哲学者、思想家、作家、作曲家。理論にとどまらない著作は広く読まれ、フランス革命やそれ以降の社会思想にも精神的な影響を与えた。

世界平和のためになにができるかですって？　家に帰って、早く自分の家族を愛しなさい。　マザー・テレサ（一九一〇～一九九七年）

良い結婚生活はあるけれど、楽しい結婚生活はめったにない。
ラ・ロシュフコー（一六一三～一六八〇年）

四十歳を過ぎると、女は難解な魔法の書となる。老女の心を見抜くことができるのは、もはや老女のみ。　オノレ・ド・バルザック（一七九九～一八五〇年）

相手を通して、自分の目標を達成しようとする夫婦はうまくいく。たとえば、妻が夫によって有名になろうとし、夫が妻を通して、妻の女友達に愛されようとするような場合である。
フリードリヒ・ヴィルヘルム・ニーチェ（一八四四～一九〇〇年）

マザー・テレサは、インドの修道女。カトリック教会の修道会「神の愛の宣教者会」の創立者である。世界の恵まれない人々、子どもへの献身的な活動は広く認められ、ノーベル平和賞をはじめ多くの賞を受けた。

バルザックは、19世紀のフランスを代表する小説家。「天才と呼ぶにふさわしい人物」と言われている。バルザックの『人間喜劇』は、ドストエフスキーやトルストイのさきがけとなった写実的小説である。

ニーチェは、ドイツの哲学者、古典文献学者。随所に格言を用い、巧みな散文的表現による哲学の試みには、文学的価値があると言われている。

結婚生活における浮気も、結局は恋愛遊戯にすぎず、仮装舞踏会の一事件にすぎない。

ナポレオン・ボナパルト（一七六九～一八二一年）

私は人間関係が変化しやすいことを学んだ。その冷たさ、熱さから身を遠ざけることも学んだ。それでやっと温度のバランスがよくとれるようになった。

アルベルト・アインシュタイン（一八七九～一九五五年）

女の一生は長い病気である。

ヒポクラテス（BC四六〇～BC三七七年）

私はあなた達を愛してきました。ただ、その愛をどう表現していいかわからなかった。

エルネスト・ラファエル・ゲバラ・デ・ラ・セルナ（チェ・ゲバラ　一九二八～一九六七年）父母へ送った手紙より。


ナポレオンは、革命期フランスの軍人、政治家。フランス革命後に軍事独裁政権を樹立し、イギリスを除くヨーロッパの大半を征服した（ナポレオン戦争）。当時のイギリスの首相ウィリアム・ピットは「革命騒ぎの宝くじを最後に引き当てた男」と評し、ゲーテは「徳を求めたもののこれを見出せず、権力を掴むに至った」と評した。

ヒポクラテスは、古代ギリシアの医者。エーゲ海のコス島の医学校の指導者になり多くの著書を残す。〝医学の父〟と呼ばれ、当時の医学から迷信や呪術を切り離し、科学的な医学を発展させる。また医師の倫理性と客観性を重んじ、この思想は〝ヒポクラテスの誓い〟として現在でも受け継がれている。

幸せな家庭を築けない者は、天下を治めることはできない。

ヘンリー・フォード（一八六三～一九四七年）

無学な人々は、女子教育の敵である。

スタンダール（一七八三～一八四二年）

男性の使命は広くして多様なり、女性の使命は一律にしてやや狭く、しかし深し。

レフ・ニコラエヴィチ・トルストイ（一八二八～一九一〇年）

すべてのインコにとって、鳥かごが不自然な環境であるように、家庭生活は我々にとって、自然な環境とは言えない。

ジョージ・バーナード・ショー（一八五六～一九五〇年）『人と超人』より。

ヘンリー・フォードは、アメリカのフォード・モーターの創設者。同社は、流れ作業の大量生産を可能にして、低価格の自動車を販売した。一九〇八年当時、高級車の価格は三千ドルほど。その他の車でも千ドルというのが常識の時代に、フォード社は八五〇ドルの車を提供。利益をあげることに成功する。同社の大量生産方式は、20世紀の社会経済の基盤になる。

バーナード・ショーは、イギリスで活躍したアイルランド出身の劇作家、劇評家、音楽評論家、社会主義者。イギリス近代演劇の確立者として知られている。「あなたが一番影響を受けた本は？」という質問に対して「銀行の預金通帳だよ」と答えた。

子どもは、父母の行為を映す鏡である。

ハーバート・スペンサー（一八二〇～一九〇三年）

家族に、もう少し多くの愛、意識の一致、平和、そして幸せがあったなら、こんなに多くのアルコール依存症患者や麻薬中毒患者は生まれないでしょう。

マザー・テレサ（一九一〇～一九九七年）

本当の雄弁とは、必要なことはすべて話さず、必要以外のことは一切話さない話術である。

ラ・ロシュフコー（一六一三～一六八〇年）

天地間のあらゆる動物において、犬から人間の女性にいたるまで、母親の心はすべて崇高なものです。

アレクサンドル・デュマ・ペール（一八〇二～一八七〇年）

ハーバート・スペンサーは、イギリスの哲学者、社会学者。〝進化〟〝適者生存〟という言葉はスペンサーの造語である。主な著書は『発達仮説』『心理学原理』『綜合哲学体系』など。明治時代には、自由民権運動の指針として彼の著作が数多く翻訳され、〝スペンサーの時代〟と言われた。しかしスペンサーには、当時の日本は背伸びをしているように見え、板垣退助と会見したときに、板垣の自由民権論を空論とし、ふたりは決別する。

アレクサンドル・デュマは、フランスの小説家。自身の不倫体験をもとにした現代劇『アントニー』などを発表する。財産を使い果たし、病床に伏せるデュマは、手にしたフランを見せながら「私の財産は、もうこれしかない。しかしパリに上京したときもこんなものだった。ただ最初に戻っただけだ」と、子ども達に語ったという。

子どもになにかを注意しようとするとき、むしろ自分に改めるべき点ではないか、まず考えてみるべきである。　カール・グスタフ・ユング（一八七五～一九六一年）

四〇歳以上の男は、みな悪党だ。　ジョージ・バーナード・ショー（一八五六～一九五〇年）

結婚生活における浮気は、ひとつの破産である。ただふつうの破産と違うところは、破産させられた者が、逆に不名誉をこうむる点だ。　セバスチャン・シャンフォール（一七四一～一七九四年）

女は弱し、されど母は強し。　ヴィクトル・マリー・ユーゴー（一八〇二～一八八五年）

ユングは、スイスの精神科医、心理学者。深層心理を研究し、分析心理学の理論を創始した。牧師の家に生まれるが、内的な基盤を持たない宗教に疑問を感じて医学を学ぶ。一九四八年、ユング研究所を設立し、ユング派臨床心理学の基礎を確立する。その後、ユング心理学を基盤とした箱庭療法が、河合隼雄によって日本に紹介された。

セバスチャン・シャンフォールは、18世紀のフランスの文学者。

ユーゴーは、フランスロマン主義の詩人、小説家、政治家。代表作は『レ・ミゼラブル』。『レ・ミゼラブル』が出版された直後、海外旅行にでかけたユーゴーは売れ行きが心配になり出版社に「?」とだけ書いた手紙を送った。出版社からは「!」の返事が来る。これが世界でもっとも短い手紙と言われている。

よりかかるべき人ではなく、よりかかることを不要にさせる人、それが母である。　ドロシー・キャンフィールド・フィッシャー（一八七九～一九五八年）

家庭は、少女にとって牢獄である。　ジョージ・バーナード・ショー（一八五六～一九五〇年）『人と超人』より。

破産して苦労するのは金持ちで、貧乏人は気楽に暮らす。
サキャ・パンディタ（一一八二～一二五一年）

結婚は人生の重大事なれば、配偶の選択はもっとも慎重ならざるべからず。一夫一婦終身同室、相敬して、互に独立自尊をおかさざるは人倫の始なり。　福沢諭吉（ふくざわ　ゆきち　一八三五～一九〇一年）

フィッシャーは、アメリカの作家。38歳で代表作『リンゴの丘のベッツィー』などを出版し〝アメリカの児童文学作家のさきがけ〟と呼ばれる。写実的な小説やノンフィクション、教育書などの著作も多数発表した。

サキャ・パンディタは、チベットの高僧、学者、政治家。チンギス・ハーンの侵略からチベットを守った。

福沢諭吉は、啓蒙思想家、教育者、慶応義塾大学の創立者。福沢諭吉の思想は、イギリスの経済学と自由主義を基礎にしたもので、独立自尊を重んじて封建的な思想や迷信を否定し、政府と国民の調和をはかった。

子ゆえに迷い、子ゆえに悟る。

坪内逍遥（つぼうち しょうよう 一八五九～一九三五年）

幸福な家庭はどれも似たものだが、不幸な家庭はいずれもそれぞれに不幸なものである。

レフ・ニコラエヴィチ・トルストイ（一八二八～一九一〇年）

結婚するまでは、子育てのための六つの理念を持っていた。子どもが六人できた今、もはやひとつの理念もない。

ジョン・ウィルモット（一六四七～一六八〇年）

良き夫とは、夜は家族のうちで一番早く眠り、朝は家族のうちで一番遅く起きるような夫ではない。

オノレ・ド・バルザック（一七九九～一八五〇年）

坪内逍遥は、現在の岐阜県出身の小説家、評論家、翻訳家、劇作家。代表作は『小説神髄』『当世書生気質』。シェイクスピアの翻訳でも知られる。日本の現代小説の礎をつくった。

ジョン・ウィルモットは、王政復古時代のイングランド貴族で宮廷詩人。性描写が激しかったために〝ポルノ詩人〟とみなされることもあるが、「ボードレールとアルテュール・ランボーの先駆者」という再評価もある。

バルザックは、19世紀のフランスを代表する小説家。〝天才と呼ぶにふさわしい人物〟と評される。バルザックの『人間喜劇』は、ドストエフスキーやトルストイのさきがけとなった写実主義文学である。

私をつくりあげてくれたのは母だった。母は私を理解し、向いている道へ進ませてくれた。もし母が私を認めず、信じてくれなかったら、とても発明家にはなれなかっただろう。

トーマス・アルバ・エジソン（一八四七〜一九三一年）

人間は習慣の束である。

デイヴィッド・ヒューム（一七一一〜一七七六年）『人間の悟性に関する探求』より。

有能な教師よりも、分別のある平凡な父親によってこそ、子どもは立派に教育される。

ジャン・ジャック・ルソー（一七一二〜一七七八年）

結婚生活……いかなる羅針盤も、かつて航路を発見した者がない荒海。

クリスティアン・ヨハン・ハインリヒ・ハイネ（一七九七〜一八五六年）

エジソンは、生涯におよそ一三〇〇もの発明を行ったアメリカの発明家、起業家。人類史上もっとも貢献度の高いの発明家と言われている。

デイヴィッド・ヒュームは、スコットランド出身の哲学者であり、歴史学者、政治思想家。スコットランド啓蒙の代表的存在とされる。

ハインリヒ・ハイネは、ドイツの詩人、作家、ジャーナリスト。若き日のマルクスとも親交があった。

雄弁の目的は、真理の追求ではなく説得にある。　トーマス・マコーリー（一八〇〇～一八五九年）

ある偶然のできごとを維持しようとする不幸な試みを、結婚生活という。　アルベルト・アインシュタイン（一八七九～一九五五年）

人間に与えられた自然の恵みのうち、自分の子どもほど甘美なものがあろうか。　マルクス・トゥッリウス・キケロ（ＢＣ一〇六～ＢＣ四三年）

子どもを育てるってことはねえ、育てられた当人が思っているほど、そう簡単なものじゃありませんよ。　森本薫（もりもと　かおる　一九一二～一九四六年）

トーマス・マコーリーは、イギリスの歴史家、詩人ならびに政治家。現在の視点から過去を判断するホイッグ史観を代表する人物であり、マコーリー著『イングランド史』は、現在でもイギリスでもっとも有名な歴史書のひとつである。

キケロは、共和政ローマ期の政治家、文筆家、哲学者である。

森本薫は、大阪府出身の劇作家、演出家、翻訳家。名前の〝薫〟で女性と思われることがあるが男性である。京都の劇団エラン・ヴィタールで作家や演出家、俳優として活動した後、文学座に参加。代表作は『わが家』『女の一生』、『華々しき一族』などがある。

笑いのない日は、無駄な一日である。　チャールズ・スペンサー・チャップリン・ジュニア（一八八九〜一九七七年）

子どもの将来は、母の努力によって決まる。　ナポレオン・ボナパルト（一七六九〜一八二一年）

先祖の中にひとりの奴隷も持たないような、そんな王者はいません。同様に、先祖の中にひとりの王者を持たないような、そんな奴隷もいません。　ヘレン・アダムス・ケラー（一八八〇〜一九六八年）

女が母親になることはなんでもないことです。でも母親たることは、なかなかできることではありません。　山本有三（やまもと　ゆうぞう　一八八七〜一九七四年）

チャップリンは、イギリスの映画俳優、映画監督、コメディアン、脚本家。亡くなった場所はスイス。「映画を20世紀の芸術にしたチャップリン」「〝チャップリン〟は映画用語のひとつ」などと言われている。

ヘレン・ケラーは、アメリカの教育家、社会福祉事業家。二歳のときの熱病で聴力と視力を失い、話すこともできなくなる。家庭教師のアン・サリバンとの出会いで、ヘレン・ケラーは勉強に目覚め、現在のハーバード大学に入学し、『わたしの生涯』を出版する。その後、婦人参政権運動や産児制限運動、公民権運動などの活動に参加し、日本を含む世界各地を訪ね、障害者の教育や福祉に尽力した。

子どもを教育するばかりが親の義務ではない。子どもに教育されることも親の義務かも知れない。　寺田寅彦（てらだ　とらひこ　一八七八～一九三五年）

母親は、息子の友人が成功すると妬む。母親は息子よりも息子の中の自分を愛しているから。　フリードリヒ・ヴィルヘルム・ニーチェ（一八四四～一九〇〇年）

父は永遠に悲壮である。　萩原朔太郎（はぎわら　さくたろう　一八八六～一九四二年）『絶望の逃走』より。

苦痛をともにした家庭は、安息の快楽をともにすることができる。　伊藤左千夫（いとう　さちお　一八六四～一九一三年）『胡頽子』より。

寺田寅彦は、現在の高知県出身の物理学者、随筆家、俳人。「X線の結晶透過」の業績で一九一七年に帝国学士院恩賜賞を受賞する。また、コンペイトウの角の研究やひび割れの研究など、形状における物理学の分野で先駆的な研究を行い、〝寺田物理学〟と呼ばれている。

萩原朔太郎は、群馬県出身の詩人、作家。処女詩集『月に吠える』で脚光をあびる。代表作は『青猫』『月に吠える』など。

伊藤左千夫は、千葉県出身の歌人、小説家。短歌雑誌『馬酔木』『アララギ』の中心メンバーになり、斎藤茂吉や土屋文明などを育てる。代表作は『隣の嫁』『春の潮』『分家』など。

厄介なことに男性は、女性と長年一緒に暮らすこともできなければ、そうかといって女性なしに暮らすこともできないのだ。

ジョージ・ゴードン・バイロン（一七八八〜一八二四年）『ドン・ジュアン』より。

国を統治するよりも、家庭内を治めることの方が難しい。

ミシェル・エケム・ド・モンテーニュ（一五三三〜一五九二年）

影が物体につきまとうことよりも、結婚した男が妻を寝とられることの方がずっと自然である。

フランソワ・ラブレー（一四八三頃〜一五五三年）

妻子をもった男は、運命に質入れをしたようなものだ。

フランシス・ベーコン（一五六一〜一六二六年）

ジョージ・ゴードン・バイロンは、イギリスの詩人。当時の偽善と偏見を嘲罵し、イギリス・ロマン主義を代表する作風で、ロシアをふくむヨーロッパ諸国の文学に影響を与えた。日本でも明治以来もっともよく知られたイギリス詩人のひとりである。

フランソワ・ラブレーは、フランス・ルネサンスを代表する作家。また医学を学び、ヒポクラテスの医書を研究したことで有名である。

フランシス・ベーコンは、イングランド近世のキリスト教神学者、哲学者、法律家である。

子どもの素行を品行にさせる最善の方法。それは彼を幸せにしてやることだ。

オスカー・フィンガル・オフラハティ・ウィルス・ワイルド（一八五四～一九〇〇年）

分別のある男は、女を軽くあつかい、一緒に冗談を言い、そして一緒に歌うだけである。重大なことについて、女に相談することも委せることも決してない。

フィリップ・チェスターフィールド（一六九四～一七七三年）

君の両親に対する態度。やがて君の子どもは、君に対して同じ態度をとるだろう。

ターレス（BC六二四～BC五四六年頃）

結婚生活にも独身生活にも不便、不都合はある。その不便、不都合が救いのないものでない方を選ばなければならない。

セバスチャン・シャンフォール（一七四一～一七九四年）

オスカー・ワイルドは、アイルランド出身の詩人、作家、劇作家。〝芸術のための芸術〟を唱えて唯美主義、芸術至上主義に基づく活動を展開した。多彩な文筆活動をしたが、男色で収監され、出獄後は失意から回復しないままに没した。

チェスターフィールドは、イギリスの文人政治家。ボルテールなどの作家や詩人との交流をさかんにもった。主な著書は『わが息子よ、君はどう生きるか』など。

ターレスは、古代ギリシアの哲学者でミレトス学派の始祖。ソクラテス以前の哲学者のひとりで、〝ギリシャ七賢人のひとり〟と呼ばれている。数学で習う「ターレスの定理」でも知られている。

道徳的な百万のお題目より、道徳的なひとつの行為の方が正しいことは言うまでもない。

ジョナサン・スウィフト（一六六七～一七四五年）

家庭とは、人がありのままの自分を示すことができる唯一の場所である。

アンドレ・モロワ（一八八五～一九六七年）

夫婦生活は長い会話である。

フリードリヒ・ヴィルヘルム・ニーチェ（一八四四～一九〇〇年）『人間的な余りに人間的な』より。

偉大な精神は、男女両性を備えている。

サミュエル・テイラー・コールリッジ（一七七二～一八三四年）『テーブル・トーク』より。

子どもの運命は、常にその母がつくる。

ナポレオン・ボナパルト（一七六九～一八二一年）

ジョナサン・スウィフトは、イギリス系アイルランド人の司祭、諷刺作家、随筆家。『ガリバー旅行記』が有名である。

コールリッジは、イギリスのロマン派詩人であり、批評家、哲学者。ウィリアム・ワーズワースとの共著『抒情歌謡集』を刊行し、ロマン主義運動の先駆けとなる。

ことわざ

老いては子に従え　年をとったら、あまり出しゃばらずに、子どものやり方に従った方がよいという意味。

子を持って知る親の恩　自分が親になり子育ての難しさを経験して、親のありがたさを知るという意味。

秋茄子は嫁に食わすな　秋の茄子は味がよいので、嫁には食べさせるなという姑の嫁いびりの意味。また、秋の茄子は身体を冷やすので、子どもを産む嫁には食べさせるなという意味。

家は弱かれ主は強かれ　家屋が貧弱であっても、その家の主人は強くて頼もしくなければならないという意味。

家になくてならぬものは上がり框と女房　家には必ず上がり框があるように、家庭には主婦が必要であるという意味。「上がり框」は家の上がり口の床に渡した横木のこと。

打たれても親の杖　たとえ親に杖で打たれても、子を思う心がこもっているから、ありがたいという意味。

家にいさめる子あれば、その家必ず正し　父の悪い行動をいさめる子どもがいる家は安泰であるという意味。

五本の指で切るにも切られぬ　家族の中に犯罪者がいても、縁は切りにくいもの。五本の指にはそれぞれ役割があって切ってもいいものはないという意味。

三年父の道を改むることなきは孝というべし　父親の死後三年間は父親のやり方を変えずに守るのが孝というものだという意味。

第9章

成功に導く名言

偉大な人々は、常に、平凡で取り柄のない人々からの激しい抵抗にあってきた。　アルベルト・アインシュタイン（一八七九～一九五五年）

君にはふたつの生き方がある。奇跡など起こらないと信じて生きるか、すべてが奇跡だと信じて生きるかだ。　アルベルト・アインシュタイン（一八七九～一九五五年）

人生において重要なことは、大きな目標を持つとともに、それを達成できる能力と体力を持つことである。　ヨハン・ヴォルフガング・フォン・ゲーテ（一七四九～一八三二年）

臆病でためらいがちな者には、すべてが不可能である。なぜなら、すべてが不可能に見えるから。　ウォルター・スコット（一七七一～一八三二年）

アインシュタインは、ドイツ生まれのユダヤ人理論物理学者。20世紀最高の物理学者と呼ばれる。第二次世界大戦終結後、アインシュタインは「我々は戦いには勝利したが、平和まで勝ち取ったわけではない」と演説する。彼を訪ねた日本人記者に対して「敗戦国である日本には大変深く同情する。しかし戦勝国もまた苦しい道を歩いている」と述べたという。

ゲーテは、ドイツの詩人、劇作家、小説家、哲学者、政治家。ドイツを代表する文豪であり、小説『若きウェルテルの悩み』『ヴィルヘルム・マイスターの修行時代』、叙事詩『ヘルマンとドロテーア』、詩劇『ファウスト』などを残した。

ウォルター・スコットは、スコットランドの詩人、作家。

復讐は、先見の明をなくさせる。

ナポレオン・ボナパルト（一七六九～一八二一年）

あるできごとが、その人の運の良し悪しに関係することはたしかだ。しかしそこには、その人物のふだんの行ないという要素が影響していることもたしかである。結局、自分の運をどう発展させていくかは、その人の手中にしかない。

フランシス・ベーコン（一五六一～一六二六年）

強い者の怒りは、常にその怒りの時期を持ち得る。

ジョン・ラスキン（一八一九～一九〇〇年）『近代画家論』より。

謀反は決して成功しない。なぜなら成功したら、それを謀反とはだれも呼ばないから。

ジョン・ハリングトン（一五六一～一六一二年）『警句』より。

ナポレオンは、革命期フランスの軍人、政治家。フランス革命後に軍事独裁政権を樹立し、イギリスを除くヨーロッパの大半を征服した（ナポレオン戦争）。当時のイギリスの首相ウィリアム・ピットは「革命騒ぎの宝くじを最後に引き当てた男」と評し、ゲーテは「徳を求めたもののこれを見出せず、権力を掴むに至った」と評した。

フランシス・ベーコンは、イングランド近世のキリスト教神学者、哲学者、法律家である。

ジョン・ラスキンは、19世紀イギリスの評論家・美術評論家。中世のゴシック美術を賛美する『建築の七燈』『ヴェニスの石』などを執筆した。

ジョン・ハリングトンは、イギリスの作家。

人は城、人は石垣、人は堀。情けは味方、仇は敵なり。

武田信玄（たけだ しんげん　一五二一～一五七三年）　城を造ることにとらわれるな。人が結集する気持ちが大切である。優秀な人材を育てろ。情けは国を栄えさせるが、仇を増やせば国は滅びるという意味。

大切なことは、大志を抱き、それを成し遂げる技能と忍耐をもつことである。その他のことはどれも重要ではない。

ヨハン・ヴォルフガング・フォン・ゲーテ（一七四九～一八三二年）

想像力は、知識よりも重要である。

アルベルト・アインシュタイン（一八七九～一九五五年）

行動は必ずしも幸福をもたらさないかも知れないが、行動のないところに幸福は生まれない。

ベンジャミン・ディズレーリ（一八〇四～一八八一年）

武田信玄は、戦国時代の武将、甲斐の守護大名、戦国大名。父であり武田家18代信虎のときに国内統一が達成され、信玄も体制を継承して隣国・信濃に侵攻する。越後の上杉謙信と川中島で戦い領国を拡大した。『甲陽軍鑑』に描かれる風林火山の軍旗を用いた伝説的な人物像が広く浸透している。『甲陽軍鑑』は、武田信玄・勝頼期の合戦記事を中心に軍法、刑法などを記した軍学書。成立については異説があるが、高坂昌信がまとめたとされている。江戸時代には広く読まれ、『甲陽軍鑑評判』などの解説書や信虎・信玄・勝頼の三代期を抽出した片島深淵子『武田三代軍記』なども出版された。

ベンジャミン・ディズレーリは、イギリスのヴィクトリア期の政治家。小説家としても活躍した。ちなみに、現在に至るまでイギリス首相となったユダヤ人はディズレーリだけである。

自分の成功を、なにもかも自分ひとりでやってのけたように主張することは、とても浅はかで傲慢なことだ。

ウォルター・イライアス・ディズニー（一九〇一～一九六六年）

賢者は敵にさえも愛情を注ぐので、敵はその支配下に入る。

サキャ・パンディタ（一一八二～一二五一年）

外国ではよく売れる宝石も、産地の島では売れない。

サキャ・パンディタ（一一八二～一二五一年）

不満こそ、人間の、あるいは民族の第一歩である。

オスカー・フィンガル・オフラハティ・ウィルス・ワイルド（一八五四～一九〇〇年）

チャンスは、発見するたびにとらえなければならない。

フランシス・ベーコン（一五六一～一六二六年）

通称ウォルト・ディズニーは、アメリカのアニメーター、プロデューサー、映画監督、脚本家。世界的に有名なアニメーションキャラクター「ミッキー・マウス」の生みの親。兄のロイ・ディズニーと共同経営したウォルト・ディズニー・カンパニーは、国際的な大企業である。

サキャ・パンディタは、チベットの高僧、政治家。サキャ・パンディタは称号で本名はクンガ・ギャルツェン。チンギス・ハーンの侵略からチベットを守った。

オスカー・ワイルドは、アイルランド出身の詩人、作家、劇作家。〝芸術のための芸術〟を唱えて唯美主義、芸術至上主義に基づく活動を展開した。多彩な文筆活動をしたが、男色で収監され、出獄後は失意から回復しないままに没した。

もし、成功する秘訣があるとすれば、他人の立場から物ごとを見る能力をもつことだろう。　ヘンリー・フォード（一八六三〜一九四七年）

成功の秘訣は、自分の専門に精通徹底することにある。その精通徹底は、追求心と努力の継続によってのみ得られる。

ベンジャミン・ディズレーリ（一八〇四〜一八八一年）

私は、青年の失敗を常に興味をもって見ている。失敗こそ彼の成功の尺度である。失敗をしてどう思ったか。それからどうしたか。落胆したか。やめてしまったか。あるいは勇気をもって前進したか。失敗したあとの行動で彼の人生は決まる。

ヘルムート・カール・ベルンハルト・フォン・モルトケ（一八〇〇〜一八九一年）

ヘンリー・フォードは、アメリカのフォード・モーターの創設者。同社は、流れ作業の大量生産を可能にして、低価格の自動車を販売した。一九〇八年当時、高級車の価格は三千ドルほど。その他の車でも千ドルというのが常識の時代に、フォード社は八五〇ドルの車を提供。利益をあげることに成功する。同社の大量生産方式は、20世紀の社会経済の基盤になる。

モルトケは、プロイセン王国の軍人にして軍事学者。ドイツ統一に貢献した。甥で後に同じく陸軍参謀総長として第一次世界大戦の帝政ドイツ陸軍を指揮したヘルムート・ヨハン・ルートヴィヒ・フォン・モルトケ（小モルトケ）がいるが、甥と区別するために大モルトケとも呼ばれる。

燕雀安んぞ鴻鵠の志を知らんや。　司馬遷（しば せん　BC一四五〜BC八〇年［または八六年］）『史記』より。

ツバメやスズメのような小さな鳥には、オオトリや白鳥のような大きな鳥の志は理解できない。度量の小さい人物には、度量の大きい人物の考えや志はわからないという意味。「燕雀（えんじゃく）」は、ツバメとスズメ。もしくはそのような小鳥。または度量の小さい人物のたとえ。「鴻鵠（こうこく）」の鴻（おおがり）は、ヒシクイやガチョウの別名。鵠（くぐい）は、白鳥の古名で大きな鳥を指す。または度量の大きい人物のたとえ。

自信は成功の第一歩である。　ラルフ・ワルド・エマーソン（一八〇三〜一八八二年）

時を得る者は万物を得る。　ベンジャミン・ディズレーリ（一八〇四〜一八八一年）

司馬遷は、中国前漢時代の歴史家。『史記』は、中国前漢の武帝の時代に司馬遷によって、BC九一年頃に編纂された中国の歴史書である。

ラルフ・ワルド・エマーソンは、アメリカ合衆国の思想家、哲学者、作家、詩人、エッセイスト。

有能な者は行動するが、無能な者は講釈ばかりする。

ジョージ・バーナード・ショー（一八五六～一九五〇年）

私は先のことなど考えたことはない。先のことは、すぐに来てしまうから。

アルベルト・アインシュタイン（一八七九～一九五五年）

すべてが失われようとも、まだ未来が残ってる。

クリスチャン・ネステル・ボヴィー（一八二〇～一九〇四年）

なにをしたいのか？　それが明確になったとたん、なにかが起こる。

ジッドゥ・クリシュナムルティ（一八九五～一九八六年）

虫が喰った跡が文字になっていても、虫が書道家になったわけではない。

サキャ・パンディタ（一一八二～一二五一年）

バーナード・ショーは、イギリスで活躍したアイルランド出身の劇作家、劇評家、音楽評論家、社会主義者。イギリス近代演劇の確立者として有名である。「あなたが一番影響を受けた本は？」という質問に対して「銀行の預金通帳だよ」と答えた。

クリスチャン・ボヴィーは、アメリカの作家、弁護士。

クリシュナムルティは、インド生まれの宗教者、哲学者、教育者。自分の宗教団体を解散し宗教批判を行い、いらない知識や記憶からの解放、脳細胞の変容などを指摘した彼の教えは、宗教という枠にとどまらず、幅広い支持者を獲得した。

青がないときは、赤を使えばいい。

パブロ・ピカソ（一八八一〜一九七三年）

為せば成る、為さねば成らぬ。成る業を成らぬと捨つる人のはかなさ。

武田信玄（たけだ しんげん　一五二一〜一五七三年）

現在では米沢藩主上杉鷹山の言葉、「為せば成る 為さねば成らぬ 何事も成らぬは人の 為さぬなりけり」の方が有名であるが、もともとは信玄の言葉である。

金銭は底のない海のようだ。良心も名誉も溺れてしまう。借金をするということは、自由を売るということである。

ベンジャミン・フランクリン（一七〇六〜一七九〇年）

知識と勇気とは、偉大なる仕事をつくる。知識と勇気は不朽である。

ラルフ・ワルド・エマーソン（一八〇三〜一八八二年）

ピカソは、スペインに生まれ、フランスで制作活動をした画家、素描家、彫刻家。もっとも多作な美術家であるとギネスブックに記されている。晩年エロティックな銅版画を制作したが、「狂った老人の支離滅裂な落書き」と世間には受け入れられなかった。しかしピカソ本人は「この歳になってやっと子供らしい絵が描けるようになった」と悪評は一切気にしなかった。ピカソは死ぬまで時代を先取りする芸術家であった。

ベンジャミン・フランクリンは、アメリカの政治家、外交官、著述家、物理学者、気象学者。印刷業で成功を収め、政界に進出しアメリカ独立に多大な貢献をした。また、凧を用いた実験で雷が電気であることを明らかにした。勤勉性、探究心の強さ、合理主義、社会活動への参加という近代的人間像を象徴する人物と言われている。

千日の稽古を鍛とし、万日の稽古を練とす。　宮本武蔵（みやもと　むさし　一五八四頃～一六四五年）

私をさえぎるアルプスはない。　ナポレオン・ボナパルト（一七六九～一八二一年）　アルプス越えをするときに言った言葉。

腹をきめられない者は、なにごとにも大成しない。　トーマス・カーライル（一七九五～一八八一年）

金持ちになりたい一心から出発しても成功しない。志はもっと大きく持つべきだ。ビジネスで成功する秘訣は、ごく平凡である。日々の仕事をとどこおりなく成し遂げ、商売の法則をよく守り、頭をいつもハッキリさせておけば、成功は間違いなし。　ジョン・デイヴィソン・ロックフェラー・シニア（一八三九～一九三七年）

宮本武蔵は、江戸時代初期の剣豪。二刀を用いることで有名である。二天一流兵法の祖にして、書画でも優れた作品を残している。「巌流島の決闘」の相手の名前は、正確には岩流である。佐々木小次郎という名前は、後年の芝居で名づけられたもの。

トーマス・カーライルは、19世紀イギリスの思想家、歴史家。

ロックフェラーは、アメリカの実業家。スタンダード・オイル社を創設し、石油王と呼ばれた。その巨額の資産を慈善事業に費やした。

よく泳ぐ者は溺れ、よく騎る者は堕つ。　劉安（りゅう あん
BC一七九～BC一二二年）『淮南子（えなんじ）』より。

自分の目で見る。自分の心で感じる。そんな人間がいかに少ないことか。　アルベルト・アインシュタイン（一八七九～一九五五年）

バカらしい話だと思うかもしれないが、真の革命家は偉大なる愛によって導かれる。人間への愛、正義への愛、真実への愛。愛のない真の革命家を想像することは不可能だ。　エルネスト・ラファエル・ゲバラ・デ・ラ・セルナ（チェ・ゲバラ　一九二八～一九六七年）

ふたりの囚人が鉄格子から外を眺めた。ひとりは地面を見た。ひとりは星を見た。　フレデリック・ラングブリッジ（一八四九～一九二三年）『不滅の詩』より。

劉安は、中国前漢時代の皇族（淮南王）で学者。『淮南子』は、劉安が学者を集めて編纂した思想書。『淮南鴻烈』（わいなんこうれつ）ともいう。日本では「わいなんし」ではなく「えなんじ」と読むのが一般的である。

チェ・ゲバラは、アルゼンチン生まれの革命家で、キューバ革命の指導者。ジョン・レノンは「世界で一番格好良い男」とゲバラを評した。一九五九年、ゲバラは広島を訪れる。彼が原爆の状況をキューバに伝えて以来、現在でもキューバでは初等教育で、アメリカが日本に原爆を投下したことをとりあげている。

ラングブリッジは、アイルランドの作家。代表作は『不滅の詩』など。

負けても終わりではない。やめたら終わりだ。

リチャード・ミルハウス・ニクソン（一九一三〜一九九四年）

断じて行えば、鬼神もこれを避ける。

司馬遷（しば せん　ＢＣ一四五〜ＢＣ八〇年［または八六年］）『史記』より。

私の成功にはなんのトリックもない。私は、いかなるときにも与えられた仕事に全力を尽くして来ただけである。ふつうの人より、ほんのちょっとだけ良心的に努力して来ただけだ。

アンドリュー・カーネギー（一八三五〜一九一九年）

人間、志を立てるのに遅すぎるということはない。

スタンリー・ボールドウィン（一八六七〜一九四七年）

ニクソンは、アメリカの第37代大統領。デタント政策を推進し、ソビエトとの核削減を実現した。ベトナム戦争の終結や中華人民共和国との国交成立など、時代の大きな変化を担った。しかしウォーターゲート事件で任期中に辞任する。任期中に辞任したアメリカの大統領はニクソンだけである。

アンドリュー・カーネギーは、アメリカの実業家。カーネギー鉄鋼会社を創業し〝鋼鉄王〟と称された。引退後は教育や文化の普及に尽力した。

ボールドウィンは、イギリスの保守党の政治家。実業家にして首相も務めた。男女平等選挙権を認めたり、ナチス・ドイツに対して宥和政策をとるなど、歴史的に難しい時代に三度にわたって首相を務めた。

足る事を知って及ばぬ事を思うな。

楠木正成（くすのきまさしげ　一二九四頃〜一三三六年）『楠公家訓』より。

知恵ある者は、だまされてもすべきことは見失わない。

サキャ・パンディタ（一一八二〜一二五一年）

討論は男性的、会話は女性的。

アモス・ブロンソン・オルコット（一七九九〜一八八八年）

苦痛なくして勝利なし。いばらなくして王座なし。苦患なくして栄光なし。受難なくして栄冠なし。

ウィリアム・ペン（一六四四〜一七一八年）『受難なくして栄冠なし』より。

会って直談することが、悪感情を一掃するのに最上の方法である。

エイブラハム・リンカーン（一八〇九〜一八六五年）

楠木正成は、鎌倉時代末期から南北朝時代の武将。鎌倉時代末期、民衆は重税に苦しみ、幕府打倒を目指して後醍醐天皇が京都で兵をあげた。しかし幕府に恐れをなして倒幕勢力に加わる者は少ない。このときに駆けつけた数少ない武将の中に楠木正成がいたという。

オルコットは、アメリカの教育者、作家、超越主義者。

ウィリアム・ペンは、宗教家。イギリスの植民地だった当時のアメリカにフィラデルフィア市を建設し、ペンシルベニア州を整備した。彼が示した民主主義重視は、アメリカ合衆国憲法に影響を与えた。

リンカーンは、第16代アメリカ大統領。〝奴隷解放の父〟と呼ばれた。奴隷解放政策は、南北戦争を勃発させ、リンカーンは、南北戦争の最末期に暗殺される。アメリカ初の大統領暗殺事件である。

確信を持て、いや、確信があるように振る舞え。そうすれば次第に本物の確信が生まれて来る。　フィンセント・ファン・ゴッホ（一八五三～一八九〇年）

私は、十字架に張り付けになるよりも、敵に勝とうと思う。
エルネスト・ラファエル・ゲバラ・デ・ラ・セルナ（チェ・ゲバラ一九二八～一九六七年）　大学で行なった講演より。

世路は平々坦々たるものにあらずといえども、勇往邁進（ゆうおうまいしん）すれば、必ず成功の彼岸に達すべし。勤勉、努力、節倹（せっけん）、貯蓄、一日も怠るべからず。　安田善次郎（やすだ ぜんじろう一八三八～一九二一年）「世路」は、世の中を渡っていくこと。また、渡る世の中。「勇往邁進」は、目標に向かってわきめもふらず勇ましく前進すること。「節倹」は、出費を控えめにして質素にすること。節約。

ゴッホは、オランダの画家。生前に売れた絵は『赤い葡萄畑』の一枚だけだったという逸話がある。ポール・ゴーギャンと南フランスで共同生活をするが不仲になる。ゴーギャンに「自画像の耳の形がおかしい」と言われると、自分の左の耳たぶを切り取り女友達に送り付けるなどの奇行が目立ったために、精神病院に入院する。作風としては、日本の浮世絵の影響を受けたと言われている。猟銃で自殺するが他殺説もある。一九八七年、安田火災海上保険株式会社が、代表作『ひまわり』を約58億円で落札した。

安田善次郎は、富山県出身の実業家。安田財閥を設立する。ジョン・レノン夫人であるオノ・ヨーコの曽祖父にあたる。

運命は性格の中にある。

芥川龍之介（あくたがわ りゅうのすけ　一八九二〜一九二七年）

男性のあなたが、伝統的でスマートな社交術を身につけるためには、年齢や家柄に関係なくすべての女性に対して、恋しているように話かけなさい。そして、すべての男性に対しては、うんざりしているように話しかけなさい。

オスカー・フィンガル・オフラハティ・ウィルス・ワイルド（一八五四〜一九〇〇年）

自分が行動したことすべては、取るに足らないことかもしれない。しかし、行動したというそのことが重要なのである。

マハトマ・ガンジー（一八六九〜一九四八年）

境遇！　我、境遇をつくらん！

ナポレオン・ボナパルト（一七六九〜一八二一年）

芥川龍之介は、東京都出身の小説家。日本を代表する作家のひとりである。短編が多く、また『芋粥』『藪の中』『地獄変』『歯車』などは、『今昔物語集』や『宇治拾遺物語』などの古典から題材をとった。『蜘蛛の糸』『杜子春』などの児童向けの作品も残す。『続西方の人』を書き上げた後、睡眠薬を飲んで自殺する。

ガンジーは、インド独立の指導者、弁護士、宗教家。一九三七年から一九四八年にかけて、計五回ノーベル平和賞の候補になったが受賞にはいたっていない。非暴力運動において一番重要なことは、自分の中の臆病や不安を乗り越えることであると主張した。ガンジーは、初め「神は真理である」と述べていたが、のちに「真理は神である」という言葉に言い換えた。

人の一生は、重荷を背負うて遠き道を行くがごとし。急ぐべからず。

徳川家康（とくがわ いえやす　一五四三〜一六一六年）

江戸幕府が成立した一六〇三年に記した言葉。人生は思い通りにいかないもの。だからあせってはいけないという意味。または、人は自分の人生だけを考えて生きるのではなく、家臣や社会全体を考えるものだ。だから、焦らず時間をかけても成し遂げなければならないという意味。

罪悪のおかげで立身する者もいれば、美徳のために堕落する者もいる。

ウィリアム・シェイクスピア（一五六四〜一六一六年）

『以尺報尺』より。

自分を正しいと信じる者は万軍よりも強い。自分を正しいと思えない者は、少しの力も持っていない。

トーマス・カーライル（一七九五〜一八八一年）

徳川家康は、戦国武将、江戸幕府の初代征夷大将軍。豊臣秀吉の命令で江戸を本拠と定める。豊臣政権下で最大の大名として二五〇万石を領し、秀吉の没後、一六〇〇年、関ケ原の戦で石田三成や毛利輝元に勝利して江戸に幕府を開いた。幼少の不遇経験から忍耐力に富み、また状況に対応する的確な判断力を備えて諸大名の信望を集めた。すぐれた現実主義者であったと言われている。

シェイクスピアは、イギリスの劇作家、詩人。もっとも優れた英文学の作家とも言われている。約20年間に四大悲劇『ハムレット』『マクベス』『オセロ』『リア王』をはじめ、『ロミオとジュリエット』『ヴェニスの商人』『夏の夜の夢』『ジュリアス・シーザー』など多くの傑作を残した。

少年よ、大志を抱け！

ウィリアム・スミス・クラーク（一八二六～一八八六年）

人間は海のようなものである。あるときは穏やかで友好的、あるときは荒れて悪魔のようだ。ここで注意すべきことは、人間もほとんどが水で構成されているということである。

アルベルト・アインシュタイン（一八七九～一九五五年）

絶望とは、愚者の結論である。

ベンジャミン・ディズレーリ（一八〇四～一八八一年）

人生における悲劇は、目標を達成しなかったことにあるのではない。人生に目標を持たなかったことにあるのだ。

ベンジャミン・メイズ（一八九四～一九八四年）

クラークは、札幌農学校（現・北海道大学）の初代教頭。「Boys, be ambitious（少年よ、大志を抱け）」は、札幌農学校一期生との別れの際にクラークが言った言葉として有名であるが、実は彼の言葉ではないという説もある。ちなみに「少年よ、大志を抱け」の次には、「しかし、金を求める大志であってはならない。利己心を求める大志であってはならない。名声という、つかの間のものを求める大志であってはならない。人間としてあるべきすべてのものを求める大志を抱きたまえ」という言葉が続く。

ベンジャミン・メイズは、アフリカ系アメリカ人の教育者、神学者。教育における人種差別に反対し続け、のちにキング牧師などに多大な影響を与えた。

努力する人は希望を語り、怠ける人は不満を語る。

井上靖（いのうえやすし　一九〇七〜一九九一年）

虎穴に入らずんば、虎児を得ず。

范曄（はんよう　三九八〜四四五年）『後漢書』より。虎が住む穴に入らなければ、虎の子どもを捕らえることはできない。転じて、危険を冒さなければ、望みの物を手に入れることはできないという意味。

成功の秘訣を問うなかれ。なすべき一つひとつの小さなことに全力を尽くしなさい。

ジョン・ワナメーカー（一八三八〜一九二二年）

人生の大きな目的は、知識ではなく行動にある。

トマス・ヘンリー・ハクスリー（一八二五〜一八九五年）

井上靖は、北海道出身の小説家、詩人。芥川賞をはじめ、文化功労者と文化勲章などを受賞した。代表作は『風林火山』『蒼き狼』『しろばんば』など。

『後漢書』は、中国後漢朝について書かれた歴史書。成立は五世紀南北朝時代の南朝宋の時代で編者は范曄。范曄は、政治家、歴史家。無神論者で当時の宗教的な慣習などを否定する文章を残している。

ジョン・ワナメーカーは、アメリカの企業家、実業家にして郵政長官。〝デパート王〟と称される。

トマス・ハクスリーは、イギリスの生物学者。ダーウィンの進化論を弁護して、〝ダーウィンの番犬（ブルドッグ）〟の異名で知られる。

はじめは処女の如く、終わりは脱兎の如し。

孫武（そんぶ BC五三五〜不詳）『孫子』より。勝つためには、はじめは弱々しく見せて敵を欺き、終盤になって見違えるような強い力を示して攻撃せよという意味。

議論するときには、言葉は優しく、しかも論旨を正確にわかりやすく述べよ。相手を怒らせるな。相手を説き伏せることが目的である。

マーガレット・ウィルキンソン（一八八三〜一九二八年）

成功の秘訣は、職業をレジャーとみなすことだ。

マーク・トウェイン（一八三五〜一九一〇年）

名誉を得る秘訣は、正道にあり。

フランシス・ベーコン（一五六一〜一六二六年）

孫武は、中国春秋時代の思想家、将軍。孫子とも称さる。呉に仕え、その勢力拡大に大いに貢献した。『孫子』は、孫武の兵法書。『孫子』が書かれる以前は、戦争の勝敗は天運に左右されるという考え方が強かった。古今東西の兵法書でもっとも著名な一冊である。

マーガレット・ウィルキンソンは、イギリスの詩人。

マーク・トウェインは、アメリカの小説家。代表作は『トム・ソーヤーの冒険』『王子と乞食』『ハックルベリー・フィンの冒険』など。日本では井上光晴、大江健三郎、中上健次などが影響を受けた。

苦は楽の種、楽は苦の種と知るべし。　徳川光圀（とくがわみつくに　一六二八〜一七〇一年）

寛容と無関心は違う。寛容には、理解と共感がなければならない。もっとも大切な寛容さは、社会や国家の個人に対する寛容さである。　アルベルト・アインシュタイン（一八七九〜一九五五年）

好機は、それが去ってしまうまで気づかれないものだ。
ミゲル・デ・セルバンテス・サアベドラ（一五四七〜一六一六年）『ドン・キホーテ』より。

生きるとは、呼吸することではない。行動することだ。
ジャン・ジャック・ルソー（一七一二〜一七七八年）

徳川光圀は、江戸時代の水戸藩第二代の藩主。漫遊記は明治時代の創作であるが、『大日本史』の編纂は有名。これは本格的な日本の通史で完成するのに明治39年までかかった。幕府に対しても影響力があり、徳川綱吉の生類憐み令などに対して批判的態度を示した。

セルバンテスは、スペインの作家。小説『ドン・キホーテ』の著者として知られる。世界的文学者のひとりとして、同時代および後世に多大な影響を与えた。シェイクスピアも『ドン・キホーテ』を読んでいたと言われている。

ジャン・ジャック・ルソーは、スイス生まれの哲学者、作家、作曲家。理論にとどまらない著作は広く読まれ、フランス革命やそれ以降の社会思想にも精神的な影響を与えた。

成功の最大の秘訣は、他人や状況に振り回されない人間になること。それだけだ。

アルベルト・シュヴァイツァー（一八七五～一九六五年）

金銭の借手にも貸手にもなるな。借りたお金は倹約の気持ちをなくさせ、貸したお金は、それ自体と友人を失うことになるから。

ウィリアム・シェイクスピア（一五六四～一六一六年）『ハムレット』より。

我々の最大の栄光は、一度も失敗しないことではなく、倒れるごとに起きることにある。

オリヴァー・ゴールドスミス（一七二八～一七七四年）

たとえ、明日世界が滅亡しようとも、私は今日、リンゴの木を植える。

マルティン・ルター（一四八三～一五四六年）

アルベルト・シュヴァイツァーは、ドイツ出身のアルザス人でフランスの哲学者、医者。中部アフリカに位置するガボン共和国で医療に生涯を捧げ、マザー・テレサやガンジーと並び、20世紀のヒューマニストとして知られている人物。バッハ研究家としても有名。

ゴールドスミスは、アイルランドの作家。代表作は『ウェイクフィールドの牧師』『お人よし』『負けるが勝ち』『旅人』など。

マルティン・ルターは、ローマ帝国の神学者、説教家で、ルーテル教会の創始者である。

分別と忍耐力に支えられた炎のような情熱を持つ人は、成功者になる資格がもっともある。

デール・ブレッケンリッジ・カーネギー（一八八八～一九五五年）

百里行く者は九十を半ばにす。

劉向（りゅうきょう　BC七七～BC六年）『戦国策』より。百里の道を行きたいなら、九十里に達したときに「まだ半分だ」と思って進まなければいけない。詰めが肝心であり、達成間近に気持ちを引き締め直せという意味。

人間は〝反省することなく行動する〟ときに、初めて理想を現実にする力をもつ。

ジョルジュ・ソレル（一八四七～一九二二年）

理想は自身の中にある。その理想を達成するための障害も自身の中にある。

トーマス・カーライル（一七九五～一八八一年）

カーネギーは、アメリカの実業家、作家。自己啓発書の元祖と呼ばれ、『人を動かす』は日本で四三〇万部、世界で一五〇〇万部以上の売上を記録し、『道は開ける』も日本で二〇〇万部以上を売り上げた。

劉向は、前漢の学者、政治家。『戦国策』は、戦国時代の逸話などを国別に編集した書物。

ジョルジュ・ソレルは、フランス人の哲学者、社会理論家。フランス政府の技監として働き始めるが、マルクス主義に傾倒し労働組合の団結と闘争を説く。その反議会主義と直接行動への志向は当時の知識人と労働者に歓迎された。

終りを謹むこと始めの如くなれば、敗れることなし。

老子（ろうし　BC六世紀頃）『老子』（老子道徳経（ろうしどうとくきょう））より。

人生劈頭（へきとう）一個のことあり。立志これなり。

春日潜庵（かすがせいあん　一八一一〜一八七八年）人生では、まっさきに志を立てることが大切であるという意味。「劈頭」は、物事のはじめ。まっさき。冒頭という意味。

人生で成功するには、スキがあって抜けているように見えて、その実、頭にキレがなければならない……という実証例を、私はいくらでも見て来た。

シャルル・ド・モンテスキュー（一六八九〜一七五五年）

チャンスが二度、自分のドアをノックすると思うな。

セバスチャン・シャンフォール（一七四一〜一七九四年）

老子は、中国の春秋時代の思想家。履歴については不明な部分が多く、実在が疑問視されることもある。『老子』は、老子が書いたと伝えられる書。『老子道徳経』は本来の名称。

春日潜庵は、幕末の儒学者。京都における尊攘派の中心として活躍したため、安政の大獄で処せられた。

シャルル・ド・モンテスキューは、フランスの哲学者、政治思想家である。

セバスチャン・シャンフォールは、18世紀のフランスの文学者。

男子志を立てて郷関を出づ。学若し成らずんば死すとも帰らず。骨を埋むるあに墳墓の地を期せん。人間いたる所青山にあり。

月性（げっしょう　一八一七～一八五八年）『將東遊題壁』より。　男子が志を立てて故郷を旅立つからには、目的を達成しない限り、二度と故郷の地を踏むことはできない。死んで骨を埋めるのに墓が必要だろうか。いたるところに青く美しい山々があるのに、という意味。「郷関」は故郷。墳墓は死体や遺骨を葬った所。または墓。

百聞は一見に如かず。

班固（はんこ　三二～九二年）や班昭（はんしょう　四五頃～一一七年頃）らによって編纂『漢書』より。

時代を動かすものは、主義にあらず。人格が動かす。

オスカー・フィンガル・オフラハティ・ウィルス・ワイルド（一八五四～一九〇〇年）

月性は、現在の山口県にある妙円寺（本願寺派）の住職。幕末において尊王攘夷を唱えた。鹿児島湾で西郷隆盛と入水した僧月照とは別人。

班固は、後漢初期の歴史家、文学者。班昭は、後漢の作家、中国初の女性歴史家。『漢書』は、後漢のときに班固、班昭らによって編纂された歴史書。前漢の成立から王莽政権までについて書かれた。『後漢書』との対比から『前漢書』ともいう。『史記』が通史であるのに対し、『漢書』は断代史の形式をとり、のちの正史編纂の規範となった。

勇断なき人はことをなすこと能わず。

島津斉彬（しまづ なりあきら　一八〇九～一八五八年）『斉彬公言行録』より。　決断力のない者は、仕事ができないという意味。「勇断」は、勇気を出して決断すること。

島津斉彬は、幕末の外様大名で、薩摩藩の第十一代藩主。西郷隆盛ら幕末に活躍する人材を育て、養女である篤姫を徳川家に嫁がせた。将軍継嗣問題で敗れた島津斉彬は、抗議のため上洛することを計画する。しかしその年にコレラにかかり死亡する。幕府との対立を避けようとする者の暗殺という説もある。

自分は役に立つ人材だという自信ほど、大切なものはない。

アンドリュー・カーネギー（一八三五～一九一九年）

狂気を少しも含まない天才は絶対にいない。

アリストテレス（BC三八四～BC三二二年）

アリストテレスは、古代ギリシアの哲学者。その多岐にわたる自然研究の業績から〝万学の祖〟とも呼ばれる。

いつも炎のように燃えていること。宝石のようなこの激しい炎をもって、いつも感動にうちふるえて生きていること。それこそが人生における成功である。

ウォルター・ペーター（一八三九～一八九四年）

ウォルター・ペーターは、イギリスの思想家、耽美主義の作家。オスカー・ワイルドなどの詩人や作家が影響を受けた。代表作は「キューピッドとプシケー」「ルネサンス」など。

できることでもできぬと思えばできぬ。できぬと見えてもできると信ずるがためにできることがある。

三宅雪嶺（みやけ せつれい　一八六〇～一九四五年）

人間の顔は、その人がもっている徳の一部である。

アモス・ブロンソン・オルコット（一七九九～一八八八年）

私達の人生は、私達が費やした努力だけの価値がある。

フランソワ・モーリアック（一八八五～一九七〇年）

人生における最大の失敗は、失敗を恐れ続けることである。

エルバート・ハバード（一八五六～一九一五年）

鶏鳴に起きざれば日暮に悔あり。

楠木正成（くすのき まさしげ　一二九四頃～一三三六年）

三宅雪嶺は、現在の石川県出身の哲学者、評論家。政教社を設立し、国粋主義の立場を主張する。生涯在野の立場を貫き、文部大臣を辞退している。こうした一貫とした姿勢が、左翼右翼を問わず多くの人々から尊敬を集めた。一九四三年には文化勲章を受章する。

フランソワ・モーリアックは、フランスのカトリック作家。一九五二年にノーベル文学賞を受賞し、日本でも遠藤周作や三島由紀夫などに影響を与えた。

エルバート・ハバードは、アメリカの教育家、作家。セールスマンとして成功を収めた40代初めに仕事を辞めて、大学で勉強を始めた。主な著作に『ガルシアへの手紙』など。

知を用うること徧(へん)なる者は、功を逐ぐることなし。　呂不韋（りょふい　不明～BC二三五年）『呂氏春秋(りょししゅんじゅう)』より。

知恵を多方面に少しずつ用いる者は成功しないという意味。

行動に移すときに、あまりに臆病になったり神経質にならないように。人生のすべてが実験なのだ。実験は、すればするほどうまくいくのだから。

ラルフ・ワルド・エマーソン（一八〇三～一八八二年）

主人は努めて家来に愛情を注ぐだけ。それだけで家来は主人に従う。

サキャ・パンディタ（一一八二～一二五一年）

ひとつの冷静な判断は、千の会議に勝っている。やるべきことは光を与えることであって、熱を与えることではない。

トーマス・ウッドロウ・ウィルソン（一八五六～一九二四年）

呂不韋は、秦の政治家。『呂氏春秋』は、呂不韋が共同編纂させた書物。『呂覧』ともいう。『呂氏春秋』の思想は儒家・道家を中心としながらも、諸学派の説が幅広く採用されている。天文暦学や音楽理論、農学理論など自然科学的な論説が多く見られ、自然科学史においても重要な書物である。ちなみに道家は、老子や荘子の説を奉じた学者の総称。

ウィルソンは、政治学者であり、第28代アメリカ合衆国大統領。

天才とは異常なる忍耐者をいう。　レフ・ニコラエヴィチ・トルストイ（一八二八～一九一〇年）

鹿を追う者は、兎を顧みず。　劉安（りゅうあん　BC一七九～BC一二二年）『淮南子』より。　大きな目的をもつ者は、小さなことがらにとらわれないという意味。

勝利の第一の秘訣は早起きだ。　トーマス・ウッドロウ・ウィルソン（一八五六～一九二四年）

卵を割らなければ、オムレツは作れない。　ヘルマン・ヴィルヘルム・ゲーリング（一八九三～一九四六年）

今日なし得ることは、明日に延ばしてはいけない。　ベンジャミン・フランクリン（一七〇六～一七九〇年）

トルストイは、ロシアの小説家、思想家。19世紀ロシア文学を代表する巨匠。代表作に『戦争と平和』『復活』など。非暴力主義者としても知られる。森鷗外や宮沢賢治をはじめ、日本の作家で影響を受けた者は枚挙にいとまがない。

ヘルマン・ゲーリングは、ドイツの政治家、軍人。軍における最終階級は全ドイツ軍で最高位の国家元帥。ヒトラーの後継者に指名されるなど常に注目される存在だった。

人と争うべからず、人の心を許すべからず。
豊臣秀吉（とよとみ ひでよし　一五三七〜一五九八年）

社会奉仕を目的とする事業は栄えるが、個人の利益を追求する事業は衰える。
ヘンリー・フォード（一八六三〜一九四七年）

もし、我々が空想家、理想主義者と言われるなら、何千回でも答えよう。「そのとおりだ」と。
エルネスト・ラファエル・ゲバラ・デ・ラ・セルナ（チェ・ゲバラ　一九二八〜一九六七年）

自分の実力の不十分なことを知ることこそ、自分の実力になる。
アウレリウス・アウグスティヌス（三五四〜四三〇年）

目的は必ずや手段を正当化する。
マシュー・プライアー（一六四四〜一七二一年）『イギリスの南京錠』より。

豊臣秀吉は、尾張国出身の室町時代後期から安土桃山時代にかけて活躍した戦国大名。半農半兵の家に生まれ、幾多の手柄をあげて織田信長に仕えるようになる。織田信長が本能寺の変で明智光秀に討たれると、山崎の戦いで光秀を破り、織田信長の後継の地位を得る。その後、大坂城を築き、天下統一を成し遂げた。太閤検地や刀狩などの政策で、日本を中世封建社会から近世封建社会へ変革した。〝戦国一の出世頭〟と評される。

アウレリウス・アウグスティヌスは、古代キリスト教の神学者、哲学者、説教者。古代キリスト教世界のラテン語圏において最大の影響力をもつ理論家と言われている。

マシュー・プライアは、イギリスの詩人。

真の自信は畢竟（ひっきょう）すれば、我自ら我が心の天に知られたるの意識にあらずや。　網島梁川（つなしま りょうせん　一八七三～一九〇七年）「畢竟」は、結局、究極、至極、最終。さまざまな経過を経ても最終的な結論としては。つまるところなどの意味がある。

失敗は一種の教育である。〝思考〟とはなんであるかを知っている者は、成功からも失敗からも、非常に多くのことを学ぶ。　ジョン・デューイ（一八五九～一九五二年）

志ある者は、事竟（つい）に成る。　范曄（はんよう　三九八～四四五年）『後漢書』より。強い意志があれば、いつかは成し遂げることができるという意味。

山中の賊を破るは易く、心中の賊を破るは難し。　王陽明（おうようめい　一四七二～一五二九年）『伝習録』より。

網島梁川は、明治時代の倫理学者、思想家。

ジョン・デューイは、20世紀前半を代表するアメリカの哲学者。パースやジェームズと並んで実際主義を代表する思想家である。また、機能主義の心理学者としても知られる。〝プラトンとカントの呪縛から解放した哲学者〟と呼ばれている。

王陽明は、中国の明代の儒学者、思想家。学問だけでは理に到達することはできないとして、仕事や日常生活の中の実践を通して心に理をもとめる実践儒学陽明学を起こした。

風林火山　武田信玄（たけだ しんげん　一五二一～一五七三年）

「風林火山」は、『孫子』に記された「其疾如風 其徐如林 侵掠如火 不動如山（その疾(はや)きこと風の如く、その徐(しず)かなること林の如く、侵(おか)し掠(かす)めること火の如く、動かざること山の如し）」という語句を略したもの。武田信玄は軍旗に「疾如風徐如林侵 掠如火不動如山」と書いて戦った。その軍旗は、今でも武田神社に現物が収蔵されている。ただし、「風林火山」という言葉を軍旗に使ったのは、武田信玄が最初というわけではない。信玄より二〇〇年ほど前の南北朝時代に、北畠顕家が陣旗として使っていたという。

人間であるかぎり、だれでも過ちは犯すものである。そんなとき賢者や善人は、自分の過ちや失敗の中から、社会や未来に有益な知恵を学び取るものである。

プルタルコス（四八頃～一二七年頃）

プルタルコスは、帝政ローマのギリシア人の著述家。著作に『対比列伝』（英雄伝）などがある。英語名のプルタークで表記されることもある。

言うべきときに「ノー」と言うのは、人生の平和と幸福を得る秘訣である。ノーと言うことができず、また言いたがらない者はたいていい落ちぶれる。世の中に悪が栄えるのは、我々がノーと言う勇気をもたないためである。

サミュエル・スマイルズ（一八一二～一九〇四年）

ただ労働のみ尊し。

トーマス・カーライル（一七九五～一八八一年）

克己（こっき）は勝利の最大なる要因なり。

プラトン（BC四二七～BC三四七年）「克己」は自分の感情や欲望、また邪念などに打ち勝つこと。

大いなる精神は、静かに忍耐する。

フリードリヒ・フォン・シラー（一七五九～一八〇五年）

サミュエル・スマイルズは、イギリスの作家、医者。スコットランド・ハディントン生まれ。医師になったが、のち執筆に専念するようになる。一八五八年に出版された「自助論」は、中村正直の翻訳により『西国立志編』として明治維新直後の日本に紹介され、福沢諭吉の『学問のすゝめ』と並んで広く読まれ、近代日本に大きく影響を与えた。自助論の序文「天は自ら助くる者を助く」は有名。

プラトンは、古代ギリシアの哲学者である。その思想は西洋哲学の源流であると言われている。

シラーは、ドイツの思想家、詩人、劇作家であり歴史学者。ベートーヴェンの交響曲第九番の原詞でもよく知られる。

賢明な思考より、慎重な行動が重要である。

マルクス・トゥッリウス・キケロ（ＢＣ一〇六～ＢＣ四三年）

言葉多ければ口の過ち多く、人に憎まれ災い起こる。謹みて多く言うべからず。

貝原益軒（かいばら　えきけん　一六三〇～一七一四年）

正直とか親切とか友情とか、そんなふつうの道徳を堅固に守る人こそ、真の偉大な人間というべきである。

アナトール・フランス（一八四四～一九二四年）

天才とは自ら法則をつくる者である。

イマヌエル・カント（一七二四～一八〇四年）

キケロは、共和政ローマ期の政治家、文筆家、哲学者である。

貝原益軒は、江戸時代の本草学者、儒学者。福岡県出身。

アナトール・フランスは、20世紀前半のフランスを代表する小説家、批評家。一九二一年ノーベル文学賞を受賞。芥川龍之介が傾倒し、石川淳が訳したことで日本では有名になる。

カントは、近代においてもっとも影響力をもった哲学者のひとり。プロイセン王国出身で大学教授でもある。批判哲学を提唱して、認識論における「コペルニクス的転回」をもたらす。ドイツ観念論哲学の祖ともされる。

ことわざ

商いは数でこなせ　利益を少なくして品物を数多く売るのが商売のコツであるという意味。
生兵法は大怪我のもと　身についていない知識や技術に頼っていると失敗するという意味。
新しい酒は新しき皮袋に盛れ　新しい仕事をするには、それにふさわしい新しい形式や方法をとるべきだという意味。
危ない橋も一度は渡れ　冒険を避けていては成功できないという意味。
棒ほど願って針ほど叶う　世の中は願い通りにはいかないという意味。
抜け駆けの功名　人を出し抜いて立てた手柄や利益という意味。
商人と屏風は曲がらねば立たぬ　自分の感情を殺して客と接しないと商売は成功しないという意味。
人盛んにして天に勝つ　勢いがあるときは、天の道理にそむいても成功するという意味。ただし、そういう成功は一時的なものだという意味もある。
悪は一旦のことなり　不正で富みを得ても長続きはしないという意味。
読書亡羊（どくしょぼうよう）　羊の放牧中に読書をしていて番を怠けたため、羊に逃げられた。他のことに気をとられて、肝心な仕事をおろそかにするという意味。

第10章

老いを楽しむための名言

死はいずれやって来る。それがいつなんて、そんなことはどうでもいいじゃないですか。　アルベルト・アインシュタイン（一八七九～一九五五年）

人生。それは、誕生と死、そのふたつの永遠の時間のわずかな一閃にしかすぎない。　トーマス・カーライル（一七九五～一八八一年）

青春の夢に忠実であれ。　フリードリヒ・フォン・シラー（一七五九～一八〇五年）

青春時代に得たいと願ったものは、老年にいたって豊かに与えられる。　ヨハン・ヴォルフガング・フォン・ゲーテ（一七四九～一八三二年）

アインシュタインは、ドイツ生まれのユダヤ人理論物理学者。20世紀最大の物理学者と呼ばれる。第二次世界大戦終結後、アインシュタインは「我々は戦いには勝利したが、平和まで勝ち取ったわけではない」と演説する。彼を訪ねた日本人記者に対して「敗戦国である日本には大変深く同情する。しかし戦勝国もまた苦しい道を歩いている」と述べたという。

トーマス・カーライルは、19世紀イギリスの思想家、歴史家。

シラーは、ドイツの思想家、詩人、劇作家であり歴史学者。ベートーヴェンの交響曲第九番の原詞でもよく知られる。

ゲーテは、ドイツの詩人、劇作家、小説家、哲学者、法律家。ドイツを代表する文豪であり、小説『若きウェルテルの悩み』、叙事詩『ヘルマンとドロテーア』、詩劇『ファウスト』などを残した。

死ぬまでに、それがたとえひとつでも、だれかの心に深く入り込むことができたなら、それは幸せである。

フランソワ・モーリアック（一八八五～一九七〇年）『蝮のからみ合い』より。

輪廻転生なんか信じんやろ。わしは「死んでブタに生まれ変わったらどないしよ」と思うたら、気になってしゃあなかったんや。しかしだんだん年をとったら、ブタになったらなったでしゃあないと思うようになったわ。

湯川秀樹（ゆかわひでき　一九〇七～一九八一年）

命というものは、はかないからこそ、尊く、厳かに美しいのだ。

パウル・トーマス・マン（一八七五～一九五五年）

なにかを責めるには老いすぎ、なにかを行なうにはまだ若い。

ヨハン・ヴォルフガング・フォン・ゲーテ（一七四九～一八三二年）

フランソワ・モーリアックは、フランスのカトリック作家。一九五二年にノーベル文学賞を受賞し、遠藤周作や三島由紀夫に影響を与えた。

湯川秀樹は、京都出身の理論物理学者、京都大学名誉教授。一九四九年、日本人として初めてのノーベル賞を受賞した。広島平和公園にある若葉の像の台座に「まがつびよ ふたたびここに くるなかれ 平和をいのる 人のみぞここは」という湯川の短歌の銘文が刻まれている。

パウル・トーマス・マンは、ドイツの小説家。『ブッデンブローク家の人々』で名声を得て、一九二九年にノーベル文学賞を受賞した。ナチス政権下にはスイスやアメリカで亡命生活を送り、ドイツに戻ることはなかったが、エッセイや講演でドイツの文化に対する自問を続けた。

どのみち死なねばならぬなら、私は納得して死にたい。
梅崎春生（うめざき はるお　一九一五〜一九六五年）

大人も子どもも、賢者も愚者も、貧者も富者も、死においては平等である。
ガブリエル・ロレンハーゲン（一五八三〜一六二一年）

恋愛に年齢はない。恋はいつでも、何歳になっても生まれるものである。
ブレーズ・パスカル（一六二三〜一六六二年）

人生は、アップで見ると悲劇だが、ロングショットではコメディだ。
チャールズ・スペンサー・チャップリン・ジュニア（一八八九〜一九七七年）

梅崎春生は、福岡県出身の小説家。『ボロ家の春秋』で第32回直木賞を受賞するなど、第一次戦後派作家のひとりと言われている。

ロレンハーゲンは、ドイツ詩人。代表作は『エンブレムの種』など。

パスカルは、フランスの数学者、物理学者、哲学者、思想家、宗教家。早熟の天才で、その才能は多方面に及ぶため、カテゴリーに納めることが困難。「人間は考える葦である」という遺著『パンセ』の中の言葉によって広く知られている。

チャップリンは、イギリスの映画俳優、映画監督、コメディアン、脚本家。亡くなった場所はスイス。「映画を20世紀の芸術にしたチャップリン」「〝チャップリン〟は映画用語のひとつ」などと言われている。

我とともに老い給え。最良のものは、もっと未来にある。

ロバート・ブラウニング（一八一二～一八八九年）『ラビ・ベン・エズラ』より。

生は死から生じる。麦が芽を出すためには、種が死ななければならない。

マハトマ・ガンジー（一八六九～一九四八年）

人間性に絶望してはいけない。なぜなら、私達は人間だから。

アルベルト・アインシュタイン（一八七九～一九五五年）

死は、過去も未来もない状態、〝永遠〟に入るための入口である。

シモーヌ・ヴェイユ（一九〇九～一九四三年）

人間、死ぬときは死ぬ。それがよい。

白隠慧鶴（はくいんえかく　一六八五～一七六八年）

ロバート・ブラウニングは、イギリスの詩人。詩人エリザベス・ブラウニングの夫であり、彫刻家ロバート・バレット・ブラウニングの父である。

ガンジーは、インド独立の指導者、弁護士、宗教家。ノーベル平和賞の候補に合計五回ものぼったが受賞にはいたってはいない。非暴力運動において一番重要なことは「自分の中の臆病や不安を乗り越えることである」と主張した。また、「神は真理である」と述べていたが、のちに「真理は神である」という言葉に言い換えた。

シモーヌ・ヴェイユは、フランスの哲学者。学校卒業後、教員になるがすぐに政治活動に身を投じる。スペインやイギリスなどで活動を行い、ロンドンで亡くなる。

白隠慧鶴は、現在の静岡県出身、臨済宗中興の祖と言われる江戸中期の禅僧。

人はときおり、悪夢から目覚めた瞬間、安堵で胸をなでおろすことがある。同じように、人はおそらく死んだ瞬間、安堵で胸をなでおろすのだろう。　ナサニエル・ホーソーン（一八〇四～一八六四年）

死は人を悲しませる。にもかかわらず人生の三分の一は、眠りの中にある。　ジョージ・ゴードン・バイロン（一七八八～一八二四年）

老人は一日をもって十日として、日々楽しむべし。常に日を愛惜して一日もあだに暮すべからず。　貝原益軒（かいばらえきけん　一六三〇～一七一四年）『養生訓』より。

死すべきときを知らざる者は、生きるべきときを知らず。　ジョン・ラスキン（一八一九～一九〇〇年）

ナサニエル・ホーソーンは、アメリカの小説家。クエーカー教徒迫害に関与した者や魔女裁判の判事を務めた者、近親相姦の嫌疑をかけられ迫害された者を祖先にもつ影響から、善と悪、罪を扱った宗教的な内容の作品が多い。彼が活動した時期、アメリカでは文学も〝商品〟とされ、芸術性より売り上げが重要視され始める。芸術家としての作家という理想を持っていた彼は、このギャップに苦しんだ。

ジョージ・ゴードン・バイロンは、イギリスの詩人。

貝原益軒は、江戸時代の本草学者、儒学者。福岡県出身。

ジョン・ラスキンは、19世紀イギリスの評論家、美術評論家。中世のゴシック美術を賛美する『建築の七燈』『ヴェニスの石』などを執筆した。

燃やすのに一番いいのは老木。飲むには古酒。信頼するには旧友。読むのは古典。　フランシス・ベーコン（一五六一〜一六二六年）

私は長生きした。その人生において、多くの不安を抱えてきたが、そのほとんどが現実には起らなかった。　マーク・トウェイン（一八三五〜一九一〇年）

ここにまた青空の朝は明けた。考えよ。汝はそれを無用に過ぎ去らしめようとするか。　トーマス・カーライル（一七九五〜一八八一年）『今日』より。

この盃を受けてくれ　どうぞなみなみつがしておくれ　花に嵐のたとえもあるぞ　さよならだけが人生だ　井伏鱒二（いぶせ ますじ　一八九八〜一九九三年）『厄除け詩集』より。

フランシス・ベーコンは、イングランド近世のキリスト教神学者、哲学者、法律家である。

マーク・トウェインは、アメリカの小説家。ミズーリ州出身。『トム・ソーヤーの冒険』の著者として知られる。トウェインの死後、『八月の光』の著者ウィリアム・フォークナーは「トウェインは最初の真のアメリカ人作家であり、我々は彼の相続人である」と記した。

井伏鱒二は、広島県の生まれの小説家。「さよならだけが人生だ」は、『唐詩選』に収められている「勧酒（酒を勧む）」の結句を井伏鱒二が訳したもの。

一日をつつしみ、その世を終う。

呂不韋（りょふい　生年未詳〜BC二三五年）『呂氏春秋（りょししゅんじゅう）』より。　一日一日を心して生きて、はじめて人生を静かに終えることができるという意味。

私達が体験できるもっとも美しいものは、神秘です。そして、この神秘が芸術と科学の源です。神秘に対して、不思議に思ったり驚きを感じなくなったら、死んだも同然だということですよ。

アルベルト・アインシュタイン（一八七九〜一九五五年）

死ぬことは、恐ろしくて大きな冒険である。

ジェームス・マシュー・バリー（一八六〇〜一九三七年）『ピーターパン』より。

生活というものは、実に深い味わいをもっているので、私は自分が生活以上のものを考えることは許さないつもりだ。

ジュール・ルナール（一八六四〜一九一〇年）『日記』より。

呂不韋は、秦の政治家。『呂氏春秋』は、呂不韋が共同編纂させた書物。『呂覧』ともいう。その思想は、諸学派の説が幅広く採用されている。天文暦学や音楽理論、農学理論など自然科学的な論説が多く見られ、自然科学史においても重要な書物である。

ジェームス・マシュー・バリーは、スコットランド生まれのイギリスの劇作家、童話作家。〝バリ〟と表記されることもある。代表作は『小さな白い鳥』『ケンジントン公園のピーターパン』など。

ジュール・ルナールは、フランスの小説家、詩人、劇作家。代表作は『にんじん』。鋭い観察力と日常的な言葉で優れた作品を残した。

今日を捕えよ。できるだけ明日に頼らないで。　クィントゥス・ホラティウス・フラックス（BC六五〜BC八年）『頌歌』より。

ホラティウスは、古代ローマ時代の南イタリアの詩人。ホラティウスの「詩は絵のように」という言葉は、近世詩論や絵画論に影響を与えた。

どのように死ぬかではなく、どのように生きるかが問題なのだ。　サミュエル・バトラー（一八三五〜一九〇二年）「チェスターフィールドへの手紙」より。

サミュエル・バトラーは、イギリスの作家。

鳥の将に死せんとするとき、その鳴くや哀し。人の将に死せんとするとき、その言や善し。　『論語』より。　鳥は死ぬときには死を恐れて悲しそうに泣く。悪い者でも死ぬときは私利私欲から離れ、良いことと言うという意味。

『論語』は、孔子（BC五五一〜BC四七九年）の死後、その言行を弟子が編集した書物。

幕を降ろせ。喜劇は終わった。　フランソワ・ラブレー（一四八三頃〜一五五三年）『死の床での言葉』より。

フランソワ・ラブレーは、フランス・ルネサンスを代表する作家。また医学を学び、ヒポクラテスの医書を研究したことでも有名である。

最善の生活は、ただ酔うことだ。　ジョージ・ゴードン・バイロン（一七八八～一八二四年）『ドン・ジュアン』より。

我々はなにも知らないのだ。どのぐらい知らないか。我々の知識は小学生と変わらない。　アルベルト・アインシュタイン（一八七九～一九五五年）

生ある者は必ず死す。この世を経て永劫に向かうのは、人の世の常というもの。　ウィリアム・シェイクスピア（一五六四～一六一六年）『ハムレット』より。

年老いて腰が曲がった者には、死は解放としてやって来る。自分が年老いて、最後には返さなければならない古い借金にようなものだと、死を思えるようになった今、つくづくそう思う。　アルベルト・アインシュタイン（一八七九～一九五五年）

ジョージ・ゴードン・バイロンは、イギリスの詩人。当時の偽善と偏見をあざけり、イギリス・ロマン主義を代表する作品で、ロシアをふくむヨーロッパ諸国の文学に影響を与えた。日本でも明治以来、もっともよく知られたイギリス詩人のひとりである。

シェイクスピアは、イギリスの劇作家、詩人。もっとも優れた英文学の作家とも言われている。約20年間に四大悲劇『ハムレット』『マクベス』『オセロ』『リア王』をはじめ、『ロミオとジュリエット』『ヴェニスの商人』『夏の夜の夢』『ジュリアス・シーザー』など多くの傑作を残した。

老いて恋の虜になるその姿。若者以上に夢中になる。

ラ・ロシュフコー（一六一三〜一六八〇年）

生はこれ楽にあらず、衆苦の集まるところ。死また楽にあらず、衆憂たちまち迫る。

空海（くうかい　七七四〜八三五年）

人生、短く感じることもあるが、清く美しい生活をするには十分に長い。

マルクス・トゥッリウス・キケロ（BC一〇六〜BC四三年）

この一日の身命は、尊ぶべき身命なり。

道元（どうげん　一二〇〇〜一二五三年）

退屈は、人生を短縮しその光明の日を奪う。

ラルフ・ワルド・エマーソン（一八〇三〜一八八二年）

ラ・ロシュフコーは、フランスの貴族で文学者。人間性と道徳について追求した。

空海は、平安時代初期の僧、日本真言宗の開祖。弘法大師の名前で有名。嵯峨天皇、橘逸勢と共に三筆のひとりに数えられる。

キケロは、共和政ローマ期の政治家、文筆家、哲学者である。

道元は、鎌倉時代初期の禅僧。日本曹洞宗の開祖。

エマーソンは、アメリカの思想家、哲学者、作家、詩人、エッセイスト。

生あるもの、そのすべてが目指すのは死である。　ジークムント・フロイト（一八五六〜一九三九年）

生涯をかけて学ぶべきことは、〝死〟である。
ルキウス・アンナエウス・セネカ（BC一年頃〜AD六五年）

生者必滅（しょうじゃひつめつ）、会者定離（えしゃじょうり）。　作者未詳『源平盛衰記（げんぺいじょうすいき）』より。
命ある者はいつかは必ず亡くなる。出遇う者は必ず別れる運命にあるという意味。

人間は生きることが全部である。死ねばすべてなくなる。
坂口安吾（さかぐちあんご　一九〇六〜一九五五年）

今年死ぬ者は、来年は死なずにすむ。　ウィリアム・シェイクスピア（一五六四〜一六一六年）

フロイトは、オーストリアの精神分析学者。『夢判断』の研究で一般的にも知られるが、フロイトが残した研究成果は、精神医学や臨床心理学などの基礎になっただけでなく、20世紀以降の文学や芸術・人間理解に広く影響を与え続けている。

セネカは、ローマ帝国の政治家、哲学者、詩人である。

『源平盛衰記』は、四八巻からなる軍記物で鎌倉後期以降に成立した。「平家物語」の異本で、一般に流布した「平家物語」に比べて歴史を精密に再現しようとする傾向が強く、文体はやや流麗さを欠く。謡曲・浄瑠璃など後世の文芸への影響は大きい。

坂口安吾は、小説家、エッセイスト。終戦直後に発表した『堕落論』で時代の象徴的な存在になり、多くの作家や若者に影響を与えた。

ついにゆく、道とはかねて知りながら、昨日今日とは思わざりしを。

『伊勢物語』に収録された在原業平（ありわら の なりひら　八二五〜八八〇年）の歌より。　いつかは通る道であるとは知っていたが、まさかそれが、昨日今日に来るとは思いもしなかったという意味。

人生は宿屋、死は旅の終わり。

ジョン・ドライデン（一六三一〜一七〇〇年）

人間にとって大切なのは、この世に何年生きているかということではない。この世でどれだけ価値のあることをするかである。

オー・ヘンリー（一八六二〜一九一〇年）

心にシワはない。

セヴィニエ侯爵夫人マリー・ド・ラビュタン・シャンタル（一六二六〜一六九六年）

在原業平は、平安時代初期の貴族で歌人。『伊勢物語』の主人公とみなされている。『伊勢物語』自体は作者・成立ともに未詳で、平安時代初期に成立した歌物語。ある男の元服から死にいたるまでを歌と歌に添えた物語によって描いている。歌人・在原業平の和歌を多く採録し、主人公を在原業平の異名で呼んだりしている。

ジョン・ドライデンは、イギリスの詩人、文芸評論家、劇作家。王政復古時代のイギリス文学界は〝ドライデンの時代〟と言われるほど影響力をもっていた。

オー・ヘンリーは、アメリカの小説家。四〇〇編近い短編小説を残した。市民の悲しみを表現したものが多く、映画化されたものも少なくない。

セヴィニエ夫人は、フランスの貴族。

私には三人の信頼できる友がいる。老妻、老犬、そして貯金だ。

ジョージ・ワシントン（一七三二～一七九九年）

私は、心の中に老人をもっている青年を好ましく思う。同じように青年をもっている老人を好ましく思う。このような人達は、いくつになっても心が老いることはない。

マルクス・トゥッリウス・キケロ（BC一〇六～BC四三年）

人は死を恐れる。子どもが暗闇を恐れるように。この恐怖がいろいろな物語によって大きくなるように、死への恐怖も大きくなる。

フランシス・ベーコン（一五六一～一六二六年）

私は、この浮き世をただ浮き世として見ている。人はみな、なにか一役ずつ演じなければならない舞台だ。

ウィリアム・シェイクスピア（一五六四～一六一六年）『ベニスの商人』より。

ジョージ・ワシントンは、アメリカの政治家、初代大統領。子どものときに桜の木を切ったことを父親に正直に話し、かえって誉められたという話はフィクションである。ワシントンが子どもの頃には、アメリカ大陸には桜はなかったと言われている。ワシントンは典型的な奴隷所有者で、亡くなるときには三一七人の奴隷を所有していた。

浮生夢のごとし。

李白（りはく　七〇一～七六二年）

死んでしまえば、なにもかも帳消しだい。

ウィリアム・シェイクスピア（一五六四～一六一六年）『台風』より。

もし、私が創造主であったなら、青春を人生の終わりに置いたであろう。

アナトール・フランス（一八四四～一九二四年）『エピキュールの園』より。

「人間はだんだん年をとっていくものだ」と、いつも考えることほど、人間を老けさせることはない。

ゲオルク・クリストフ・リヒテンベルク（一七四二～一七九九年）

恋する老人は、自然界において異質なものである。

ジャン・ド・ラ・ブリュイエール（一六四五～一六九六年）『人さまざま』より。

李白は、唐の詩人。奔放で変幻自在な詩風から、同時代の杜甫とともに中国詩歌史上最高の存在とされる。この時代の偉大な文学者は、基本的に官僚であったが、李白は試験を受けようとせず、放浪に明け暮れた。

アナトール・フランスは、20世紀前半のフランスを代表する小説家、批評家。一九二一年にノーベル文学賞を受賞。芥川龍之介が傾倒し、石川淳が訳したことで日本では有名になる。

リヒテンベルクは、ドイツの科学者。ドイツで初の実験物理学の専門の教授になる。誘電体上の放電分岐パターンを発見し、それはリヒテンベルク図形と呼ばれている。

ジャン・ド・ラ・ブリュイエールは、フランスの古代派の作家。

老人の忠告は、冬の陽の光である。照らすけれど、暖めはしない。

マルキ・ド・ヴォーヴナルグ（一七一五〜一七四七年）

死は最後の眠りである。いや、それは最初の目覚めである。

ウォルター・スコット（一七七一〜一八三二年）

恋は遅く来るほど激しい。

オヴィディウス（BC四三〜AD一七年）『恋の技術』より。

天地は万物の逆旅、光陰は百代の過客なり。

李白（七〇一〜七六二年）　天地は宿屋のようなもので、時間は永遠に続く旅人のようなものである。人の一生はほんのわずかなものであるという意味。

死と太陽は、直視することはできない。

ラ・ロシュフコー（一六一三〜一六八〇年）

ヴォーヴナルグは、フランスのモラリスト。人間性と道徳を論理的に筋道を立てて考えて、随想などで綴った。

ウォルター・スコットは、スコットランドの詩人、作家。

オヴィディウスは、古代ローマの詩人。ローマ帝国の初代皇帝・アウグストゥスをスポンサーにすることなく、エロティシズム溢れる恋愛詩でラテン文学の黄金期を代表する詩人になる。ギリシア神話を参考にした『愛の歌』におけるその性的描写にアウグストゥスが激怒し、島流しにされて死亡する。

ラ・ロシュフコーは、フランスの貴族、モラリストの文学者。

老いたのではなくて、良い葡萄酒のように熟したのだ。その男は。

ウェンデル・フィリップス（一八一一〜一八八四年）『ユーリーシーズ』より。

死のうと思っていた。今年の正月、よそから着物一反もらった。お年玉としてである。着物の布地は麻であった。鼠色の細かい縞目が織り込まれていた。これは夏に着る着物であろう。夏まで生きていようと思った。

太宰治（だざい おさむ 一九〇九〜一九四八年）

みんなに愛されているうちに消えるのが一番だ。

川端康成（かわばた やすなり 一八九九〜一九七二年）

嘘を含まないあらゆる歴史書は、すこぶる退屈である。

アナトール・フランス（一八四四〜一九二四年）

ウェンデル・フィリップスは、弁護士で作家。奴隷制度の廃止運動をはじめ、人権運動に力を注いだ。

太宰治は、青森県出身の昭和を代表する小説家。『逆行』が第一回芥川賞候補となる。新戯作派や無頼派と称され、『走れメロス』『津軽』『お伽草紙』『斜陽』『人間失格』などを残した。大学時代から自殺未遂や心中未遂を繰り返し、玉川上水で山崎富栄との入水自殺で死去する。

川端康成は、大阪府出身の小説家。『伊豆の踊子』『雪国』など〝日本の美〟を表現した作品を数多く発表し、新感覚派の代表的作家として活躍。68年に日本人では初となるノーベル文学賞を受賞したが、72年、ガス自殺を遂げた。

若い女性は美しい。しかし老いた女性はもっと深く美しい。
ウォルター・ホイットマン（一八一九〜一八九二年） 詩集『草の葉』の「美女」の一節。

人の一生は重荷を負て遠き道をゆくがごとし、いそぐべからず 不自由を常と思えば不足なし心に望みおこらば困窮したるときを思いだすべし 堪忍は無事長久の基いかりは敵と思え 勝つことばかりして負くることを知らざれば害そのみに至る 己を責めて人をせむるな 及ばざるは過ぎたるよりまされり
徳川家康（とくがわ いえやす 一五四三〜一六一六年）『遺訓』より。

死ぬということは、生きているよりいやなことです。しかし喜んで死ぬことができれば、くだらなく生きているよりは幸福です。
谷崎潤一郎（たにざき じゅんいちろう 一八八六〜一九六五年）

ホイットマンは、アメリカの詩人。アメリカ文学の超越主義から写実主義への過渡期を代表する作家で、作品には両方の特長が見られる。代表作の詩集『草の葉』は、性的表現が問題になることがあるが、アメリカ文学において影響力の大きい作家のひとりで、〝自由詩の父〟とも呼ばれる。政治意識が高く、奴隷制度に反対の立場をとったが、奴隷廃止運動には賛同しなかった。夏目漱石によって日本に紹介された。

徳川家康は、江戸幕府の初代征夷大将軍。鷹狩に出た先で倒れ、駿府城において死去した。死因は、鯛の天ぷらによる食中毒という説が有力であるが、近年では胃癌とも考えられている。

谷崎潤一郎は、東京出身の小説家。初期は耽美主義とされたが、作風は生涯にわたって変化し続けた。『痴人の愛』『春琴抄』『細雪』など通俗性と芸術性を高いレベルで昇華させた作品を残した。

生きたいと思わねばならない。そして死ぬことを知らねばならない。

ナポレオン・ボナパルト（一七六九〜一八二一年）

生きている兵士の方が、死んだ皇帝よりずっと価値がある。

ナポレオン・ボナパルト（一七六九〜一八二一年）

我々が彼を忘れてしまうまで、彼は死んだとは言えない。

ジョージ・エリオット（一八一九〜一八八〇年）

私は生き方を学んでいるつもりだったが、最初からずっと死に方を学んでいたのだ。

レオナルド・ダ・ヴィンチ（一四五二〜一五一九年）

老人は教訓を言いたがる。悪い手本を示す年齢ではなくなったことを自慰するために。

ラ・ロシュフコー（一六一三〜一六八〇年）

ナポレオンは、革命期フランスの軍人、政治家。フランス革命後に軍事独裁政権を樹立し、イギリスを除くヨーロッパの大半を征服した（ナポレオン戦争）。当時のイギリスの首相ウィリアム・ピットは「革命騒ぎの宝くじを最後に引き当てた男」と評し、ゲーテは「徳を求めたもののこれを見出せず、権力を掴むに至った」と評した。

ジョージ・エリオットは、イギリスの女流作家。代表作は『ミドルマーチ』など。

ダ・ヴィンチは、イタリアのルネサンス期を代表する芸術家。絵画や彫刻をはじめ、建築、土木、人体、その他の科学技術に通じ、極めて広い分野に足跡を残している。『最後の晩餐』や『モナ・リザ』などの精巧な絵画は、全盛期ルネサンスを代表する作品である。

賢者は、生きられるから生きるのではない。生きなければならないから生きるのだ。

ミシェル・エケム・ド・モンテーニュ（一五三三〜一五九二年）

死ぬことはなんでもないが、この世と別れることが、私にはつらい。

マルセル・パニョル（一八九五〜一九七四年）

結局人間は、死、悲惨、無知を癒すことができなかった。だから自分を幸福にするために、それらを敢えて考えないように工夫した。

ブレーズ・パスカル（一六二三〜一六六二年）『パンセ』より

生死などはなんでもない、つまらないことがらなのだ。ただ、生きていく態度が重要なのだ。

稲垣足穂（いながき たるほ 一九〇〇〜一九七七年）

モンテーニュは、16世紀ルネサンス期のフランスを代表する哲学者にしてモラリスト、懐疑論者、人文主義者。人間の生き方を探求した主著『エセー』は、フランスのみならず多くの国に影響を与えた。

マルセル・パニョルは、フランスの小説家で映画作家。小説『丘の泉』は自身の映画『フロレット家のジャン』と『泉のマノン』を小説化したもの。これらの映画は80年代にクロード・ベリ監督がリメイクして国際的な評価を得た。

稲垣足穂は、大阪府出身の小説家。抽象志向や飛行願望、メカニズム愛好と不毛なエロティシズム、天体とオブジェなどをモチーフにした独自性の高い数々の作品を発表した。代表作は『一千一秒物語』、『少年愛の美学』など。

だれでも死ぬ。でも私はいつも自分は例外だと思っていた。なのに、なんてこった。

ウィリアム・サローヤン（一九〇八～一九八一年）

人生は一瞬のことに過ぎない。そして、死もまた一瞬に過ぎない。

フリードリヒ・フォン・シラー（一七五九～一八〇五年）

私はつらい人生より死を選ぶ。

アイスキュロス（BC五二五～BC四五六年）

死は救いとは言いながら、そうは悟りきれぬものである。

大佛次郎（おさらぎ じろう　一八九七～一九七三年）

死にも長所がある。それは、老いと決着をつけられるところだ。

ジャン・ド・ラ・ブリュイエール（一六四五～一六九六年）

ウィリアム・サローヤンは、アメリカの小説家、劇作家。『我が名はアラム』は多くの国で翻訳され、日本でも真珠湾攻撃直前の一九四一年十一月に清水俊二の訳書が刊行された。

シラーは、ドイツの思想家、詩人、劇作家であり歴史学者。ベートーヴェンの交響曲第九番の原詞でもよく知られる。

アイスキュロスは、古代アテナイの三大悲劇詩人のひとり。代表作はオレスティア三部作。

大佛次郎は、神奈川県出身で『鞍馬天狗』シリーズで有名な作家。現代小説、歴史小説、ノンフィクション、さらには新歌舞伎や童話などまでを幅広く手がけた。

ラ・ブリュイエールは、フランスの古代派の作家。

死の持つ恐怖はただひとつ、それは明日がないということである。　エリック・ホッファー（一九〇二〜一九八三年）

満足した一日が安らかな眠りをもたらすように、満足できた一生は、安らかな死をもたらす。　レオナルド・ダ・ヴィンチ（一四五二〜一五一九年）

死ぬまでは、だれのことも幸せ者と呼ぶな。　アイスキュロス（BC五二五〜BC四五六年）

死ぬことはそんなに悪くない。死を考えることから解放してくれるから。　ジュール・ルナール（一八六四〜一九一〇年）

我々は生の真只中にあっても、死に取り囲まれている。
マルティン・ルター（一四八三〜一五四六年）

エリック・ホッファーは、アメリカの社会哲学者。両親と10代で死別し、学校教育は受けていないが、独学でさまざまな教養を身につけた。レストランで働いているときに、カルフォルニア大学の教授と出会い、研究員として働くが放浪生活へと戻る。64年からカリフォルニア大学の政治学研究教授になるが、65歳になるまで沖仲仕の仕事を続けた。70年代には、学生運動やヒッピーの若者のカリスマとして祭り上げられるが、彼はそんな若者をあまい子どもと見ていた。ホッファーの訃報に対して、大統領ロナルド・レーガンは大統領自由勲章を送った。

マルティン・ルターは、ローマ帝国の神学者、説教家で、ルーテル教会の創始者である。

生きることで、苦しむことで、過ちを犯すことで、身を危険にさらすことで、与えることで、愛することで、私は生き延びている。

アナイス・ニン（一九〇三～一九七七年）

我々は死の心配によって生を乱し、生の心配によって死を乱している。

ミシェル・エケム・ド・モンテーニュ（一五三三～一五九二年）

真理は、瀕死の人の唇からもれるものだ。

マシュー・アーノルド（一八二二～一八八八年）

死者に対する最高の手向けは、悲しみではなく感謝だ。

ソーントン・ワイルダー（一八九七～一九七五年）

アナイス・ニンは、フランスの作家。11歳から死ぬ直前の60年間以上にわたって綴った日記を出版し、小説家ヘンリー・ミラーの愛人だったことがその日記で明らかにされた。性を追求した内容の小説も多く、どれもが評価されている。

マシュー・アーノルドはイギリスの詩人、批評家。耽美派詩人の代表と言われている。

ソーントン・ワイルダーは、アメリカの劇作家、小説家。アメリカ演劇史の代表的劇作家のひとり。大学卒業後、フランス語教師になるが、小説『サン・ルイ・レイの橋』でピューリッツァー賞を受賞するなど文壇で活躍する

人は、死ぬ思いをしなければ、生きていることを実感することはできないのだ。　マルティン・ハイデッガー（一八八九〜一九七六年）

我々が誕生を喜び、葬式を悲しむのはなぜか？　それは当事者でないからだ。　マーク・トウェイン（一八三五〜一九一〇年）

人生には夢が必要。　アナイス・ニン（一九〇三〜一九七七年）

友よ、拍手を！　喜劇は終わった。　ルートヴィヒ・ヴァン・ベートーヴェン（一七七〇頃〜一八二七年）

人生は物語のようなものだ。長さが問題なのではない。その内容が問題なのだ。　ルキウス・アンナエウス・セネカ（ＢＣ一頃〜ＡＤ六五年）

マルティン・ハイデッガーは、ドイツの哲学者。日本では九鬼周造、三木清、和辻哲郎らが影響を受けた。戦後、マルクス主義思想の隆盛によってその影響力は退潮したものの、サルトルに代表される実存主義との関連で読まれ、80年代のいわゆる〝ニュー・アカ〟においては、ニーチェやジャック・デリダとともに再認識された。

ベートーヴェンは、ドイツの作曲家。クラシック音楽史上もっとも偉大な作曲家のひとり。その作品は古典派音楽の集大成で、ロマン派音楽の先駆けとも言われている。

命長ければ恥多し。　荘子（そうし　BC三六九頃〜BC二八六年頃）『荘子』より。

人生は、その人の勇気に比例して、縮小したり、拡大したりする。　アナイス・ニン（一九〇三〜一九七七年）

傷ついたのは、生きたからである。　高見順（たかみ じゅん　一九〇七〜一九六五年）

ユーモアのセンスだけは、呼吸を続ける限りなくさないようにしよう。　アルベルト・アインシュタイン（一八七九〜一九五五年）

私は、私が出会って来たすべてのものの一部である。
アルフレッド・テニスン（一八〇九〜一八九二年）『ユリシーズ』より。

荘子は、思想家で道教の始祖のひとり。老子の政治色に比べ、荘子は俗世間を離れた描写の作品が強い。著書『荘子』は、内篇七篇、外篇十五篇、雑篇十一篇から編集されているが、内篇だけが荘子本人の手によるもので、それ以外は弟子や後世の人の手によるものと言われている。

高見順は、福井県出身の小説家、詩人。私生児として育ち、東京帝国大学英文科在学中より「左翼芸術」などに作品を発表し、プロレタリア文学の一翼を担う作家として活動する。治安維持法で検挙されるが、転向を表明し半年後に釈放。戦時下の浅草風俗を描いた『如何なる星の下に』で高い評価を受ける。戦後も晩年まで作品を次々と発表した。

アルフレッド・テニスンは、ヴィクトリア朝時代のイギリス詩人。

それをやるために俺は生まれてきたのだ。だから、そのことだけを考えていればいい。

アーネスト・ミラー・ヘミングウェイ（一八九九～一九六一年）『老人と海』より。

希望が人間をつくる。大いなる希望を持て。

アルフレッド・テニスン（一八〇九～一八九二年）

自分が不完全であることを認める勇気が必要だ。人間は不完全だから努力するのである。

アルフレッド・アドラー（一八七〇～一九三七年）

人生は、だれもが演じなければならない道化芝居である。

ジャン・ニコラ・アルチュール・ランボー（一八五四～一八九一年）

ヘミングウェイは、アメリカの小説家、詩人。行動力がありスペイン内戦や第一次世界大戦にかかわり、その経験で『誰がために鐘は鳴る』『武器よさらば』などを書いた。『老人と海』が評価され、ノーベル文学賞を受賞。二度の航空機事故に遭うも奇跡的に生還。しかし後遺症が残り晩年は躁うつに悩まされ、ライフル自殺により死去。

アルフレッド・アドラーは、オーストリアの心理学者。フロイトやユングと並んで現代の心理療法を確立した精神科医である。

ランボーは、フランスの詩人。主な作品に『地獄の季節』、『イリュミナシオン』などがある。21歳のときに書いた作品を最後に執筆活動を辞め、兵士や翻訳家、商人など職業を転々とし、武器商人になり成功する。

生きていることは素晴らしい。この世界はおもしろいことでいっぱいだ。　アレクサンダー・グラハム・ベル（一八四七～一九二二年）

人は長寿を願いつつ、そして老いを恐れる。　サキャ・パンディタ（一一八二～一二五一年）

老人の悲劇は、彼が老いたからではなく、彼がまだ若いところにある。　オスカー・フィンガル・オフラハティ・ウィルス・ワイルド（一八五四～一九〇〇年）

憂うつ？　他人を喜ばすことを毎日考えてみることです。そうしたら、きっと二週間で全快しますよ。いいですか、不幸になる人は、自分のことだけを考えているんです。　アルフレッド・アドラー（一八七〇～一九三七年）

ベルは、スコットランドの教育者、発明家。大学卒業後、聴覚障害者に視話法を教える。一八七六年に電話の実験に成功し、翌年、電話機を日本へ輸出する。

サキャ・パンディタは、チベットの高僧、学者、政治家。〝サキャ・パンディタ〟というのは称号で、本名はクンガ・ギャルツェン。チンギス・ハーンの侵略からチベットを守った。

オスカー・ワイルドは、アイルランド出身の詩人、作家、劇作家。〝芸術のための芸術〟を唱えて唯美主義、芸術至上主義に基づく活動を展開した。多彩な文筆活動をしたが、男色で収監され、出獄後は失意から回復しないままに没した。

ことわざ

頭禿げても浮気はやまぬ　人間は年をとっても、浮気心や道楽のくせはおさまらないという意味。

五十にして四十九年の非を知る　人生の終わりに近くなって反省してみると、後悔することばかりだという意味。または、人生は失敗の連続で、後悔することが多いという意味。

あって地獄、なくて極楽　財産と子どもは、あればあったで苦労があるから、結局はない方が気楽だという意味。

死しての千年より生きての一日　死後の千年よりも、生きている今の一日の方が価値があるという意味。

穴の端を覗く　死期が近いというたとえ。

死生(しせい)、命(めい)あり　人の生死は天命によるもので、人の力ではどうすることもできないという意味。

秋の入り日と年寄りは、だんだん落目が早くなる　年寄りの健康状態を秋の日没にたとえた表現。

ありての厭(いと)い、亡くての偲び　生きているときは短所ばかりが目につくが、いざ亡くなってみると、長所ばかりが思い出されるという意味。

生き恥かくより死ぬがまし　生き長らえて恥をかくよりも、あっさり死んだ方がよいという意味。

危うきこと朝露の如し　死期を迎えて危険な状態にあるという意味。

生き身は死に身　この世に生きているかぎりは、遅かれ早かれ、いつかは死ぬという意味。

第11章

幕末維新に生きた人々の熱き言葉

坂本龍馬（さかもと りょうま　一八三六～一八六七年）

異国船処々に来り候由に候へば
軍も近き内と奉存候
其節は異国の首を打取り
帰国可仕候

坂本直足に宛てた手紙（文久三年三月［一八六三年］）

嘉永六年四月、龍馬は江戸の北辰一刀流千葉道場に入門する。その二ヵ月後に黒船来航。龍馬は藩から臨時招集されて、品川にある土佐藩下屋敷の守備に就く。このときの気持ちを綴った手紙である。坂本直足（さかもと なおたり　一七九七～一八五六年）は、龍馬の父親。弓や槍をはじめ、学問にも優れ、経営手腕もあった。

坂本龍馬は、土佐藩出身の下級武士（下士）、海援隊隊長。脱藩したのち、薩長同盟や大政奉還を成立させるなど、歴史的な偉業を成し遂げて幕末の日本に影響を与えた。しかし、新しい時代を見ることなく暗殺により死去。暗殺犯については諸説あり、真相は不明。

坂本家は豪商の分家で、そのような環境で育った龍馬は武士でありながら、商売することに抵抗がなかったと言われている。しかし、土佐藩における上士と下士の身分には大きな差があった。坂本家は下士だったこと、まして次男（実質的には五人兄姉の末っ子）だったことが、逆に身分制度にこだわらない龍馬の思想をつくる。脱藩は必然だったと言えよう。

龍馬が十二歳のときに母親が亡くなり、三姉の乙女が武芸や学問を龍馬に教えた。龍馬は、快活な乙女の影響を受けて育つ。のちに実家に送った手紙も乙女宛てのものが多い。

黒船来航。世は尊王攘夷に沸き立つ。黒船を直接目にしたことは、龍馬の人生を大きく左右したと言えるが、龍馬の思想はこの時代の尊王攘夷とは異なり、国際的視野に立つ大きなものだった。

勝海舟の神戸海軍操練所で訓練を受けたのち、勝の紹介で薩摩藩の援助を受ける。薩摩藩の力をかりて亀山社中（のちの海援隊）を設立。

薩摩藩や長州藩はもとより、脱藩した身でありながら土佐藩からも信頼を得る存在に成長した龍馬は、ついに幕府を動かして大政奉還を実現させる。その一ヵ月後、京都で醤油商を営む近江屋の二階で、同席していた中岡慎太郎とともに暗殺される。龍馬は即死、中岡は二日後に死亡する。

坂本龍馬

国のため天下のためちからおつくしおり申候
私などハうんがつよく
なにほど死ぬるバへでゝもしなれず
じぶんでしのふと思ふても又いきねバならん事ニなり

坂本乙女に宛てた手紙（文久三年三月［一八六三年］）

脱藩が許され、一年ぶりに家族に自分の状況を報告したもの。

坂本乙女（さかもと おとめ 一八三二〜一八七九年）は、坂本龍馬の姉。龍馬は五人兄姉の一番下になる。長男・権平を筆頭に、千鶴、栄、乙女という三人の姉がいた。

三歳上の乙女は薙刀をはじめ、剣術、馬術や琴、三味線、経書、和歌などに長けた文武両道の人物で、甘えん坊で泣き虫だった幼少期の龍馬を鍛え、龍馬にとって特別な存在だった。

そんな乙女は晩年、独と改名し、壊血病で亡くなる。享年四十八。

一人の力で天下をうごかすべきハ
是又天よりする事なり

人並のよふに中々めつたに死なふぞ

坂本乙女に宛てた手紙（文久三年六月［一八六三年］）

勝海舟との出会いによって、自分の運命や視野がどんどん変化していることを実感していることを綴ったもの。

なんのうきよハ三文五厘よ。ぶんと。
へのなる。ほど。やつて見よ。

坂本乙女に宛てた手紙（文久三年六月［一八六三年］）

嫁ぎ先との人間関係で悩む姉に励ましの言葉をかけている。

坂本龍馬

日本を今一度せんたくいたし申候

坂本乙女に宛てた手紙（文久三年六月［一八六三年］）

下関戦争後、幕府は敵国に頭を下げんばかりにイギリス・フランス・オランダ・アメリカの軍艦の修理を行なう。この事実を知った龍馬は、もはや幕府に日本を任せられないと心に誓う。そのときの気持ちを綴ったもの。

なお、次のような文章が続き、龍馬の怒りの大きさがうかがえる。

此思付を大藩にもすこむる同意して、使者を内々下さる事両度
然に龍馬すこしもつかえをもとめず
実に天下に人ぶつのなき事これを以てしるべく、なげくべし

私の意見を耳にしたある大きな藩から仕官の誘いがあったが、私には仕える気持ちはない。

しかしこのことでもわかるように、国の危機という事態において、いかに人材が不足していることか。

自ら天よりうけ得たる
知を聞かずバならぬとハ
今に耳ニ残居候

川原塚茂太郎に宛てた手紙（文久三年八月〔一八六三年〕）

日本全体を考え、広い世界で教養を磨いていることを綴ったもの。

川原塚茂太郎（かわらづか もたろう　一八三〇～一八七六年）は、土佐藩士。龍馬の兄の妻の弟にあたる。茂太郎は、武市半平太が結成した尊王攘夷派の土佐勤王党に参加し、戊辰戦争では北越戦争に従軍する。維新後は教部省で働く。しかし土佐に帰省後、政治犯として警視庁に抑留され獄死。享年四十六。

茂太郎は、「土佐だけで学問をしていたら限られた知識しか得られないが、世界に出れば世界の知識が得られる。我々は、天から授かった能力を大いに活用しなければならない」と龍馬に語っていた。この手紙の文面は、そのような茂太郎の言葉を受けて綴ったものと思われる。

坂本龍馬

天下に事をなすものハねぶともよくよくはれずてハ
はりへハうみをつけもふさず候

坂本乙女に宛てた手紙（元治元年六月［一八六四年］）

文久三年（一八六三年）から始まった土佐藩の土佐勤王党への弾圧、そして、池田屋事件（元治元年六月五日［一八六四年］）における神戸海軍操練所の同志・望月亀弥太の死。

それらに対する心情と決意を「大きい仕事をする者は、時期を見てやるものだ。腫れ物も十分に腫れるまで待たないと、膿を完全に出すことはできない」と綴っている。


望月亀弥太（もちづき かめやた 一八三八～一八六四年）は、土佐藩士。土佐勤皇党のメンバーであり、神戸海軍操練所生でもあったことから、龍馬とは親交があった。

亀弥太は、長州藩の尊王志士達と交流があったため、池田屋事件に遭遇する。新選組の奇襲を退けて池田屋を脱出したが、幕府方藩兵に取り囲まれて深手を負い、長州藩邸に辿り着くが、中に入ることを許されず、門前で自刃する。享年二十七。

何の志ざしもなき所ニ
ぐずぐずして日を送ハ
実ニ大馬鹿ものなり

坂本乙女とおやべ（姪の春猪）に宛てた手紙（慶応元年九月［一八六五年］）

薩摩藩の協力を得て、長崎に亀山社中を設立した龍馬は、外国人の街・長崎に刺激を受ける。そして土佐のような小さなところに居てはだめだと思いを綴った。

初めて亀山社中という自分の城を手に入れて、充実していたのであろう。文面の強気な表現から、異国の文化や思想にふれて、龍馬の大きくはずむ気持ちが感じられる。

なお、おやべという人物は、乳母とも兄・権平子ども、すなわち姪の春猪とも言われているが、ほかに残っている手紙の文面から推測すると、おやべは乳母よりも姪の春猪と考える方が自然である。

坂本龍馬

どうぞ又
やジ馬ハさしてく礼まいか

桂小五郎に宛てた手紙（慶応二年七月［一八六六年］）

六月から始まった第二次長州征討は、幕府軍の敗北で八月に幕を閉じる。陣中見舞いに〝野次馬〟という言葉を用いるところに龍馬の性格が表れている。

桂小五郎（かつら こごろう［木戸孝允 きど たかよし］一八三三〜一八七七年）は、長州藩士で明治の政治家。尊王攘夷派の中心人物で、西郷隆盛や大久保利通とともに、維新の三傑と言われる。

西南戦争のときには京都にいたが、「西郷もいいかげんにしないか」と明治政府と西郷の両方を案じながら胃ガンで死去する。享年四十五。

是小弟長く浪遊して仕禄を求めず
半生苦労辞せざる所
数年間東西に奔走し屢々故人に遇て路人の如くす
人誰か父母の国を思ハざらんや
然ニ忍で之を顧ざるハ情の為に道に乖り宿志の蹉躓を恐るるなり。

溝淵広之丞に宛てた手紙（慶応二年十一月〔一八六六年〕）

脱藩した身は寂しい。しかし志のために努力していることを綴ったもの。「親を思わない者がいるだろうか。それは自分も同じである。それなのに故郷を顧みないのは、感傷的になって志に影響が出るのが怖いからだ」と言っている。

溝淵広之丞（みぞぶち ひろのじょう　一八二八〜一九〇九年）は、土佐藩士。千葉道場で剣術、佐久間象山塾で砲術を学ぶ。なお坂本龍馬とともに江戸入りしており、千葉道場では同門。

溝淵広之丞は、のちに長崎で砲術を学び、長州藩の桂小五郎と交流を深める。土佐藩では砲術指導をした。維新後は隠棲し、明治政府で働くことはなかった。享年八十一。

坂本龍馬

人と言ものハ
短気してめつたニ死ぬものでなし
又人おころすものでなし

坂本乙女に宛てた手紙（慶応二年十二月［一八六六年］）

西郷隆盛の島流しをはじめ、度重なる暗殺などの不毛な争いを嘆いている。

天下のセ話ハ
実ニおふざツパいなるものニて
命さへすてれバおもしろき事なり

坂本乙女に宛てた手紙（慶応二年十二月［一八六六年］）

亀山社中の財政難に追われる一方で、薩長同盟を成立させるなど、藩の中枢の人間と付き合うことも多くなったこの時期の充実を綴っている。

此龍女がおれバこそ
龍馬の命ハたすかりたり

坂本乙女に宛てた手紙（慶応二年十二月〔一八六六年〕）

龍馬とお龍は、元治元年（一八六四年）八月一日に結婚する。

慶応二年（一八六六年）一月二十三日における寺田屋事件で龍馬はお龍に助けられ、受けた傷を癒すために龍馬はお龍を伴って薩摩の温泉を巡った。のちに日本最初の新婚旅行と言われるが、寺田屋事件と旅行を報告した手紙である。

新婚旅行の後、お龍は亀山社中がある長崎で龍馬と暮らす。龍馬が亡くなってからは、土佐の坂本家に入るが、義兄夫婦と合わずに三ヵ月で土佐を出た。

坂本龍馬

私が土佐に帰りたりときくと
幕史が大恐れぞ
はやきおもみ申候
四方の浪人らがたずねてきて
どふもおかしい

坂本乙女に宛てた手紙（慶応三年四月〔一八六七年〕）

後藤象二郎の協力もあって、亀山社中は土佐藩の組織になり、名前を海援隊とする。同時に龍馬も脱藩を許される。

その喜びを「私の脱藩が許されたことを知った幕府の人間は、大変驚いて気をもんでいる。また、いろいろなところから浪人が訪ねて来るようになったのでどうもおかしい」と綴っている。

その償いは金を取らずに国を穫る

海援隊記事

海援隊のいろは丸と紀州藩の明光丸が衝突し、小型のいろは丸は沈没する（いろは丸事件［慶応三年四月一八六七年］）。賠償を求める海援隊に対して、紀州藩は責任問題を幕府に任せるとした。徳川御三家の紀州藩と脱藩浪士集団の対決である。

力関係を払拭するために龍馬は、国際法を持ち出し万国公法で応戦する。さらに紀州藩を批判する歌をつくり、芸者に歌わせ、長崎で流行らせて世論を見方につけた。

結果、土佐藩と薩摩藩の支援を受けて、いろは丸が積んでいた銃火器や金塊、陶器などの賠償金を紀州藩から勝ち取る。

しかし、二〇〇五年に行われた海底調査の結果、龍馬が主張した武器や金塊などをいろは丸は積んでいなかったことが判明している。

坂本龍馬

されども国を開らくの道ハ
戦するものハ戦ひ
修行するものは修行し
商法ハ商法で名々かへり見ずやらねバ
相不成事故

三吉慎蔵に宛てた手紙（慶応三年五月［一八六七年］）

幕府の側に立ち、尊王攘夷の土佐勤王党を弾圧した土佐藩だが、時勢の変化を読み幕府から離れるかのように、後藤象二郎を責任者として長崎で武器弾薬の購入を始める。

薩摩藩と長州藩との交流があり、武器購入のルートをもっていた亀山社中に目をつけた土佐藩は、慶応三年一月十三日（一八六七年）、後藤象二郎と龍馬の会談の機会を設ける。

結果、土佐藩は龍馬らの脱藩を許し、亀山社中を土佐藩の外部団体にする。これにより亀山社中は海援隊と改名し、自分の道が見えてきた龍馬の心情が綴られている。

三吉慎蔵（みよし しんぞう　一八三一～一九〇一年）は、長府藩士（長府藩は長州藩［現在の山口県］の支藩）。寺田屋事件において、傷ついた龍馬を材木小屋に隠し、薩摩藩邸に救援を求めて龍馬の命を助ける。三吉慎蔵は寺田屋事件の功績を認められ、長府藩主から目附役に任ぜられる。龍馬は自分にもしものことがあったら、妻であるお龍の面倒をみてもらいたいと手紙で三吉慎蔵に頼む。そして龍馬は暗殺される。三吉慎蔵は龍馬の頼み通り、お龍を長府の自宅で三ヵ月間面倒をみて、高知の坂本家に送り届けた。享年七十一。

龍馬の名と云うものハ
もはや諸国の人々しらぬものもなし

坂本乙女とおやべ（姪の春猪）に宛てた手紙（慶応三年六月［一八六七年］）

海援隊を立ち上げ、知名度もあがった龍馬のところに、姉の乙女から長崎に行きたいという手紙が届き、都合が悪いと断りの内容を綴ったもの。

坂本龍馬

天下の大機会を失せバ
其罪天地ニ容るべからず

後藤象二郎に宛てた手紙（慶応三年十月［一八六七年］）

後藤象二郎と龍馬の働きかけで、前土佐藩主山内容堂は将軍徳川慶喜に大政奉還を勧める（慶応三年十月三日［一八六七年］）。

慶応三年十月十三日、徳川慶喜は上洛中の四〇藩もの重臣を二条城に集合させ、意見を訊く。翌十四日、徳川慶喜は朝廷に大政奉還を提出する。そして、十五日に大政奉還が成立する。

この手紙は十三日に書かれたもの。龍馬の並々ならぬ意気込みが綴られた。

後藤象二郎（ごとう しょうじろう 一八三八〜一八九七年）は、土佐藩士、政治家。前藩主山内容堂の信頼を得て土佐勤王党を弾圧する。

しかし時局を読み、攘夷に転向、坂本龍馬と交流をもち、大政奉還やパークス襲撃事件鎮圧などで政治的立場を築く。明治時代に入っても逓信大臣や農商務大臣に就くなど実績を残す。

此頃おもしろき御咄しも
おかしき御咄しも実に実に山々ニて候

陸奥宗光に宛てた手紙（慶応三年十一月七日［一八六七年］）

慶応三年十月、龍馬が尽力した大政奉還が実現し、その後に綴ったもの。

龍馬は、慶応三年十一月十五日に京都の近江屋で中岡慎太郎とともに暗殺されるので（享年三十三　近江屋事件）、その約一週間前に書かれたものである。未来に向けて、龍馬の気持ちがわくわくしているようすがよくわかる文章である。

陸奥宗光（むつ むねみつ　一八四四～一八九七年）は、紀州藩士。新政府における外交官。勝海舟の神戸海軍操練所に入り、以後、海援隊に加わるなど龍馬と行動をともにする。

明治時代になると、外務大臣として不平等条約の改正に辣腕を振るう。享年五十四。

坂本龍馬

されバ此大極丸の一条ヘチヤモクレ
御一身おもしろくなしとくれバ
海援隊の名ハ身をよする所なれバ
持ておるがよろし

林謙三に宛てた手紙（慶応三年十一月十日［一八六七年］）

資金調達がうまく行かず、大極丸を自由に使うことができないので、蝦夷開拓の夢が思うようにかなわないことを嘆いている。結果として、龍馬は神戸海軍操練所時代から抱いていたこの夢を死の五日前にも語っていたことになる。まさしく、死ぬまで夢を追いかけていたのだ。

林謙三（はやし けんぞう［安保清康　あぼ きよやす］一八四三〜一九〇九年）は、広島藩士。イギリスの軍艦で軍学を二年間学んだことを評価されて、薩摩藩で海軍養成の講師を務める。この時期に龍馬と知り合い意気投合した。享年六十八。

やがて方向を定め
シユラか極楽かに
お供申すべく存じ奉り候

林謙三に宛てた手紙（慶応三年十一月十一日〔一八六七年〕）

「やがて自分も考えをまとめる。修羅となるか極楽となるかは分からないが、どうなるにしても、あなたといっしょに取り組んでいきたい」と林謙三に綴っている。

龍馬は、大政奉還に踏み切った徳川慶喜を評価し、朝廷と幕府の連立政権を考える。しかし、これに対して薩摩藩と長州藩は、あくまでも武力による倒幕を主張する。

厳しい立場に立たされていた龍馬であるが、自分を信じて希望を捨てずにいたことが、この手紙によってわかる。

ちなみに、この意見の違いから、龍馬暗殺を薩摩藩陰謀とする説がある。

坂本龍馬

世の人はわれをなにともゆはゞいへ
わがなすことはわれのみぞしる

龍馬が十六歳のときに詠んだと言われている和歌。

世の人は私の行ないを見てなんとでも言えばよい。私がなすことは私だけが知っているのだからという意味。

現在、原資料は京都の国立博物館が所蔵しており、国の重要文化財なっている。


坂本龍馬の暗殺にはいまだに謎が多いが、中岡慎太郎の暗殺に龍馬が巻き込まれたという説がある。

それというのは、明治十六年（一八八三年）に龍馬を主人公にした坂崎紫瀾の小説『汗血千里（かんけつせんり）の駒（こま）』が『土陽新聞』に掲載されて、龍馬の名前は知られるようになるのであって、我々が現在からイメージするほど、存命当時は有名ではなかったからである。

だからといって、龍馬の足跡や人物像をすべて小説などによる虚像として片づけることはできない。板垣退助をはじめ、東久世通禧、勝海舟、西郷隆盛、三吉慎蔵など、激動の幕末を乗り越え、明治時代においても活躍した人物が龍馬の早死を惜しんで、彼の実像を証言している。

板垣退助いわく。

「豪放磊落、到底吏人たるべからず、龍馬もし不惑の寿を得たらんには、恐らく薩摩の五代才助、土佐の岩崎弥太郎たるべけん」

勝海舟いわく。

「坂本龍馬、彼はおれを殺しに来た奴だが、なかなか人物さ。その時おれは笑って受けたが、沈着いて、なんとなく冒しがたい威権があってよい男だったよ」

西郷隆盛いわく。

「天下に有志あり、余多く之と交わる。然れども度量の大、龍馬に如くもの、未だかつて之を見ず。龍馬の度量や到底測るべからず」

西郷隆盛（さいごう たかもり　一八二八～一八七七年）

人を相手にせず、天を相手にせよ 天を相手にして己を尽くし 人をどがめず、我誠の足らざるを尋ぬべし

『南洲翁遺訓（なんしゅうおういくん）』より。　他人を相手にして自分と比較することなく、天を相手にせよ。天を相手にして自分の誠を尽くし、決して人をとがめず、自分の真心の足りないことを反省せよという意味。『南洲翁遺訓』は、西郷隆盛の遺訓集。旧庄内藩の関係者が西郷から聞いた話をまとめたもの。

敬天愛人（けいてんあいじん）

天を敬い人を愛するという意味。西郷が好んで使った言葉。

晋どん、もうここらでよか

西郷隆盛が最後に言った言葉。

西郷隆盛は、薩摩藩士、庭方役（藩主や家老に会うことができる身分）、政治家。西南戦争（明治一〇年［一八七七年］）における鹿児島軍の中心人物。薩摩藩の大久保利通、長州藩の桂小五郎と並び、〝維新の三傑〟と称される。

西南戦争は、鹿児島県の不平士族らが起こした明治政府に対する反乱である。鹿児島県では廃刀令など政府に対する不満がたまり、征韓論が受け入れられなかった西郷と西郷の私塾「私学校」の生徒が中心になって、熊本城を攻める。しかし政府軍の攻撃に劣勢を余儀なくされる。

鹿児島県の城山に入った鹿児島軍を政府軍が包囲。西郷も股と腹を撃たれる。西郷は別府晋介に「晋どん、もうここらでよか」と言い、襟を正し跪座し、東に向かって拝礼した。別府は「お許しください」と叫んで西郷の首をはねた。享年五十一。

西郷の首は、政府軍に取られないように、折田正助邸門前に埋められた。西郷の死を見届けると、残った戦士は私学校に立てこもって戦った後、自刃や刺し違え、あるいは戦死した。

政府軍の総司令山県有朋は、「西郷隆盛はまことに天下の豪傑だった。残念なのは、西郷をここまで追い込んだ時の流れだ」と黙祷し、西郷の死を知った明治天皇は「西郷を殺せとは言わなかった」とつぶやいたという。

七ヵ月間にわたる西南戦争は鎮圧され、これ以後、反政府運動は自由民権運動へと移って行く。

吉田松陰（よしだ しょういん　一八三〇～一八五九年）

志を立てるためには人と異なることを恐れてはならない

吉田松陰は、長州藩士、思想家。攘夷派の指導者として知られる。私塾「松下村塾」では、久坂玄瑞や高杉晋作、伊藤博文、山縣有朋、吉田稔麿、入江九一、前原一誠、品川弥二郎、山田顕義などが教育を受けた。幕府が日米修好通商条約（安政五年［一八五八年］）を結ぶとこれを非難し、その結果、投獄され斬首刑に処される。享年三〇。

松陰は『孟子』を研究して講義書『講孟箚記（こうもうさっき）』を編集した。同書は、ペリーが日米和親条約締結（嘉永七年［一八五四年］）で再航したときに船に忍び込み、密航を訴えた罪で長州の野山獄に幽囚され、獄中で囚人に『孟子』の講義をしたときの内容を、郷里で一冊にまとめたもの。その中の「人間が生まれつき持っているところの良心の命令、道理上かくせねばならぬという当為当然の道、それはすべて実行するのである」という言葉も有名はある。

木戸孝允（きど たかよし　桂小五郎［かつら こごろう］一八三三〜一八七七年）

人の功を取って我が拙を捨て
人の長を取って我が短を補う

自分の短所を補うためには、人の優れた長所を取り入れることであるという意味。

木戸孝允は、長州藩士、政治家。

尊王攘夷派の中心人物で、西郷隆盛、大久保利通とともに〝維新の三傑〟として並び称せられる。西南戦争の中、病気が悪化した木戸孝允は、大久保利通の手を握り「西郷もいいかげんにしないか」と、明治政府と西郷隆盛の両方を案じる言葉を最後にこの世を去った。享年四十五。

ちなみに、〝維新の三傑〟は、倒幕と明治維新に尽力した志士のうち幕臣以外の十名を指す〝維新の十傑〟の中においてさらに重要な人物のこと。

〝維新の十傑〟は次のとおり。

薩摩藩：西郷隆盛　大久保利通　小松帯刀。長州藩：大村益次郎　木戸孝允　前原一誠　広沢真臣。肥前藩：江藤新平。肥後藩：横井小楠。公家：岩倉具視。

勝海舟（かつ かいしゅう　一八二三～一八九九年）

自分の価値は自分で決めること
つらくて貧乏でも
自分で自分を殺すことだけはしてはいけない

勝海舟は、江戸出身の幕臣、政治家。

ペリーが来航すると、老中阿部正弘は意見書を幕臣や諸大名から町人に至るまで広く募集した。このときに勝海舟も海防意見書を提出し、それが阿部正弘の目にとまる。そこから一目置かれるようになり、日米修好通商条約のために幕府が派遣した遣米使節に勝も参加する。

帰国後、将軍家茂に拝謁し、阿部正弘から「アメリカと日本の違いはなにか？」と訊かれて、「アメリカは我が国と違い、高い地位にある者は、みなその地位相応に賢うございます」と答えたという。

軍艦奉行に就任。神戸海軍操練所を設立する。そこには坂本龍馬もいた。

龍馬は勝と接して、「此頃ハ天下無二の軍学者勝麟太郎という大先生に門人とあり、ことの外かはいがられ候て、先きやくぶんのよふなものになり申候」という言葉を残している。

神戸海軍操練所で、若者とともに新しい時代を夢に見る勝であったが、独自の〝日本の海軍建設〟を目指したために、軍艦奉行を辞めさせられ、二年間の幽閉生活を送る。

幕府は戊辰戦争で不利な状況になると、早期停戦と江戸城の無血開城の和平交渉を画策した。新政府軍の代表は西郷隆盛、幕府は勝海舟を交渉の適任者と判断する。

勝海舟と西郷隆盛の会談はスムーズに進んだ。その理由はいくつかあるが、内戦がこれ以上続くと、幕府を支援するフランスと新政府軍を支援するイギリスによって国内が二分され、結果的に両国の植民地になる可能性があるというお互いの見解が一致したことが大きかった。

なお、勝は会談が決別し、全面戦争になったときは、江戸の民衆を千葉に避難させることを考えていた。カラになった江戸に新政府軍を誘い込んで火を放ち、新政府軍の戦力を奪ったところに攻め込むという作戦だ。江戸の町とともに敵を殲滅させるこの戦法は、ナポレオンのモスクワ侵攻を阻んだロシア戦役を参考にしたと言われている。

勝海舟は、明治維新後も要職に就いたが、政治的野心をみせることなく、静岡県で隠居同様の生活を送っていた徳川慶喜の立ち場を案じるばかりだった。

晩年は孤独な生活を送り、脳溢血で死去。享年七十七。最期の言葉は「これでおしまい」。

大塩平八郎（おおしお へいはちろう　一七九三〜一八三七年）

身の死するを恐れず
ただ心の死するを恐るるなり

大塩平八郎は、大坂の儒学者、大坂町奉行所与力。役人でありながら庶民から尊敬され、私塾「洗心洞」を開き、頼山陽などとも交流を持った。天保の大飢饉において、私財を投げうち救済活動を行なうが、もはや武装蜂起によって奉行らを討つ以外に根本的解決は望めないと考え、民衆とともに蜂起する。これが大塩平八郎の乱（天保八年［一八三七年］）である。

内通者がいたために乱は半日で鎮圧され、平八郎は逃亡後、火薬を用いて自決した。享年四十四。幕府管轄の役人が起こした反乱としては島原の乱（一六三六〜一六三七年）以来。

爆死で顔が判別できなかったため、「大塩はまだ生きている」「海外に逃亡した」などの噂が流れた。黒船が来航したときにも「大塩の襲撃だ」とまで言われた。

岩倉具視（いわくらともみ　一八二五〜一八八三年）

敷島の道こそわきて仰かるれ
すなほなる世の教えとおもへは

日本の心の道は、素直に生きることであるという意味。


岩倉具視は、京都出身の下級公家、政治家。

一八六一年に公武合体を提唱するが受け入れられず、職を解かれ出家する。数年後、薩摩藩の志士とともに討幕の立ち場を主張するようになる。幕府主導の大政奉還に対して、王政復古の大号令を発して倒幕を実現した。

新政府において、岩倉は行政官の輔相（ほしょう）（国内行政全般と宮中の庶務を監督する役職）に就任し、実質的なトップとなる。憲法制定に対しては、国体一変の恐れがあるとして反対の立場をとる。しかし自由民権運動が高まると、憲法の必要性を感じ制定賛成に転じる。問題はだれに創らせるかである。岩倉具視はそれを伊藤博文に任せる。伊藤博文は研究のためヨーロッパに向かうが、この間に岩倉具視は咽頭ガンで死去。享年五十九。ちなみに、岩倉具視は癌告知を初めて受けた日本人である。

佐久間象山（さくま しょうざん　一八一一～一八六四年）

昨日今日あすと
うつろう世の人の心に
似たるあじさいの花

人の心が変わって行くように、あじさいの花の色も変わるという意味。

佐久間象山は、松代藩士、兵学者、思想家。江戸で私塾「象山書院」を開いて儒学を教えた。江川英龍に師事し、兵学を学ぶ。松代藩主真田幸貫に「海防八策」を献上し、高い評価を受ける。さらに大砲の鋳造に成功して、その名をより高めた。変わったところでは、ガラスの製造や天然痘の予防の研究なども行なっている。

徳川幕府最後の将軍一橋慶喜に、公武合体論と開国論を説くが、これが尊王攘夷派の反感を買うことになり、〝幕末四大人斬り〟のひとり熊本藩士河上彦斎に暗殺される。享年五十四。

福沢諭吉（ふくざわ ゆきち　一八三五〜一九〇一年）

心事高尚ならざれば
働きもまた高尚なるを得ざるなり

志をもたないと良い仕事はできないという意味。

福沢諭吉は、中津藩士、蘭学者、啓蒙思想家、慶應義塾大学の創設者。黒船来航をきっかけに長崎でオランダ語を学び、日米修好通商条約の最終的な確認のため渡米する。江戸の中津藩邸に開かれていた蘭学塾の講師になり、教育活動に専念する。これがのちに慶應義塾大学に発展する。

西南戦争では、地方分権が士族の不満を救うと論じ、政府が西郷隆盛を追い込むのは間違いと主張した。

また、「自由在不自由中（自由は不自由の中にある）」という言葉を使って、自由主義を紹介。自由主義が自分勝手と解釈されることを危惧したという。

中岡慎太郎（なかおか しんたろう　一八三八～一八六七年）

大君の辺にこそ死なめ大丈夫
都はなれて何か帰らん

故郷を遠く離れて、国のために喜んで死んで行くという意味。

中岡慎太郎は、土佐陸援隊隊長。

土佐勤皇党に加盟して志士活動を始める。八月十八日の政変の影響で、土佐藩内でも尊王攘夷活動に対する弾圧が始まると脱藩し、長州藩に亡命する。長州藩内における脱藩志士のまとめ役になり、また長州の三田尻に都落ちしていた三条実美の警備にあたる。この時期、長州藩をはじめ各地にいる尊王攘夷派の志士との連絡役を務め、名が知られた。

禁門の変や下関戦争を通じて、雄藩連合及び武力倒幕論者として自分の思想をかため、坂本龍馬とともに、薩長同盟や薩土密約締結に成功。

坂本龍馬を京都に訪問中、何者かに襲撃され龍馬とともに死去する。享年三〇。

高杉晋作（たかすぎ しんさく　一八三九〜一八六七年）

**おもしろきこともなき世をおもしろく
住みなすものは心なりけり**

面白くない世の中を、面白く生きるのは心がけ次第であるという意味。辞世の歌。

高杉晋作は、尊王攘夷の長州藩士。下関戦争で敗北し、講和条約の席についた高杉晋作は、（一）下関海峡の通航の自由。（二）外国船が必要とする品物の販売。（三）悪天候時の外国船船員の下関上陸。（四）下関砲台の撤去。（五）賠償金三〇〇万ドル（ただし幕府が支払う）という五つの条件を認めた。しかし「彦島の租借」は受け入れなかった。この判断は、清国が植民地になった実態から高杉が学んだものだった。のちに伊藤博文は「彦島の租借を認めていたら、日本の歴史は大きく変わっていただろう」と回想している。

第二次長州征伐では、身分にこだわらない奇兵隊を編成し、高杉個人で購入した丙寅丸（へいいんまる）（オテントウサマ丸）に乗り込み、海軍総督として幕府軍に勝利する。この幕府の敗北がのちに大政奉還につながるのだが、高杉は肺結核のため新しい時代を見ることなくこの世を去る。享年二十九。

ちなみに坂本龍馬が所持していたピストルは、高杉から贈られたものである。

吉田稔麿（よしだ としまろ　一八四一～一八六四年）

むすびても又むすびても黒髪の
みだれそめにし世をいかにせむ

髪はなかなか結うことができない。そんな髪のように乱れた世の中をいったいどうすれば良いのだろうかという意味。辞世の歌。


吉田稔麿は、長州藩士。

吉田松陰の私塾「松下村塾」で学んだ久坂玄瑞、高杉晋作、入江九一、そして吉田稔麿を並べて、〝松下村塾の四天王〟という。

稔麿は新選組の池田屋事件で死亡する。

死亡にいたる状況は、諸説あるが、池田屋の事態を長州藩邸に知らせに走ったが門は開けられず、門前で自刃というものだった。享年二十四。

一八九一年、松方内閣の内務大臣に就任した品川弥二郎は、「稔麿が生きていたら総理大臣になっていただろう」と語った。

久坂玄瑞（くさか げんずい　一八四〇～一八六四年）

執り佩ける太刀の光はもののふの
常に見れどもいやめづらしき

太刀の光を毎日見ているが、いつ見ても優雅な気品と気迫があるという意味。

久坂玄瑞は、長州藩士。長州藩における尊王攘夷派の中心人物。

萩藩医の家に生まれた玄瑞は、両親兄弟を早く亡くしたこともあり、十六歳のときにはすでに知られる医師になっていた。吉田松陰の私塾「松下村塾」で学んだ久坂玄瑞は、〝松下村塾の四天王〟と言われ、安政の大獄で吉田松陰が処刑されると、尊王攘夷運動の先頭に立つ。

著書『廻瀾條議（かいらんじょうぎ）』『解腕痴言（かいわんちげん）』における時勢論が、長州藩主に受け入れられ、長州藩が尊王攘夷思想をかためると、その思想を実践する御楯組（みたてぐみ）を玄瑞らは結成する。御楯組は、英国公使館の焼き討ちや外国船への砲撃など、次々過激な行動に出る。

蛤御門の変において、長州藩が薩摩藩に敗北すると、玄瑞は藩の立場を守ろうとして、鷹司卿に朝廷への嘆願を申し出るが受け入れられず、寺島忠三郎とともに鷹司邸内で自刃する。享年二十五。

陸奥宗光（むつ むねみつ　一八四四～一八九七年）

政治はアートなり　サイエンスにあらず

陸奥宗光は、紀州藩士、新政府においては外務大臣。幕末に結んだ不平等条約の日英修好通商条約を改正するために、日英通商航海条約（一八九四年）を締結して〝カミソリ大臣〟と呼ばれた。

父である伊達宗広の影響で、幼少の頃から尊王攘夷思想を持つ。勝海舟の神戸海軍操練所に入り、続いて坂本龍馬の海援隊に参加する。陸奥は坂本龍馬を「その融通変化の才に富める彼の右に出るものあらざり。自由自在な人物。大空を翔る奔馬だ」だと絶賛した。坂本龍馬の暗殺を紀州藩士三浦休太郎の仕業と思い、海援隊の同志と天満屋事件を起こしている。

明治維新後は、兵庫県知事、地租改正局長などを歴任、ヨーロッパに留学後、メキシコ公使としてメキシコとの間に、日本における初の平等条約、日墨修好通商条約（一八八八年）を締結する。その後、日英通商航海条約を締結し、その他十五ヵ国との不平等条約の条約改正を行なう。日清戦争の日清講和条約においても、日本に有利な条件で締結。肺結核のため西ヶ原の陸奥邸で死去。享年五十四。

緒方洪庵（おがた こうあん　一八一〇～一八六三年）

病者に対してはただ病者を診るべし
貴賎貧富を顧みることなかれ

『扶氏医戒』より。


緒方洪庵は、足守藩士、医師、蘭学者。

長崎においてオランダ人の医師ニーマンのもとで学び、大坂で病院を開業する。

また、蘭学塾「適塾」を開く。塾生は三千人とも言われ、福沢諭吉、橋本左内、長与専斎、大鳥圭介、佐野常民、高松凌雲、大村益次郎などを輩出する。

天然痘の予防接種の研究に取り組み、日本最初の病理学書『病学通論』をまとめた。幕府も洪庵の研究を公認する。一八五八年にコレラが流行したときには、治療手引書『虎狼痢治準』を医師に配布するなど日本における医学の近代化に努めた。

その後、江戸に招かれて、奥医師と西洋医学所頭取をかねる。喀血による窒息で死去。享年五十四。

井伊直弼（いい なおすけ　一八一五〜一八六〇年）

茶の湯の交会は、一期一会といひて、例えば幾度同じ主客交会するとも、今日の会に再びかえらざることを思えば、実に我が一世一度の会なり。

茶の席で同じ人と向きあうことになろうが、この機会は一度限りのものなので大事にしなければならないという意味。「一期一会」という言葉は、もともと千利休の弟子山上宗二の著書にあったもの。それを井伊直弼は自分の茶道の心得とし、井伊の言葉が広まったと言われている。

井伊直弼は、近江彦根藩の第十五代藩主。幕府で大老を務め、幕府内においても最高権力者になる。日米修好通商条約に調印することで日本の開国を断行し、開国反対勢力を粛清した（安政の大獄）。しかし、その反感から水戸脱藩浪士と薩摩藩士の襲撃を受けて暗殺される（桜田門外の変）。享年四十六。

井伊直弼は、藩政改革に成功して名君と呼ばれたが、徳川家定の継嗣問題や日米修好通商条約における強引なやり方などで多くの敵をつくった。

桜田門外の変は、井伊直弼個人の事件にとどまらず、二〇〇年以上続いた徳川幕府の権威を失わせ、尊王攘夷運動をはじめとした動乱の引き金になった。

徳川斉昭（とくがわ なりあき　一八〇〇～一八六〇年）

何事にても我より先なる者あらば聴くことを恥じず

徳川斉昭は、水戸藩の第九代藩主にして幕府最後の将軍徳川慶喜の実父。身分にこだわらず、下士層から広く人材を登用して、藩政改革に成功した幕末の名君のひとりである。

第十三代将軍徳川家定の将軍継嗣争いと日米修好通商条約において、井伊直弼と争い負ける。斉昭は女癖が悪く、大奥に嫌われていたため、それが影響して負けたと言われている。

井伊直弼との不仲によって、安政の大獄による永蟄居（えいちっきょ）（終身にわたって外出を禁じ謹慎させる刑）に命じられ、刑が解けないまま心筋梗塞で死亡する。享年六十一。

斉昭の死は、井伊が水戸藩士に暗殺された桜田門外の変から間もない時期であったため、井伊が藩主を務めていた彦根藩の志士による仇討ちだったという説もある。

いま柳原の土手を通って帰って来たが、立派な武士が通るところへ横合いから糞をかついで来た奴が突き当たって、刀の鞘へ糞をかけた。あたり前なら手討ちだが、まったく過ちだという場合に殺さずに武士の体面を保つにはどうしたらよかろうか。

河井継之助（かわい つぐのすけ　一八二七～一八六八年）

河井継之助は、越後長岡藩牧野家の家臣。郡奉行になり藩政改革を主導する。戊辰戦争では新政府軍と戦うために、江戸藩邸の家宝などをすべて売却して、ガトリング砲やフランス製の最新式銃などを購入する。ガトリング砲は、当時日本に三砲しかなく、そのうち二砲を河井継之助が所有したことになる。河井継之助と新政府軍監の岩村精一郎のあいだで会談がもたれる（小千谷談判）。侵攻停止を訴える河井継之助と強硬派の岩村精一郎では、接点が持てず、わずか三〇分で決裂してしまう。この会談以降、長岡藩は奥羽越列藩同盟（反新政府軍）に加わり、北越戦争に突入する。当初は新政府軍と互角に戦うが、兵力に劣る長岡軍は徐々に押されて、河井継之助は会津に逃げる。北越戦争で負った負傷で、河井継之助は会津で死亡する。享年四十二。長岡にある河井継之助の墓は、敗戦責任者として恨まれて荒らされるが、その一方で香華も絶えないという。

山内容堂（やまうち ようどう　一八二七～一八七二年）

酔擁美人楼

山内容堂は、土佐藩十五代藩主、外様大名。酒と詩を愛し、自らを〝鯨海酔侯〟と称した。その政策は、幕末の時流に左右され「酔えば勤皇（倒幕）、覚めれば佐幕（幕府擁護）」と揶揄される。一方、藩政改革を成功させた実績もあり、松平春嶽、伊達宗城、島津斉彬とともに〝幕末の四賢侯（しけんこう）〟と評価されもする。

容堂は分家だったので後継者の候補になかったが、相次ぐ藩主の死亡により、結果として藩主に担ぎ上げられる。家柄による藩政を嫌い、吉田東洋を起用して藩政改革を断行した。桜田門外の変以降、全国的に尊王攘夷思想が主流になり、土佐藩でも土佐勤王党が台頭し、佐幕の吉田東洋を暗殺する。ところが八月十八日の政変で事態は急変し、世の流れは佐幕に向く。容堂はこの時局から土佐勤王党の粛正を行なう。

激動の幕末。風は倒幕派に有利に吹く。容堂は、幕府の政権を朝廷に返還するという坂本龍馬の案「船中八策」を受け、十五代将軍徳川慶喜に建白する。これにより徳川慶喜は、朝廷に大政奉還する。

明治維新後、容堂は要職に就任したが馴染むことができずに辞職し、別邸に妾を十数人も囲い、酒と女と作詩に明け暮れる晩年を送った。脳溢血で死去。享年四十六。

松平春嶽（まつだいら しゅんがく　一八二八〜一八九〇年）

我に才略無く我に奇無し
常に衆言を聴きて宜しき所に従ふ

自分には才能も力も奇策もないが、良い意見や要望には積極的に耳を傾けるという意味。

松平春嶽（慶永）は、第十六代越前福井藩主、明治時代の政治家。十一歳で藩主になった春嶽は、洋楽所の設置や軍制改革などの藩政改革を行ない〝幕末の四賢侯〟と呼ばれた。ペリーが来航した際には、海防強化や攘夷を主張するが、のちに老中阿部正弘らと交流して開国派に転じる。

将軍継承問題と日米修好通商条約における井伊直弼との対立に負けて、隠居させられ謹慎の処罰を受けるが、井伊が桜田門外の変で暗殺されると、春嶽は新設された政事総裁職に就任する。参勤交代の緩和、京都守護職の設置、会津藩主松平容保の守護職就任、将軍徳川家茂の上洛など公武合体政策などを推進する（文久の改革）。

明治維新後も要職に就くが、明治三年に政務を退く。その二〇年後、自宅で死去、享年六十三。

ちなみに〝明治〟という年号は、春嶽が命名したもの。

清河八郎（きよかわ　はちろう　一八三〇～一八六三年）

ふきおろせ不二の高嶺の大御風
よもの海路のちりを攘（はら）はむ

富士山から吹き下ろす風で、来航する異国船を討ちたいものだという意味。

清河八郎は、出羽国庄内藩の武士、北辰一刀流の免許皆伝、浪士組の発案者及び幹部。清河は、桜田門外の変に影響を受け、尊王攘夷思想に傾倒する。そんな清河の上書で浪士組（二三四名）は結成され、近藤勇らを含む江戸の浪士は京都に向かう。

浪士組の目的は、孝明天皇に攘夷を誓うために京都に上る将軍徳川家茂の警護と、反幕府の志士で荒れる京都の治安を守ることにあった。しかしこれは清河が、幕府に資金を出させて組織を編成するための口実で、浪士組の真の目的はその逆の倒幕だった。京都に着き、清河が倒幕を論じ始めると、近藤勇らは別行動をとり、この分派がのちに新選組に発展する。

浪士組は倒幕のために江戸に戻るが、危険人物と見なされた清河は、佐々木只三郎らによって、麻布一の橋で討たれ、首を切られる。享年三十四。

佐々木只三郎（ささき ただざぶろう 一八三三〜一八六八年）

弓馬も剣も鉾も知らずとも
恥をだに知れもののふの友

佐々木只三郎は、会津藩士、旗本、京都見廻組隊士。

神道精武流を学び〝小太刀日本一〟と呼ばれ、幕府講武所の剣術師範を勤める。

清河八郎が結成した浪士組に参加して京都まで行くが、清河の目的が京都守護ではなく、その逆の倒幕であることを知ると袂を分つ。同じく浪士組を離れた近藤勇らが京都守護職の支配下に納まるように働きかけたのは只三郎である。

浪士組を追うように江戸に戻った只三郎は、清河八郎を暗殺し、その後京都に再び登り、京都見廻組を組織して、新選組とともに尊王攘夷志士から恐れられる。坂本龍馬と中岡慎太郎を暗殺したとも言われる（近江屋事件）。

鳥羽・伏見の戦いに参戦するが、腰に銃弾を受けて死去。享年三十五。

松平容保（まつだいら かたもり　一八三六～一八九三年）

義に死すとも不義に生きず

松平容保は、会津藩九代目にして最後の藩主、京都守護職。

桜田門外の変が起こり、幕府が水戸藩討伐に乗り出そうとすることに反対し、幕府と水戸藩との調停を務める。

京都における尊王攘夷派の行動が激しくなり、従来の京都所司代とは別に、京都守護職が新設され、容保が任命される。新選組などを使って京都の治安維持に努めるが、大政奉還によって幕府自体が消滅して京都守護職も廃止。

その後、幕府と新政府軍が戦争を始めると、幕府側の中心として戦う。

新政府軍は江戸城を占拠すると、その勢いで北へ向かう。会津藩は予備兵力の白虎隊まで投入するが敗れ、容保は東京に幽閉され、日光東照宮の宮司になる。

目黒の自宅において肺炎で死去。享年五十九。

近藤勇（こんどう いさみ　一八三四～一八六八年）

下拙刀は、虎徹故に哉、無事に御座候

義父・周斎に宛てた手紙より。自分の刀は名刀虎徹なので大丈夫だったという意味。池田屋事件における屋内での切り合いでは、天井や柱にぶつかって刀が折れてしまった者もいたが、自分は大丈夫だったと義父に伝えている。

近藤勇は、現在の東京都調布市出身、新選組局長、晩年は幕臣。宮川の姓が与えられていた豪農の家に生まれる。十五歳で近藤周助が営む試衛館に入門し、養子縁組して近藤勇となる。

試衛館の仲間八名とともに清河八郎が編成した浪士組に参加し、京都に登る。その後、意見の違いから清河八郎と分かれて、京都守護職の会津藩の預かりとなる。壬生浪士組と名乗り、京都にいる尊王攘夷派の取り締まりを行なう。八月十八日の政変における働きが評価され、新選組の名前を与えられる。結成当初、新選組は近藤勇派と芹沢鴨派の派閥があった。しかし芹沢派の素行の悪さから、会津藩は近藤に芹沢暗殺を命じ、その結果新選組は近藤を中心に、鉄の団結を誇る組織に成長する。

長州藩や土佐藩などの尊王攘夷の志士は、孝明天皇を長州への連れ去ろうと計画した。新選組はこの

計画を事前につかんで、実行犯が集まっている旅館の池田屋を襲撃し計画を阻止する。この池田屋事件で新選組の名前は一躍有名になり、続く禁門の変を経て、新選組は幕臣に出世する。

組織が大きくなり、新選組から分離した御陵衛士（ごりょうえじ）の盟主である伊東甲子太郎を暗殺する。しかし、近藤は最終的にこの暗殺がもとで命を落とすことになる。

時代は、尊王攘夷の新政府軍に有利になり、幕府はいくつかの戦争に負け続ける。幕府を支援する新選組も当然窮地に陥る。近藤は大久保大和と改名し、隊名も甲陽鎮撫隊（こうようちんぶたい）として体制を立て直すために、現在の千葉県流山市に陣をかまえるが、新政府軍に捕らえられてしまう。

幕府の尖兵である新選組局長と分かれば死罪は避けられない。近藤はあくまでも大久保大和と名乗り身分を隠す。ところが、元新選組で御陵衛士に移った加納鷲雄が新政府軍にいて、大久保大和は近藤勇であることが判明してしまう。かつてもし、近藤が伊東甲子太郎と協調し御陵衛士と共存していれば、加納鷲雄は偽証し、近藤勇を逃がす道もあっただろう。しかし伊東甲子太郎の仇とばかりに証言されてしまったのだ。

新政府軍の中では近藤の処刑で意見が分かれた。土佐藩は、坂本龍馬と中岡慎太郎の暗殺犯は新選組であるとして、近藤の処刑を主張し、薩摩藩は殺すには惜しい人物と主張した。
結果、近藤勇は板橋刑場で切腹を許されることなく斬首される。享年三十五。

土方歳三（ひじかた としぞう　一八三五〜一八六九年）

願うことあるかもしらす火取虫

火祭りを見ていると、炎のまわりを煩悩のない虫が集まって来るという意味。

土方歳三は、現在の東京都日野市出身、新選組副長、幕臣。土方の姓をもつ豪農の家に生まれる。武士を目指す前に呉服店に奉公するが、そこで学んだ組織運営が、のちに新選組で役立つ。新選組の歴史は、まさしく土方が歩んだ浪士組〜壬生浪士組〜新選組〜甲陽鎮撫隊〜蝦夷共和国という足跡だった。戊辰戦争（慶応四年／明治元年〜明治二年［一八六八〜一八六九年］）は、幕府と新政府軍における日本の未来を決める戦争だったが、その舞台において土方は、鳥羽・伏見の戦い（一八六八年一月二十七〜三〇日）から箱館戦争（一八六八年十二月四日〜一八六九年六月二十七日）まで、指揮官を務めるなど、常に戦いの中心にいた。土方の地位が同時に幕府の最期を支えた新選組の立場だったと言えよう。

呉服店の奉公先から戻って来た土方は、日野の佐藤道場（土方の姉の嫁ぎ先）に出稽古に来ていた近藤勇と知り合い、近藤の試衛館に入門する。新選組のほかの中心メンバーもこの時期に試衛館に集まる。上洛する将軍徳川家茂の警備のために浪士組が編成され、試衛館のメンバーはここに加わり、京都に向かう。浪士組に参加した理由は、武士の身分がもらえることや資金が手に入るというもので、土方や近藤になんらかの思想があったわけではない。

浪士組は分裂と内部抗争を経て新選組になる。新選組は、会津藩の下部組織で、局長近藤勇を頂点に編成されていたが、実質的なトップは副長の土方であった。新選組の仕事は京都の治安を守ることにあり、打倒幕府に燃える志士、とくに長州藩とは敵対関係にあった。そのような志士を容赦なく斬り捨てたので、鬼の新選組と恐れられ、その恐怖の頂点に土方がいた。隊士数は最大時で二〇〇名を超えた。

戊辰戦争における幕府軍の敗北の連続。新選組も敗北の道を歩くことになる。現在の千葉県流山市で、近藤勇が新政府軍に捕まり斬首されると、土方と新選組の残党は戦場を北に移す。土方は戦う地がある限りどこまでも戦うことを決意する。

新選組隊士と桑名藩士、そして幕府海軍副総裁だった榎本武揚らとともに現在の宮城県石巻市を出航、函館に向かう。地元勢力との戦いを制して、土方達は五稜郭へ入る。北海道において有力な松前藩をやぶり、榎本武揚を総裁とする独立国「蝦夷共和国」が樹立する。土方は陸軍奉行並を務めた。

蝦夷共和国の樹立を許さんとする新政府軍との攻防が始まった。新政府軍の箱館攻撃が開始され、元新選組の島田魁らが守っていた弁天台場が新政府軍に包囲される。城内にいた土方は島田魁らを助けるために出陣し、腹部に銃弾を受けて即死する。享年三十五。

芹沢鴨（せりざわ かも　一八二七頃～一八六三年）

尽忠報国之士

芹沢鴨は、水戸藩浪士、玉造組～天狗党～浪士組～壬生浪士組、新選組の初代筆頭局長。豪傑な人物で「尽忠報国之士　芹澤鴨」と刻まれた鉄扇をいつも手にしていた。酒が好きで酔っていないことがなかったという。玉造組のときに、資金集めで豪商や豪農を恐喝した罪と同志殺しの罪で投獄される。浪士組の結成の際に浪士に対する恩赦があり、芹沢鴨も出獄する。浪士組に参加し京都にのぼり、芹沢は壬生浪士組の初代筆頭局長に就任し、その後、新選組を名乗る。任務は京都の治安維持。

ところが芹沢の素行は、豪商を恐喝したり地元力士を斬ったり、見るに耐えない。会津藩は、近藤勇、土方歳三、山南敬助に芹沢の暗殺を密命する。暗殺理由は素行の悪さであったが、これは表向きの理由で、水戸学を学び天狗党の尊王攘夷思想をもつ芹沢鴨を危険視したという説もある。

泥酔したところを襲われて、芹沢、妾のお梅、芹沢派の平山五郎は斬られ、平間重助とふたりの芸者は逃亡した。刺客は土方歳三、沖田総司、原田左之助、山南敬助、藤堂平助、御倉伊勢武と言われているが、明確な実行者は不明。事件は長州藩の仕業とされ、葬儀は盛大に執り行われた。享年三十六。

永倉新八（ながくら しんぱち　一八三九〜一九一五年）

これまで同盟こそすれ、いまだおてまえの家来にはあいなりもうさぬ

近藤勇と喧嘩別れするときの永倉新八の言葉であるが、近藤勇が処刑された板橋に墓を建てたのは永倉である。

永倉新八は、松前藩江戸定府取次役永倉勘次の二男として江戸で生まれる。脱藩後、新選組二番隊組長及び撃剣師範となる。新選組四天王（斎藤一、沖田総司、永倉新八、藤堂平助）のひとり。

試衛館のメンバーとして浪士組に参加する。以降、新選組の中心的役割りを担うが、近藤勇の言動が高慢になると、原田左之助や島田魁と会津藩主松平容保へ訴え出るなど、近藤勇、土方歳三とはしばしば意見が対立した。甲府の戦いに負けて江戸に戻ったところで、原田左之助とともに新選組（甲陽鎮撫隊）を脱退し、靖兵隊（せいへいたい）を結成する。江戸を離れ転戦するが、永倉は会津藩の降伏を知り江戸へ帰還する。

その後、松前藩に戻ることが許され、藩医杉村介庵の婿養子として北海道で暮らす。虫歯を原因とする敗血症を発症し死去。享年七十七。永倉が残した『浪士文久報国記事』『新選組顛末記』は、新政府軍の体制下における〝悪の人斬り集団・新選組〟というレッテルを再考させるものであった。

士道不覚悟！

斎藤一（さいとう はじめ　一八四四〜一九一五年）

斎藤一は、江戸出身、新選組三番隊組長及び撃剣師範、新選組四天王。明治時代には警視官（現在の警察官）になる。西南戦争では警視官の別働第三旅団に所属して従軍した。試衛館には出入りしていたが浪士組には参加せず、その頃すでに京都にいた。新選組には壬生浪士組から加わる。

伊東甲子太郎が新選組を離れ御陵衛士を結成する際に、スパイとして御陵衛士に送り込まれる。伊東が薩摩藩と手を組み、近藤勇の暗殺を考えていることが、斎藤の情報から明らかになり、新選組は伊東を暗殺する（油小路事件）。ただし、伊東が近藤勇暗殺を計画していた証拠はない。

近藤勇が新政府軍に捕まると、斎藤は隊士を率いて会津藩の指揮下に入る。会津における敗北で、土方歳三は庄内に向かうが、斎藤は会津に残り、会津藩の降伏とともに捕虜となる。明治になると警視官になり、西南戦争では新聞で報道されるほどの活躍をする。子どもができると剣術を教えたが、不意打ちで撃ちかかることがあったという。それに対して子どもが対処できないと「士道不覚悟！」と怒鳴った。

警視庁を退職後は、東京高等師範学校に守衛として勤務。胃潰瘍のため死去。享年七十二。

原田左之助（はらだ さのすけ　一八四〇～一八六八年）

斬れ！　斬れ！

原田左之助は、松山藩出身、種田流槍術の免許皆伝、試衛館生え抜きの新選組十番隊組長。坂本龍馬の暗殺者として名前があがることでも有名。松山藩時代に上官と喧嘩をして腹を切って見せる。そのときの傷を酒を飲んでは自慢したり、大声で「斬れ！　斬れ！」と叫んだという。新選組副長の土方歳三の信頼も厚く、新選組の大きな戦いには必ず原田がいたという武闘派。

鳥羽・伏見の戦いを経て、新選組が甲陽鎮撫隊と名前を変えるまで新選組として戦い、その後、近藤勇と別れて永倉新八と靖兵隊を結成する。靖兵隊の隊長には松前藩の脱藩志士芳賀宜道を置き、原田と永倉新八は副長を務める。新選組からは矢田賢之助、林信太郎、前野五郎、中条常八郎、松本喜次郎などが参加し、その他約一〇〇名が靖兵隊に集まった。江戸城の明け渡しが決まった時点で、靖兵隊は江戸を離れる。その行軍中に原田は離隊し、江戸に戻って彰義隊（しょうぎたい）に加入。上野戦争において死亡する。

享年二十九。しかし彰義隊の名簿に原田の名前はない。そのために、上野では死なずに大陸へ渡り馬賊の頭目になったという伝説がある。

井上源三郎（いのうえ げんざぶろう　一八二九〜一八六八年）

近藤が天狗になった

日野の家族に送った手紙より

井上源三郎は、武蔵国日野出身、新選組の六番隊組長。八王子千人同心世話役の井上藤左衛門の三男として生まれる。試衛館の三代目近藤周助のもとに入門し、宮川勝五郎（のちの近藤勇）の兄弟子にあたる（井上源三郎の方が五歳年上）。

試衛館の仲間と浪士組に参加、京都に向かう。浪士組はやがて新選組に発展するが、井上はそこで副長助勤に就任する（のちに六番隊組長）。井上は、主に要人の接待などの総務を担当した。近藤勇と土方歳三とは信頼関係が強く、ふたりを補佐し、若い隊士からの人望も厚かった。鳥羽・伏見の戦いにおいて、井上は撤退命令の中、仲間を逃がすために敵に突撃して銃弾を腹部に受け、戦死する。享年四〇。

近藤勇が京都に来て高慢になったというのは有名な話で、井上の手紙にもそのことがふれられている。しかしこれは得意になっているという意味のほかに、派閥争いに勝つためにあえて芹沢鴨の機嫌をとり、「（芹沢鴨がかつて所属していた）天狗党のように新選組が変わってしまった」という意味もあるようだ。

藤堂平助（とうどう へいすけ　一八四四～一八六七年）

益荒男の七世かけて誓いてし
言葉たがわじ大君のため

天子のために男が来世にまでかけて誓う言葉は、決して変えるものではないという意味。

藤堂平助は、江戸出身、新選組八番隊組長、のちに御陵衛士。津藩主藤堂高猷の落胤と言われているが真相は不明。新選組四天王という実力者で、尊王攘夷論者でもあった。試衛館のメンバーとして浪士組に参加し、以後、近藤勇や土方歳三と行動をともにする。しかし、のちに新選組に加わる伊東甲子太郎と御陵衛士を結成し、新選組と袂をわかつ。ちなみに伊東は藤堂が江戸から連れて来た人物。藤堂は、御陵衛士において南部弥七郎と名乗ったが、具体的な活動記録は残っていない。

新選組は伊東を暗殺し、その遺体をわざと油小路に放置して、御陵衛士のメンバーが引き取りに来るのを待ち伏せた。このときの斬り合いで御陵衛士は藤堂を含む三名が討死する。しかし近藤勇は、「藤堂が来たら命は助けるように」と永倉新八と原田左之助に指示を出していた。ふたりもそのつもりで藤堂を逃がそうとしたが、その事情を知らなかった三浦常三郎が斬ってしまった。享年二十四。

飯沼貞吉（いいぬま さだきち　一八五四〜一九三一年）

過ぎし世は夢かうつつか白雲の
空に浮かべる心地こそすれ

これまでの人生は夢なのか現実なのか。まるで空に浮かんでいる雲のような心地だという意味。

飯沼貞吉は、会津藩士、白虎隊士。会津藩家老西郷頼母の妻・千重子は叔母にあたる。学業、武術ともに優秀だった十五歳の貞吉は、十六歳から十七歳の武家の男子によって構成される白虎隊に年齢を偽って入隊する。

新政府軍との戦いの中、炎に包まれた城下を見て若松城も落城したものと判断して、白虎隊士は飯盛山で集団自刃におよぶ（実際には城は落ちていなかった）。貞吉も咽喉に脇差を突き立てたが、ただひとり死ぬことができなかった。

維新後は、逓信省の通信技師して勤務し、日清戦争にも従軍する。飯沼は白虎隊の経験を一部の史家以外にはほとんど話さなかったという。会津に戻ることなく仙台にて永眠。享年七十七。

《る》

《れ》

《ろ》

《わ》

《ほ》

《ま》

《み》

《な》

《に》

《の》

《は》

《ひ》

[人名索引]

《あ》

《い》

名言集 人生を豊かにする〈新装版〉

2023 年 8 月 28 日　第 1 刷発行

編　者　「座右の銘」研究会

発行者　深澤徹也

発行所　株式会社メトロポリタンプレス

〒 174-0042 東京都板橋区東坂下 2-4-15 TK ビル 1 階

電話 03-5918-8461　Fax 03-5918-8463

https://www.metpress.co.jp

印刷・製本　株式会社ティーケー出版印刷

ISBN978-4-909908-81-0　C0098

■本書は 2011 年に里文出版より刊行された『名言　人生を豊かにするために』の新装復刊です。